Marianne Langewiesche

Venedig

Geschichte und Kunst

Erlebnis einer einzigartigen Stadt

DuMont Buchverlag Köln

Einband Rückseite: Palazzi am Canal Grande in der Nähe des Markusplatzes

Titelbild: Jacopo Bellini, Venezianischer Palast (mit der Geißelung Christi) aus dem Skizzenbuch des Meisters. Federzeichnung. Louvre, Paris

Ich danke Frau Inge Bodesohn sehr für ihre überaus sorgfältige redaktionelle Arbeit an diesem Buch. M. L.

Druck und buchbinderische Verarbeitung: Boss-Druck, Kleve

Printed in Germany   ISBN 3-7701-0653-9

Zur schnellen Orientierung für den Reisenden die wichtigsten Palazzi

Palazzi am Canal Grande:

1 Fondaco del Turchi (Abb. 36)
wurde im 13. Jahrhundert erbaut. Der Palast war im 14. und 15.
Jahrhundert Eigentum der Herzöge von Ferrara und wurde 1452 und
1469 vom deutschen Kaiser Friedrich III. während seines Aufenthal-
tes in Venedig bewohnt. 1621–1838 diente der Palast als Warenlager
und Herberge der Türken und verwahrloste in dieser Zeit fast zur
Ruine. Heute ist darin das Naturgeschichtliche Museum (Museo di
Storia Naturale) untergebracht.

2 Palazzo Vendramin-Calergi (Abb. 32)
Dieser venezianische Renaissancepalast wurde von Mauro Coducci
1481 erbaut, von Pietro Lombardi für die Familie Loredan 1509
vollendet. Später kam er in den Besitz der Familie Calergi und im 18.
Jahrhundert der Familie Vendramin. Hier starb am 13. Februar 1883
Richard Wagner.

3 Palazzo Pesaro (Abb. 31)
1676 von Baldassare Longhena begonnen, nach dessen Tod (1682)
nur zweigeschossig, 1710 vollendet.
Heute ist die Galleria d'Arte Moderna darin untergebracht und im 3.
Stock das Museo d'Arte Orientale (s. S. 160).

4 Ca' d'Oro (Farbtafel 21)
Das ›Goldene Haus‹, von Giovanni und Bartholomeo Bon für die
Familie Contarini erbaut. In diesem Palast findet die venezianische
Gotik ihren schönsten Ausdruck. Sehr schöner Innenhof und Brun-
nen. Heute ist die Galleria Franchetti darin untergebracht (s. S. 159).

5 Ca' da Mosto
Einer der ältesten Paläste Venedigs. Die beiden unteren Geschosse
zeigen deutlich den byzantinischen Einfluß auf die Architektur Venedigs. Geburtshaus von Aloise da Mosto, der im 15. Jahrhundert die
Kanarischen Inseln entdeckte.

6 Fondaco del Tedeschi (Abb. 71)
Heute die Hauptpost. Der Palast wurde 1228 erbaut und diente bis
zum 15. Jahrhundert als Warenlager und Herberge für die deutschen
Kaufleute. Nach einem Brand 1505 erneut aufgebaut. Die allegori-
schen Außenfresken (1508) von Giorgione und Tizian sind durch die
Seeluft fast ganz zerstört.

7 Palazzo Dolfin-Manin
wurde von Jacopo Sansovino in der ersten Hälfte des 16. Jahrhunderts erbaut. Hier wohnte der letzte Doge Ludovico Manin
1789–1797.

8 Palazzo Loredan-Farsetti (Abb. 33)
(heute Rathaus). Die Fassaden der beiden unteren Geschosse
gehören dem 13. Jahrhundert an. Auch hier ist der Einfluß von Byzanz
zu sehen.

9 Palazzo Grimani
(heute Gericht). Der Palast wurde 1540 von Michele Sanmicheli für
den Prokurator Girolamo Grimani begonnen. Dieser Renaissancebau
stellt einen Höhepunkt der venezianischen Architektur dar.

10 Palazzo Papadopoli
Renaissancebau, von dem als Bildhauer so fruchtbaren Alessandro
Vittoria.

11 Palazzo Barbarigo della Terrazza
Ein Hochrenaissancebau von Scamozzi. Die wertvolle Gemälde-
sammlung dieses Hauses mit Bildern von Tizian wurde 1850 an den
Zaren verkauft. Sie befindet sich heute in Leningrad.

12 Palazzo Corner-Spinelli
Dieser schöne Frührenaissancebau entstand um 1500 und wird
Mauro Codussi zugeschrieben.

13 Palazzo Contarini delle Figure
Ebenfalls ein schöner Frührenaissancebau. Wohnsitz Jacopo Conta-
rinis, des Freundes und Förderers von Palladio.

14 Ca' Foscari (Abb. 30)
Dieser Palast wurde im 15. Jahrhundert im Auftrag des Dogen
Francesco Foscari erbaut. Die viergeschossige Fassade ist trotz
starker Restaurierung immer noch ein herrliches Beispiel venezianischer Spätgotik. 1574 wohnte hier König Heinrich III. von Frankreich.

15 Palazzo Rezzonico
wurde 1660 von Baldassare Longhena begonnen und um 1750 von
Massari beendet. An der Ausstattung der Innenräume haben zwischen 1750 und 1760 die besten Künstler Venedigs gearbeitet, unter
anderem Tiepolo und Guardi (s. S. 159).

16 Palazzo Grassi
Im klassizistischen Stil von Giorgio Massari zu Beginn des 18.
Jahrhunderts erbaut. Im Innern beherbergt er Fresken von Longhi
(Treppenhaus), in den Sälen Deckengemälde und Bilder des vene-
zianischen Rokoko.

17 Palazzo Corner, gen. Ca' Grande
Ein sehr typischer Sansovino-Bau, 1537 begonnen. Unbestrittenes
Hauptwerk der venezianischen Architektur der Renaissance. Im
Innern im 19. Jahrhundert restauriert und verändert. Schöner Hof.

18 Palazzo Dario (Abb. 34)
um 1487 für Giovanni Dario gebaut. Der Palast ist wegen seiner
asymmetrisch frei gruppierten Frührenaissancefassade im Stil Lombardis berühmt.

19 Palazzo Contarini-Fasan (Abb. 35)
Im Volksmund auch ›Casa della Desdemona‹ genannt, weil hier sich
die Tragödie von Othello und Desdemona ereignet haben soll. Eine
schmal komponierte, spätgotische Fassade um 1475.

Sehenswerte Palazzi, die nicht am Canal Grande stehen

Palazzo Labia, am Canale di Cannaregio (Abb. 59)
Um 1720 erbaut, die Fassade wurde etwa 1750 nach Plänen des
Alessandro Tremignon hinzugefügt. Das Innere (Eingang am Campo S.
Geremia) birgt berühmte Fresken des Gianbattista Tiepolo im großen Saal
des 1. Stockwerkes (Farbtafeln 24, 25).

Palazzo Mastelli, nahe der Kirche Madonna dell'Orto
Palast aus dem 12. Jahrhundert mit schöner Fassade, den sich drei
Kaufleute aus Morea erbauen ließen. Das Relief – ein beladenes Kamel –
weist auf ihre Tätigkeit hin (Abb. 50).

Palazzo Centami, Calle Nomboli Nr. 2798 am Campo San Polo,
spätgotischer Palast, in dem 1707 Carlo Goldoni geboren wurde. Heute
Goldoni-Museum (s. S. 230). – Ein paar Schritte weiter ist der

Palazzo Tiepolo-Maffetti
ein spätbarocker Monumentalbau, und der

Palazzo Corner-Mocenigo
um 1543 begonnen, Michele Sanmicheli zugeschrieben. Die schöne
Fassade zum Rio S. Polo.

Palazzo Contarini del Bovolo (Farbtafel 23); in der Nähe des Campo
Manin
Der Palazzo ist nach der schneckenartigen Wendeltreppe genannt. Er
wurde 1499 von Giovanni Candi gebaut und im 17. Jahrhundert restauriert.

Übersichtskarten in der vorderen und hinteren Umschlagklappe

Inhalt

Und die Schönheit deiner Stadt Venedig
hast du mir dargetan
Bis ihre Lieblichkeit mir
in Tränen gerann.
O Gott, welch gütige Tat
haben wir vormals vollbracht
und dann vergessen,
Daß du uns dieses Wunder geschenkt hast,
O Gott der Wasser?
O Gott dieser Nacht,
welch großes Leid
Überkommst uns,
daß du uns also vergiltst,
Noch eh es hereinbricht?

EZRA POUND

Das Gedichtzitat aus der ›Nacht-Litanei‹ von *Ezra Pound* wurde den Ausgewählten Werken, Band I: Personae. Masken, deutsch von Eva Hesse, entnommen.

Der Blick auf die Lage

Ein großes Werk versammelter Mensch-
lichkeit, ein herrliches Monument eines
Volkes!   Goethe

»Das Gebiet Venetiens grenzt im Süden an das erhabene Ravenna und an den Po, im Osten an die lieblichen Gestade der ionischen Küste. Hier lassen Flut und Ebbe das wechselnd überschwemmte Land bald für den Blick frei, bald auch verbirgt es dieses. Eure Landschaft gleicht jener der Wasservögel; einmal erblickt man euch als Bewohner des Festlandes, dann wieder als Insulaner, so daß man manchmal glaubt, sich auf den Kykladen zu befinden, bis dann mit einem Male wieder der Festlandcharakter erkennbar wird.«   Cassiodor (um 490–580)

Selbst wenn Sie nur einen Tag Zeit für Venedig haben, sollten Sie am Spätnachmittag hinüberfahren auf die Insel San Giorgio Maggiore, denn der Blick vom Campanile dort auf Venedig und die Lagune ist besonders schön und interessant.

Die Größe der Lagune, eines Wattenmeeres, salzarm und fischreich, entspricht etwa der des Bodensees: ca 63 zu 14 km dort, 40 zu 15 km hier. Der erste, der den Atem hatte, sie ganz zu durchschwimmen, war ausgerechnet ein Dichter (Lord Byron am 18. Juni 1818).

Venedig unmittelbar vorgelagert sehen Sie die Inseln: La Giudecca und San Giorgio Maggiore, auf deren Turm Sie stehen. Ein wenig weiter entfernt, genau im Norden: Torcello mit seinen uralten Kirchen, Burano, die Insel der Fischer und der handgemachten Spitzen, und San Francesco. Ein wenig weiter westlich ist Murano zu erblicken, die Insel der Glasbläser, und andere mehr. Vom Westen über den Norden nach Osten, wie eine Sichel gewölbt, ruht das Festland von Chioggia bis Jesolo; vom Westen über den Süden nach Osten trennt die Lagune Venedig vom offenen Meer. An klaren Tagen sieht man, fern im Nordwesten, die Dolomiten, zu deren Füßen Pieve di Cadore liegt, Tizians Geburtsort.

Die Landschaft in vorgeschichtlicher Zeit

Wie der Blick vom Campanile der Kirche San Giorgio Maggiore auf die Landschaft der Lagune müßte von einem imaginären Turm aus der Blick auf die Welt vor dem zweiten Schöpfungstag gewesen sein, ehe der Herr das Feste und das Flüssige getrennt; denn soweit das Auge schweift, sieht es keine Wälder, keine Bäume, keine Äcker, keine Felder. Nur Himmel, Wasser, Sand und die Stadt aus Stein.

Und doch ist die Landschaft nicht immer so gewesen. In vorgeschichtlicher Zeit hatten an der Küste Venetiens Teile einer Gletschermoräne einen Höhenzug gebildet, der aber, als die Po-Ebene sich senkte, unter Wasser geriet. Nur noch ein paar der höchsten Kuppen ragten so weit empor, daß sie bei Ebbe dicht unter der Wasseroberfläche zu sehen waren.

Dort wurde Venedig gegründet. Die namenlos gebliebenen Flüsse, die einst um die Berge ihre kühnen Kurven zogen, sanken ebenfalls tief unter den Meeresspiegel herab und ziehen dort noch weiter ihre Kurve. Vom Campanile San Giorgio Maggiore aus kann man ihren Lauf verfolgen. In der Lagune ist er abgesteckt. Es sind die Schiffahrtslinien der großen und der kleinen Dampfer, der Vapore und der Vaporetti. Neben dem Abgesteckten ist die Lagune so flach, daß bei Ebbe überall Sandbänke sichtbar werden.

Einen dieser gesunkenen Flüsse kann man durch die ganze Stadt verfolgen. Sein fast 4 km langer Lauf teilt die Stadt in zwei Hälften: Es ist der Canal Grande, das letzte Stück eines Brenta-Arms, ehe er sich in der Lagune verliert. Daraus erklärt es sich, daß das Wasser des Canal Grande fließt, während das Wasser in den anderen Kanälen stagniert.

Die Entstehung der Lagune

Noch in der Zeit der Völkerwanderung zogen sich vom Mündungsgebiet des Po bis zu dem des Isonzo am ganzen nördlichen und nordwestlichen Adriabogen Lagunen hin. Sie sind entstanden aus den Anschwemmungen der Alpenflüsse und der Gegenwirkung des Meeres. Die meisten dieser Lagunen sind inzwischen versandet. So wurden Ravenna und Adria, einst zwei bedeutende Seestädte, zu bedeutungslosen Landstädtchen.

Venedig hat sich selbst vor diesem Schicksal dadurch bewahrt, daß es den Zustrom der Flüsse von sich ablenkte, aber auch, indem es der Gewalt des Meeres durch die Errichtung von Dämmen Grenzen setzte und – als drittes – die Pforten zwischen den Lidi freihielt (Porto di Lido, Porto di Malamocco, Porto di Chioggia), durch welche die Meeresströmung in die Lagune dringt und bei Flut ihr Wasser um rund 85 cm hebt.

Strenggenommen ist es falsch zu sagen, Venedig läge in der Lagune, denn die Stadt liegt präzise und genau am Schnittpunkt von zwei Lagunen. Das ist nicht pedantisch, sondern fatal. Nach Süden, dem Meere zu, heißt sie *laguna viva*, die lebende, weil sie von Ebbe und Flut des Meeres erfaßt wird, die ihre Wasser reinigen und erneuern. Nach

Norden, dem Festland zu, heißt sie *laguna morta,* die tote, denn ihre Wasser stehen, werden nicht vom Meer erfaßt, nicht gereinigt und nicht erneuert. Ausgerechnet dort liegen die Industrien, die ihre mit Chemikalien durchsetzten Abwässer in die tote, manchmal nur 25 cm tiefe Lagune leiten.

Um hier, wo alles dem Festen widerspricht, etwas so Festes errichten zu können wie eine Stadt, mußten die Venezianer zuerst das Fundament für ihre Häuser schaffen. So haben sie Istrien abgeholzt, Baum für Baum, und die Stämme, mit ihren Kronen nach unten, dort in den Boden gerammt, wo er Halt bot, also an den Rand der ehemaligen Berggipfel und in die Lidi, die das Meer auch in diesen Teilen der Lagune gebildet hatte. Diese Holzstämme wurden mit Sand, mit Teer und Öl zu einer festen Fläche verkittet, wie man im Museo Storico Navale (Arsenalmuseum) an Modellen studieren kann. Die Wasserrinnsale dazwischen werden seit dem 14. Jahrhundert ausgebaggert, damit sie nicht versanden.

So steht schier die ganze Stadt mit ihren zwanzig- bis dreißigtausend Häusern, mit ihren Kirchen und Palästen und Brücken auf den zarten Stämmen der Eichen und Lärchen Istriens ebenso wie Porto Marghera, seit den zwanziger Jahren dieses Jahrhunderts einer der größten Petroleumhäfen Europas mit seinen über 50 industriellen Betrieben.

Um sich einen Begriff von der Anzahl der Stämme zu machen: es heißt, die Salute stände auf rund 180 000 Stämmen, der Campanile auf über 100 000, die Rialtobrücke auf 12 000, der Fischmarkt auf über 18 000. Diese schmalen, schlanken Baumstämme trugen ein Jahrtausend die Last der Stadt; doch zwei Errungenschaften der Neuzeit sind sie nicht gewachsen: den Motorbooten, die das Wasser in den engen Kanälen, doch auch im Canal Grande so heftig bewegen, daß es an dem Fundament der Stadt ständig rüttelt, und den chemischen Abfällen, die durch die Industrien in die Lagune geleitet werden und die Stämme zersetzen.

Die Venezianer, die erst so stolz gewesen waren auf ihre Industrie am Lagunenrand, die kurz nach dem Ersten Weltkrieg durch die Initiative eines Venezianers – des Grafen Volpi – entstanden war, schauen heute besorgt zu den Öltürmen und Fabrikschloten hinüber und zu den Motorbooten hinunter, einmal, weil die Industrie dort nicht an Rentabilität gehalten hat, was man sich von ihr versprach, zum zweiten weil sie sinkt, wie auch die Stadt Venedig, und zum dritten, weil sie den Untergang ihrer Stadt beschleunigt haben. Sie wissen – Experten haben es errechnet –, daß um das Jahr 2048 aus Venedig Vineta geworden sein wird. Doch auch ohne Industrie ist Venedig verloren: es versinkt. Es ist seit seiner Gründung bereits um 3 Meter gesunken, und das Tempo steigert sich. Doch von der trüben Zukunft wenden wir den Blick ab auf die glanzvolle Vergangenheit der Stadt.

Die Analyse der Schönheit

Die Macht des Rahmens

Venedig ist besonders schön. Dies ist eine Redensart und ein Gemeinplatz. Aber es ist reizvoll, einmal den besonderen Schönheiten nachzugehen. Wie es dem Markusplatz vergönnt ist, nur als Platz zu wirken, weil er eingerahmt ist von Gebäuden, deren einzige optische Aufgabe darin liegt, den Blick nicht auf sich zu ziehen, sondern auf den Platz, so ist es auch Venedig vergönnt, nur als Stadt zu wirken, weil es ebenfalls einen Rahmen hat – Festland und Lidi –, beide aber – wie die Gebäude des Markusplatzes – selbst nicht reizvoll oder interessant genug sind, den Blick auf sich zu konzentrieren, sondern ihn vielmehr ausschließlich auf die Stadt lenken.

Dieses Wissen von der optischen Macht des Rahmens besaßen schon die ersten Maler Venedigs, die Vivarini, im höchsten Maße. Sie schufen Bild und Rahmen in so strengem Bezug aufeinander, daß, löst man beides voneinander, zwei Bruchstücke entstehen, im Gegensatz zu den Bildern späterer Maler: ein Tizian, ein Veronese, ein Tintoretto brauchen den Rahmen nicht.

Die Stadt hat die Form eines springenden Fisches. Dies gibt ihr den reizvollen Gegensatz zur Lagune, denn obwohl diese es doch ist, die sich in Wirklichkeit ständig bewegt, scheint sie zu ruhen, während die Stadt, obwohl in Wirklichkeit bewegungslos, sich in voller Fahrt befindet, bereit zum Stoß auf irgendeine Beute. Früher auf Handelsverträge, Heilige, Reliquien, Bronzetüren, Goldbrokat, Säulen, Städte, Inseln und heute auf den Touristen.

Aber damit Venedig doch vergleichslos bleibe – worauf die eitle Stadt immer den größten Wert gelegt –, sind der Canal Grande da und die Giudecca; daß heißt, der die Stadt durchströmende Brenta-Arm und die ihr im Süden vorgelagerte Inselgruppe, die sich vor den kostbarsten Teil wie ein schützender Arm legt. Der Canal Grande und die Giudecca nehmen der Stadt etwas von ihrer sonst zu offenkundigen Beutelust und geben ihr dafür ihren musikalischen Schwung.

Doch so notwendig wie als Bild, als Fisch oder Perle, braucht sie auch jetzt das Wasser: ein Signum in der Lagune, das ist Venedig.

Stellen Sie sich vor, die Venezianer wären weniger weitblickend gewesen, als sie es waren, und hätten nicht früh schon das Versanden der Lagune verhindert; dann wäre

Venedig eine Stadt im Trockenen geworden wie Ravenna: In dem Moment, in dem Venedig nicht mehr in der Lagune liegt, ist die Stadt nichts als eine allzu enge, allzu verwinkelte, allzu verwahrloste Stadt. Man würde sehen, daß in den Häuserwänden Risse klaffen, der Putz überall abbröckelt, Fensterscheiben zerbrochen sind, kein Fensterladen anders hängt als schief. Das heißt, ohne seine Lagune ist Venedig nichts. Mit ihr aber ist es alles. Denn Wasser hat die gleiche Eigenschaft wie Kerzen, zu trügen, zu schmeicheln, zu verzaubern. Das Wasser trügt das Auge, so daß es alles das nicht sieht, was ihm in Rom, in Palermo, in Paris, in München nicht entginge. Das Wasser schmeichelt dem Verfall und verzaubert ihn zu einem wesentlichen Element der Schönheit. Das Wasser gibt der Stadt tausend Möglichkeiten sich zu spiegeln – was sie auch tut, von jeher glich sie Narziß –, gibt aber auch dem Mond tausend Möglichkeiten, der Sonne, den Wolken und dem Licht ebenso wie dem Schatten, zu Reflexionen, bietet dem Nebel genug Gelegenheiten, all seine Magie zu entfalten. Das Wasser hebt und nuanciert die karge Farbe.

Die ständige Begegnung der beiden einander so entgegengesetzten Elemente Wasser und Stein, des niemals zu erhärtenden und des niemals zu erweichenden, hat die Malerei Venedigs bestimmt. Dies, nichts anderes, wurde der Lehrmeister eines Giorgione, eines Canaletto, eines Guardi. Wie anders hätten die venezianischen Maler gemalt, zöge sich ein Pinienwald bis zur S. Maria della Salute und Kornfelder bis zur Piazza hin!

Venedig ist ein Ornament. Sie sehen es vom Turm San Giorgio Maggiore, und zwar nicht ein Ornament, das sich ad infinitum wiederholen läßt, sondern das in sich abgeschlossen ist. Es gibt keine Möglichkeit, Venedig zu wiederholen.

Lösen Sie nun Venedig auf in seine einzelnen Teile: den Stadtteil rechts vom Canal Grande, den Stadtteil links von ihm und die Giudecca – Sie sehen, auch jeder einzelne Teil ist ein in sich geschlossenes Ornament und führt – wie das Ganze es tut – zu seinem Anfang zurück.

So hätte die Form, hätten die Formen der Stadt den Venezianern auch dann das Ornament aufgezwungen, wenn sie weniger abhängig vom Orient gewesen wären, als sie es tatsächlich waren. Bis zur Renaissance war das Ornament eines der wesentlichen Elemente der venezianischen Architektur.

Nur der Canal Grande ist kein Ornament. Er führt nicht zu seinem Anfang zurück. Er hat die Form eines Fragezeichens. Vielleicht hat er diese Form, weil er das Geschlossene in Frage stellt?

Venedig liegt auf über hundert Inseln

Vergleichen Sie einmal den Stadtplan von Mannheim oder New York, doch auch den alter Städte wie Rothenburg, mit dem Stadtplan von Venedig. Sie sehen dort eine strenge oder doch eine gewisse Ordnung, eine strenge oder zumindest eine gewisse Logik. Hier aber finden Sie das Chaos in seiner reinsten Form, vergleichbar nur dem Siedlungsplan des Zigeunerberges Sacro Monte bei Granada. Keine Straße führt mehr als nur ein paar Meter geradeaus, jede krümmt sich, winkelt sich, windet sich, teilt sich und verzweigt sich. Wir wissen bereits den Grund: Venedig mit seinem Umfang von nur 10 800 m, mit seinem Flächeninhalt von nur 7,5 qkm liegt nicht auf zwei oder drei, sondern auf hundert bis zweihundert Inseln.

Das war also alles gegeben: die ornamentale Form der Stadt, zusammengefügt als Inseln in der ovalen Schale der Lagune. Der Canal Grande mit seiner eigentümlichen Fragezeichenform. Die Giudecca als schützender Arm im Süden, dem Meere zu. Gegeben war auch: das Fehlen jeder Farbe, jeder Kontur, jedes Niveauunterschiedes. Eine karge Wirklichkeit.

Was haben die Venezianer aus dem Gegebenen gemacht?
1. Sie haben die Form und die Formen der Stadt nicht nur gelassen – nur wenige Kanäle sind im Lauf der Zeiten zugeschüttet worden –, sondern sie haben die Form, die Formen der Stadt sogar noch unterstrichen, indem sie ihre Architektur den Windungen der Inseln und Kanäle anpaßten.
2. Sie haben dem Farblosen die Farbe gegeben durch die bunte Marmorinkrustation ihrer Paläste und Kirchen und auch durch die Verwendung von Gold, rotem Backstein, farbigem Anstrich und nicht zuletzt durch die rote Fahne mit dem Markuslöwen.
3. Sie haben, um sich ein Entrée und ein Zentrum zu schaffen, wie es keine andere Stadt in der Welt besitzt, ausgerechnet den Punkt gewählt, wo das bewegte Ornament der Stadt dadurch am bewegtesten ist, daß alle einzelnen Ornamente nicht etwa zusammentreffen – das tun sie nie und das wäre auch ein zu harter Akzent für diese zarte Stadt –, sondern hinschwingen, dorthin, wo der Canal Grande seine Fragezeichenform beendet; wie auch sein westlicher Stadtteil, er schmal zulaufend am Ende; wie auch der Kanal, der ihn von der Giudecca trennt; ausschwingt aber auch die Inselgruppe der Giudecca. Indes der Stadtteil östlich des Canal Grande – und das gibt dieser Musikalität den Kontrapunkt – eine Zeitlang Schwung und Richtung des Canal Grande aufzunehmen und weiterzuführen gewillt ist, doch dann – als besänne er sich – sich Richtung und Schwung des Kanals entgegenstellt und sich anschickt, als wolle er nun seinerseits den Arm der Giudecca im weiten südlichen Bogen umfassen. Dort, nicht bedrängt, nicht beengt von den Inseln Giudecca und San Giorgio Maggiore, aber auch nicht vom Canal Grande und seinem westlichen Stadtteil, liegt, an der Ostseite des Kanals: Der Markusplatz, die Piazza.

Warum liegt die Piazza hier? Warum nicht woanders? Etwa an der Mündung des Canal Grande, wo jetzt der Palazzo Giustinian steht? Vielleicht war nicht dort, sondern hier geologisch und geographisch der günstigste Punkt? Vielleicht bereitete nicht dort, sondern hier das Fundament die geringsten Schwierigkeiten? Vielleicht aber auch war es wirklich nur Zufall.

Doch im Vokabularium der Venezianer fehlt das Wort Zufall. Sie überlassen ihm nie etwas. Zwei Worte aber stehen, wenn nicht an erster, so doch an zweiter und dritter

Stelle im venezianischen Wörterbuch: repräsentativ und dekorativ. Die Venezianer haben eine wahre Leidenschaft für beides gehabt. An der Stelle, wo sich die Piazzetta befindet, boten sich den Venezianern alle Möglichkeiten, ihre beiden Leidenschaften ganz auszuleben.

Das Musikalische – wir sahen es bereits – war diesem Punkt von vornherein gegeben. Das Dekorative und Repräsentative fügten die Venezianer hinzu: In die beiden ausschwingenden Endpunkte stellten sie – die Fern- und Wasserwirkung bedenkend – die beiden Kirchen: San Giorgio Maggiore und die Salute. So gaben sie ihrem Entrée – der Piazzetta – zur Lagune einen Hintergrund, wie ihn ähnlich vollkommen nur manchmal antike Theater haben.

Das Entrée Venedigs ist einmalig

Der Dogenpalast rechts, die Zecca links, zwei Säulen in der Mitte, die Kuppeln der Markuskirche ragen herüber. Das heißt: der Regierungs- und Verwaltungsbau auf der einen Seite, die Münze, gleichzeitig Staatsbank – also das Depot eines unermeßlichen Reichtums – auf der anderen Seite, und das Grab des Staatsheiligen, das Symbol des Staates, alles nur wenige Meter entfernt.

Venedig bietet dem, der die Stadt besucht, das Graziöse, das Leichte, das Heitere; nicht einmal eine Hausmauer – von einer Stadtmauer gar nicht zu reden –, nicht mehr Stein als nur, um ein wenig Schatten vor der Sonne zu geben oder ein wenig Schutz vor dem Regen: Arkaden rechts, Arkaden links. Das ist alles. Und alles ist unverwehrt.

Ich gehe dem Unverwehrten nach und finde es überall in Venedig. Immer genügt ein Ruderschlag, immer genügt ein Schritt. Und selbst das Arsenal, die Schiffsbauwerkstätte – einst die größte der Welt –, das vierte Zentrum der venezianischen Staatsmacht, ist, trotz seiner Löwen am Eingang, liebenswürdig und weckt nur heitere Vorstellungen. Die Stadt scheint nie davon erfahren zu haben, daß es Kriege gibt, Belagerungen, Beschießungen, Gefahren von irgendeiner Seite.

Sie durfte nichts davon erfahren. Das schwankende, wirklich unsolide Fundament der Stadt hätte keine Mauern, Forts, Kastelle getragen. Am Anfang, in der allerfrühesten Zeit, versuchte es die Stadt – es muß reizend ausgesehen haben, diese Bemühung Venedigs –, trotzig und trutzig zu wirken: eine Kette spannte sich über den Canal Grande, ein Mäuerlein zog sich von der Riva degli Schiavoni ein Stück die Lagune entlang. Wen hätte dies zu schrecken vermocht? Venedig, mit Humor begabt, lachte selbst darüber und ließ Trotz und Trutz fallen.

Aber das Evangelium, das der Löwe des Hl. Markus zwischen seinen beiden Tatzen hält,

>Pax tibi marce, evangelista meus‹

>Friede sei mit dir, Markus, mein Evangelist‹

(Inschrift auf den geöffneten Seiten des Buches)

ist fast überall, am weiten Mittelmeerraum und auf dem Festland, wo immer man es antrifft, aufgeschlagen, und das heißt: es war Krieg, als man das Symbolum des Staates errichtete.

Wie begegnete Venedig dem Krieg?

Mit einer guten Armee? Aber bei einer Stadt von niemals mehr als 200 000 Menschen? Mit was denn sonst? Man ahnt, daß Venedig irgendwo, irgendwie eine ungeheure Stärke besessen haben muß, die es unangreifbar machte, jedoch selbst fähig zum Angriff. Die Venezianer müssen mit irgend etwas jede Gefahr auf die anderen beschworen, von sich selbst aber gebannt haben. Man könnte sich denken, daß es nichts anderes gewesen ist als nur die Klugheit. Venedig brauchte sie. Es blieb keine Wahl.

Die Klugheit als Voraussetzung

Die Vorgeschichte Venedigs

Vom Turm der Kirche San Giorgio Maggiore aus sahen wir das Halbrund der Inseln südlich und östlich von Venedig. Auf diesen Inseln begann die Geschichte Venedigs im Jahre 452 n. Chr., als – ein Jahr nach seiner Niederlage auf den katalaunischen Feldern, ein Jahr vor seinem Tode – der Hunnenkönig Attila in das Römische Reich einbrach. (Sein angeblicher Thron ist in Torcello zu sehen, sein angeblicher Helm im Museo Storico Navale.)

»Nachdem Attila in Italien eingedrungen war, belagerte er Aquileia, und verwüstete, während der Belagerung das ganze umliegende Land.

An ihrer Rettung verzweifelnd, flüchteten, nach langer Verteidigung, Aquileias Bewohner mit all ihrer Habe, die sie aufraffen konnten, auf einige öde Felsengruppen am Ausgang des Adriatischen Meeres.

Auch die Paduaner, als sie den Brand nahen sahen, schafften ihr wertvollstes bewegliches Gut nach einem Ort in demselben Meer.

Von der gleichen Furcht getrieben, flüchteten die Bewohner von Monselice und den benachbarten Hügeln nach den nämlichen Eilanden.

Nachdem nun Aquileia genommen und Padua, Monselice, Vicenza, Verona von Attila verwüstet worden waren, blieben die Paduaner und die Mächtigen in jenen sumpfigen Strichen.

Auch die Leute aus der Nachbarschaft jener Provinz, die von alters her Venetien hieß, suchten derselben Kriegsfälle wegen Schutz in den Niederungen am Meer. Von Not gedrängt, verließen sie die anmutigen und fruchtbaren Orte und gingen in unfruchtbare, unschöne, öde Gegenden.«   Machiavelli (1469–1527)

Was konnten diese unfruchtbaren, unschönen, öden Gegenden bieten außer Schutz? Ein Leben als Handwerker, ohne die Felle von Tieren, ohne das Holz von Wäldern? Ein Leben als Bauern, ohne Erde? Es blieben bloß der Fisch und das Schilf.

Doch die Veneter waren nicht vor den Hunnen geflohen, um einer Zukunft als Fischer oder Korbflechter entgegenzusehen. Sie waren reich und mächtig gewesen, sie wollten es, trotz allem, wieder werden. Aber wie?

Die Veneter hatten etwas viel Einschneidenderes getan, als nur allein ihre Städte, Dörfer, Häuser, Kontore zu verlassen. Sie hatten mit dieser Flucht geographisches Niemandsland betreten, das heißt, ein Gebiet, das weder zum Osten noch zum Westen gehörte, sondern genau am äußersten Rand des Westens wie des Ostens lag.

Das bedeutete: Weder hüben noch drüben wurde dieses Gebiet gebraucht, wurde es begehrt. Es teilte weder die Entwicklung des Ostens noch die des Westens, da es in beider Entwicklung nicht einbezogen wurde. Niemand war gezwungen, daran zu denken, daß zwischen Wasservögeln, Fröschen und Moskitos eine Handvoll Menschen lebte: Nichts war so gleichgültig wie sie – außer es gelang dieser Handvoll Menschen zu erreichen, daß man ohne sie nicht auskommen konnte.

Es ist durchaus vorstellbar, daß sich fünfzig der klügsten Männer aus den ältesten Geschlechtern wie dem der Contarini, der Morosini, der Badoer-Partecipacio, der Tiepolo, Michieli, Gradenigo, Falier, Dandolo, Giustinian, Corner, Bembo und Bragadin versammelten, um zu besprechen, was nun zu tun sei. Da eine Rückkehr nach Landvenetien nicht mehr möglich war – denn immer neue Wellen der Völkerwanderung brandeten über Italien hin und verwüsteten, was Attila zu verwüsten nicht mehr die Zeit hatte –, mußten sie versuchen, die Nachteile der geographischen Lage in Vorteile zu verwandeln. Sie hatte Vorteile.

Vor- und Nachteile der geographischen Lage

Im Römischen Reich hatte der Handel zwischen Osten und Westen geblüht. Nun war er durch die Wirren der Völkerwanderung zerstört wie alles andere, Äcker, Brücken, Schiffe, Menschenleben und die Städte und auch die liebenswürdigere Art der Beziehungen zwischen den Völkern. Ost und West waren isoliert, ohne Verbindung, ohne Austausch von Waren. Doch schon rein wirtschaftlich waren sie aufeinander angewiesen.

Die Veneter konnten verbinden, konnten die Brücke bilden, konnten den Riß kitten, vorausgesetzt, daß sie schnell genug waren, geschickt und wagemutig. Dann konnten sie die ersten sein, die den Handel wieder aufbauten – und, um es gleich vorweg zu sagen, sie waren die ersten, und sie wurden die größte Handelsmacht, nicht nur in der Adria, nicht nur im Mittelmeer, sondern in der ganzen damals bekannten Welt und blieben es, bis sich die Welt durch die Entdeckung Amerikas und der Ozeane erweiterte. Doch die Vorteile der Lage bestanden nur in diesem Augenblick der allgemeinen Schwäche, in dem sich noch kein Staat, keine Stadt konsolidiert hatte, die diese Brückenbildung zwischen Osten und Westen übernehmen konnte oder auch verhindern. Die Veneter mußten also zugreifen, ohne zu zögern, sie mußten sofort darangehen, diesen Ost-Westhandel aufzubauen, ehe ein anderer ihnen zuvorkam. Daher werden wir in der venezianischen Geschichte eine gewisse Hast beobachten, und es ist klar, daß sich die Veneter, das heißt bald: die Venezianer, in den ersten Jahrhunderten, bis sie ihr Ziel erreicht hatten, weder für Kunst noch für Wissenschaft, nicht für Dogmen noch für

Philosophien oder Ideen interessierten. Sie durften keine Gelegenheit vorübergehen lassen, um diesen Handel in die Hand zu bekommen, und sie ließen auch keine vorübergehen, denn sie mußten ihr Handelsreich aufgebaut haben, ehe die anderen überhaupt nur erst anfingen, an den Handel zu denken.

Der Aufbau ihres Handels verwandelte aber den Vorteil der geographischen Lage alsbald in einen Nachteil. Hier und da tauchte bei diesem oder jenem die Lust auf, Venedig den Ost-Westhandel aus der Hand zu nehmen. So mußten die Venezianer, ehe sie überhaupt beginnen konnten, ein Seehandelsvolk zu werden, bereits anfangen, die mögliche Konkurrenz auszuschalten und sich sofort eine Monopolstellung sichern. Sie mußten von vornherein verhindern, daß sich irgendwann ein Konkurrent niederlassen konnte. Um dies zu erreichen, waren sie gezwungen, die wichtigsten Städte und Küstengebiete des östlichen Mittelmeeres zu gewinnen.

Doch das allein war nicht genug. Als Umschlagplatz für Waren mußte die Stadt auch die wichtigsten Straßen und Plätze des nahegelegenen Festlandes in die Hand bekommen.

Damit aber war Venedig Besitzer eines Gebietes, wurde als Staat in das politische Spiel einbezogen und war den sich daraus ergebenden Gefahren ausgesetzt. Auf einen wirklichen Kampf der Waffen konnten die Venezianer es nicht ankommen lassen. Die Basis ihrer Macht war immer zu klein und – erinnert man sich an den Blick vom Turm der Insel – nie zu erweitern.

Die Gründung des politischen Reiches

Die Venezianer taten etwas Erstaunliches, etwas Einmaliges. Sie versuchten gar nicht erst ein Militärstaat zu werden, sondern gleich ein politischer Staat. Trotz der vielen Kriege und vieler Siege (ihre Niederlagen publik zu machen, vermieden sie), wirklichen Heldentums und großer Tapferkeit, ruhte die Kraft des Staates niemals auf den Waffen, sondern auf der Klugheit. Die Klugheit schützte und rettete Venedig und die Venezianer immer wieder, der einzig zuverlässige Bundesgenosse, der einzige Partner, auf dessen Treue sie sich unbedingt verlassen konnten, die beste aller Waffen gegen Gefahren. Diese waren mannigfaltig:

1) Zwei Städte – entweder auf dem Festland oder an einem Fluß oder an einer der Handelsstraßen diesseits und jenseits der Adria – waren gemeinsam in der Lage, einen Riegel durch Venedigs Ausfahrtsgewässer zu ziehen. Dieses Bündnis konnte gegebenenfalls auch zwischen zwei Ländern oder zwei Staaten geschlossen werden.

2) Venedig konnte die Flüsse nicht nur sperren, sondern auch ableiten.

3) Die Ausdehnungsgelüste der Kaiser, Päpste, Könige oder sonstiger großer oder kleiner Machthaber.

4) Venedigs Untertanen konnten abspringen oder zum Absprung allzusehr verlockt werden.

5) Die Gewißheit, durch die Flüsse in die Politik des Abendlandes, durch die Inseln, Seeplätze und dergleichen am Mittelmeer in die Politik des Morgenlandes einbezogen zu werden oder in die Machtpolitik beider Länder zugleich.

Die Liste kann man weiterführen. Hier soll nur gezeigt werden, daß es Gefahren gab: a) für das politische Reich Venedig, b) für das Handelsreich Venedig, c) für den Handel Venedigs.

Venedig mußte diese Gefahren abwenden. In allen Fragen der *Außenpolitik* mußten die Venezianer wendig sein, schlau, skrupellos, schnell, zu rascher Umstellung fähig. Allianzen bestanden nur vorübergehend und um einen hohen Preis. Venedig besaß keine Spur von Nibelungentreue. Bündnisse, die sich gegen sie selbst richten konnten, mußten vermieden werden, und man durfte sich keinesfalls in Dinge einmischen, die einen nicht unmittelbar angingen: dazu gehörte z. B. die religiöse Seite der Kreuzzüge.

Oft war es notwendig, den Bundesgenossen von morgen heute als Feind zu bekämpfen, und der gestern Verbündete war es unter Umständen schon heute nicht mehr.

Venedig mußte alle Fäden der Diplomatie in der Hand behalten und im voraus alle Pläne seiner Gegner wissen. Diesen Gegner in Gefahr zu hetzen, war oft oberstes Gebot; ihn im letzten Augenblick dann doch zu retten, manchmal notwendig. Venedig hatte das böse Spiel der Politik in seiner bösesten Form zu spielen und durfte nicht vor Verrat, ja selbst vor Gift zurückschrecken. Das venezianische Staatsarchiv bewahrt die Korrespondenz zwischen dem Staat und einem dalmatinischen Mönch, der ihm angeboten hatte, Kaiser Maximilian I. zu vergiften. (Der Plan zerschlug sich; so viel, wie der Mönch verlangte, schien der Kaiser Venedig nicht wert zu sein).

In der *Innenpolitik* jedoch mußte Venedig genau das Gegenteil tun. Hier durfte kein Wechsel sein, kein Sprung, nie der eigene Vorteil allein diktieren. Den Untertanen wie ein guter Vater, gerecht und mäßig, weise mit weisen Gesetzen, so sah Venedigs Gesicht hier aus; es gab ihnen Arbeit, Brot und Sicherheit und hielt immer ihr Interesse wach, unter dem Schatten des Löwen von San Marco leben zu wollen.

So hatte Venedig auf der Terra Ferma, in seinem Festland, das es sich nördlich und westlich der Stadt in wenigen Jahrhunderten errichtete, kaum Besatzung; sie war nicht nötig, denn es war für jeden vorteilhafter, bei Venedig zu sein als bei irgendeinem anderen Herrscher. Während der Liga von Cambrai, im ersten Jahrzehnt des 16. Jahrhunderts, sprach es seine Untertanen auf der Terra Ferma vom Treueid los und verließ sich darauf, daß sie nach dem Krieg freiwillig zurückkehrten, was sie auch taten.

In der Handelspolitik mußte Venedig als seriöser Kaufmann gelten. Es galt nicht nur als das, es war seriös. Nie hat es seine Handelspartner verprellt, wie Byzanz dies bei jeder Gelegenheit tat. Es durfte gar nicht erst die Idee aufkommen, man könnte woanders vielleicht besser, vielleicht billiger einkaufen als in Venedig. Tatsache war aber auch, niemand hätte woanders besser, billiger einkaufen können. Venedig schlug jede Konkurrenz aus dem Feld, doch selten mit den Waffen.

So wurde, ehe die geflohenen Veneter auch nur den ersten Schritt in die Zukunft tun konnten, ehe sie ihre Stadt Venedig errichteten, ehe sie das erste Schiff bauten, allein durch die geographische Lage der Zwang zum Superlativ geboren.

Um ihr Ziel zu erreichen und allen Gefahren zu begegnen, mußten sie klüger sein als die anderen, pfiffiger, wendiger, eine Diplomatie besitzen, die der aller anderen überlegen war, ihre Fäden nach allen Seiten ausspinnen, ihre Fühler nach allen Seiten ausstrecken, das Interesse des anderen erfassen, ehe er es erfaßt hatte, und es binden, damit es sich nie gegen Venedig richten konnte.

Das Streben nach dem Superlativ war von Erfolg gekrönt. Venedig hatte in der Tat die glänzendsten Diplomaten, die beste Verfassung, die besten Seeleute, Kaufleute und Gesandten. Es hatte einen der allerprominentesten Heiligen zu seinem Schutz und die höchsten Staatseinkünfte der Welt, wie es auch im Arsenal die größte Schiffsbauwerkstatt der Welt besaß.

Es hatte aber auch die besten Untertanen: Als am Ende der Republik, in der napoleonischen Ära, Venedig selbst keine Lust mehr hatte, für seine Freiheit zu kämpfen, taten es das Festland und das Küstenland. Es dauerte viele Jahre, ehe die Untertanen sich darein fügten, einen anderen Herrn über sich zu haben als die Republik von San Marco.

Alles war auf die geographische Lage Venedigs eingerichtet – schon, als – nach der Flucht von den Hunnen – das heutige Venedig, das damals *Rivus Altus* (Hochufer) hieß, ein kaum bewohntes, kaum bekanntes Inselfleckchen war. Und alles blieb auf die geographische Lage eingerichtet: die Größe und die Art der Schiffe, die Diplomatie, die Handelsbücher, die Gesetze, die Verfassung, die Paläste der Nobili. Alles stimmte. Alles entsprach dem Zweck, alles der geographischen Situation. Sie schien, wie von Anbeginn an, auch für die Ewigkeit gültig zu sein; jedoch sie war es nicht.

Die geographische Situation änderte sich schlagartig, als Amerika entdeckt wurde und der Seeweg nach Indien. Da stimmte dann nichts mehr, weder die Größe und die Art der Schiffe, noch die Diplomatie noch die Verfassung, nicht die Handelsbücher, die Gesetze und die Paläste der Nobili.

Die Venezianer erkannten es und rissen das Steuer herum. Statt der Weltmacht des Handels wurden sie die Weltmacht der Kunst. Der Superlativ blieb ihnen auch jetzt treu. Er erweiterte sich zur Einmaligkeit.

Venedig im Wandel der Jahrhunderte

Das 5. Jahrhundert

Im ersten venezianischen, dem 5. Jahrhundert, konnte von Superlativ nicht die Rede sein. Welle auf Welle der Völkerwanderung brach in das Römische Reich ein und schwemmte neue Flüchtlingsströme an den Rand der Lagune. Der Herulerfürst Odoaker setzte (476) den letzten weströmischen Kaiser ab und machte sich zum Herrn Italiens. Siebzehn Jahre später wurde er von Theoderich, einem Gotenführer, ermordet. Theoderich ergriff nun, nach Wunsch und Willen des oströmischen Kaisers, selbst die Regierung (493–526) über Italien.

»Seine gewaltige Hand sorgte für Gerechtigkeit. Vor Einfällen benachbarter Barbaren bewahrte er sein Land. Seine Weisheit und seine Tapferkeit waren gefürchtet und geehrt weit in der Runde. Weder ließ er sich irgendein Unrecht gegen seine Untertanen zuschulden kommen, noch ließ er es einem anderen durchgehen. Es liebten und verehrten ihn Goten und Italiker, ohn Unterschied.«

Prokop (um 500 – nach 555)

Im 6. Jahrhundert

waren in Mittel- und Westeuropa Handel, Wirtschaft und Gewerbe gestorben, die Städte verödet. Halbwilde Germanenkönige herrschten über halbverwilderte Völker. Das Chaos war allgemein. Vier Männer versuchten es zu überwinden, Papst Gregor der Große durch die Kirche, der oströmische Kaiser Justinian durch das Gesetz, der ostgotische König Theoderich durch Gerechtigkeit, der Hl. Benedikt durch das Kloster.

Nach Theoderichs Tod versuchte Kaiser Justinian das alte Römische Reich wieder aufzurichten und unter das Zepter Ostroms zu zwingen. Sein Feldherr Narses besetzte 552 die Lagune. Seevenetien kam unter byzantinische Herrschaft. Im Auftrag Ostroms verwalteten nun Tribunen die Inselstädte. Sie müssen bald eine gewisse Bedeutung erlangt haben; denn schon Theoderichs römischer Kanzler Cassiodor bat sie um Schiffe zum Transport von Wein und Öl aus Istrien.

Im 7. Jahrhundert

erklang in den Sektenhader, der das Christentum schwächte und zersplitterte, der furchtbare Schlachtruf:

»Gott ist nur ein Gott. Fern sei von Ihm,
daß er einen Sohn haben sollte.«   Mohammed (571–632)

In Arabien hatte der Kaufmann Mohammed eine neue Religion, den Islam, verkündet. Unmittelbar nach seinem Tod (632) nahmen die Araber in einem einzigen Siegeszug dem Christentum die wichtigsten Länder weg: Afrika, Syrien, das Heilige Land, Kleinasien und bald auch Spanien. Zwölf Jahre nach Mohammeds Tod hatten die Araber 36 000 befestigte Plätze und 4000 Kirchen waren durch Moscheen ersetzt.

Seevenetien verwirrten weder die Dogmen noch das heilige Buch des Islam, der Koran. Sein Interesse galt dem Handel. Die Städte blühten auf: Jesolo, Heraclea, Malamocco, Torcello, Caorle, Grado, Murano, Chioggia. Die Chronik von Altino erzählt, Jesolo habe 43 Kirchen mit Mosaikfußboden, Heraclea 42 Kirchen und Klöster besessen. Geblieben ist nichts, kaum einmal ein Stückchen Ruine.

Die Eroberung Italiens durch die Langobarden, im vorhergehenden Jahrhundert (568) begonnen, war 650 abgeschlossen. In Nord- und Mittelitalien verblieben dem Oströmischen Reich nur Istrien, Seevenetien und die Romagna mit Ravenna. Die Kroaten bemächtigten sich der Küste Dalmatiens. Langobarden und Kroaten begehrten die reichen Städte Seevenetiens. Das Oströmische Reich war nicht in der Lage, seinen Besitz zu schützen. Da wählten die zwölf Tribunen Seevenetiens einen Dogen und gaben ihm schier unbegrenzte Macht (697).

Das 8. Jahrhundert

Fünfundzwanzig Jahre nach Mohammeds Tod war der Schutz der Gelehrsamkeit fester Grundsatz des mohammedanischen Systems. In Córdoba begannen unter dem Zeichen des Halbmonds die Wissenschaft und die Dichtung.

Aus dem Chaos der Völkerwanderung hatte sich ein Reich herauskristallisiert, das Fränkische. Ihm gehörte ganz Europa nördlich der Alpen, von den Pyrenäen bis Ungarn. Karl Martell (gest. 741) regierte es im Namen eines schwachen Königs. Er rettete Europa für das Christentum durch seinen Sieg über die vordrängenden Araber. Mit seinem Sohn Pippin III. wurden die Karolinger Könige der Franken (751).

Die Veneter aber waren es, die ein Erbe Ravennas antraten: sie übernahmen den Ost-Westhandel. Der vierte Doge, Deodato Ipato, verlegte aus Sicherheitsgründen den Regierungssitz Seevenetiens von Heraclea auf dem Festland nach Malamocco auf dem Lido.

Das 9. Jahrhundert

Des Frankenkönigs Pippin III.Sohn, Karl der Große (742–814), wollte die Wiedergeburt des Römischen Reiches unter fränkischer Herrschaft erzwingen. Er eroberte das Langobardenreich in Italien, und sein Sohn Pippin (777–810) versuchte, Seevenetien als Brücke nach dem Osten für seinen Vater zu erkämpfen. Alle Inseln bis auf Rivus Altus, das heutige Venedig, fielen in seine Hand. Es heißt, die Veneter hätten durch die geschickte Ausnützung ihrer Kenntnis der Lagune und deren Tücken über die Franken gesiegt. Tatsache ist: Im Frieden von Aachen, 812, mußte Kaiser Karl die byzantinische Herrschaft über Seevenetien anerkennen. Den Venetern wurde freier Handel im Frankenreich und das Recht zu Niederlassungen eingeräumt.

Mit ihrer Flotte konnte sich bereits keine andere mehr, auch nicht die Ostroms, messen. Die Veneter begannen als erste damit, Seidenstoffe und Seidengewebe ins Abendland einzuführen.

Die Gründung Venedigs

Vor dem kriegerischen Ansturm des Kaisersohnes Pippin hatte der Doge Agnello Partecipacio den Sitz der Regierung von Malamocco auf das einsame, aber geschütztere Eiland Rivus Altus verlegt. Rivus Altus war Sumpf und Morast; doch Machiavelli, der große Staatstheoretiker, sagte mit Recht: »Die Menschen arbeiten entweder aus Zwang oder aus eigenem Antrieb. Die größte Kraftentfaltung zeigt sich immer da, wo der freien Wahl am wenigsten Spielraum bleibt. Es fragt sich also, ob es nicht besser wäre, Städte in unfruchtbaren Gegenden zu bauen, denn dort muß jedermann schwer arbeiten, kann weniger dem Müßiggang ergeben sein und ist gezwungen, in Einigkeit zu leben, da wegen der Armut der Gegend wenig Grund zu Zwistigkeiten besteht.«

Unmittelbar nach der Übersiedlung wurde mit dem Bau des Dogenpalastes und der Markuskirche begonnen; also mit dem Palast des Staates und der Kirche des Staatsheiligen.

Die Frage nach der Religiosität Venedigs kann hier noch nicht gestellt werden.

Noch ist nichts von all dem entstanden, was Venedig von anderen Städten und Staaten unterscheiden wird, noch steht die Stadt nicht mit ihrer so charakteristischen Architektur, noch ist die Verfassung nicht über den ersten Anfang – der Doge an der Spitze des Staates – hinausgewachsen, noch ist das Negative der Lage zwischen Ost und West nicht in sein Gegenteil verkehrt, kurz, noch ist Venedig nicht das Besondere und fühlt sich noch nicht als das Besondere, noch sind Gott, die Kirche und die Menschen nicht in den Dienst der Selbstvergötterung gestellt.

Um einen Staat zusammenzuhalten, brauchte es mehr als ein gemeinsames geographisches und politisches Zentrum. Eine Idee genügte nicht, wenigstens nicht für die Venezianer. So, wie sie nun einmal waren, brauchten sie eine Realität. Mit Begriffen, wie ›auserwähltes Volk Gottes‹, womit die Juden sich zum Volk konsolidiert hatten, war hier nichts zu machen, so auserwählt sich die Venezianer auch immer gefühlt haben.

Da wurde, im Jahre 828, unter der Regierung des 11. Dogen, Giustiniano Partecipacio, Venedig ein günstiges Angebot gemacht: den Leib des heiligen Evangelisten Markus billig zu erwerben.

Die Geschichte dieser Erwerbung ist typisch venezianisch, denn einmal wurde mit den Padres des alexandrinischen Klosters, das diese Gebeine barg, lange gehandelt und gefeilscht. Die Padres wurden in der unauffälligsten Weise bedroht und erpreßt; ausreichende Möglichkeiten dafür boten ja die Herrschaft der Mohammedaner in der Stadt und ihre christenfeindliche Haltung. In all ihren Ängsten des Leibes und des Herzens gaben die Padres den Heiligen um 50 Zechinen her. Als die mit dem Einkauf der kostbaren Reliquie betrauten Tribunen das Kloster verließen, strömte der Heilige – so ist es überliefert – einen köstlichen Geruch aus. Noch aber stand das schwierigste Werk bevor, ihn sicher durch die Hafenkontrolle zu bringen. Die Tribunen legten den Heiligen auf den Boden eines Korbes und schichteten Speck darüber, den die Mohammedaner, da er als unrein gilt, nicht anfassen dürfen. Unangefochten kamen Markus und die Tribunen durch die Wache. Der Heilige sorgte für eine ruhige Überfahrt.

Ein Mythos wurde gefunden. Er sagt aus: Einst, als der heilige Evangelist von Ägypten nach Aquileia fuhr, um dort das Christentum zu predigen, habe ihn auf der Laguneninsel, auf der jetzt Venedig steht – bei der heutigen Kirche S. Francesco della Vigna – ein Engel mit den Worten begrüßt, die seither auf den geöffneten Seiten des Buches zu lesen sind, das der heilige Löwe zwischen den Tatzen hält. Der Engel versprach dem Heiligen, dort, wo er jetzt ruhe, werde einst eine gewaltige Stadt wachsen und seinen Namen weit in die Welt tragen.

Nachdem die Gebeine des Heiligen jahrhundertelang aus Angst vor Diebstahl in einer Säule der Markuskirche eingemauert gelegen hatten und später in der Krypta, ruhen sie seit dem 7. Mai 1811 unter dem Hochaltar. Doch der präzise Aufenthaltsort des Heiligen war immer von nebensächlicher Bedeutung. Er war da, dies war die Hauptsache, und Venedig wuchs, wie es ihm versprochen war, unter seinem und seines Löwen Schutz zur Weltmacht heran.

Der Hl. Markus hatte noch eine andere Bedeutung: er war nicht der Heilige des Ostens, wie es der Hl. Theodor, der bisherige Schutzheilige Seevenetiens, gewesen war. Und die Freiheit vom Osten, ohne darum in Abhängigkeit vom Westen zu geraten, war nächst der inneren Einigung das Ziel. Die sterblichen Reste des Hl. Theodor wurden in die Kirche San Salvatore gebracht, wo sie noch heute zu sehen sind.

Das 10. Jahrhundert

wurde politisch bestimmt durch das machtvolle Aufstreben des deutschen Kaisertums unter den Ottonen und durch die Versuche des Papsttums, sich dagegen zu wehren. Die

Baukunst der Romanik prägte das architektonische, das arabische Spanien das geistige Gesicht. Unter den Abendländlern, die bei den Moslems zum Gelehrten wurden, war ein junger französischer Geistlicher, Gerbert von Aurillac (um 950–1003), der größte: Er versuchte vergeblich, die arabische Wissenschaft in Europa einzuführen; nur die Durchsetzung des arabischen Zahlensystems und der Null gelang ihm.

»Es ist notorisch, daß es in Rom niemand gibt, der genug von der Wissenschaft weiß, um zum Türhüter qualifiziert zu sein.«   Gerbert von Aurillac

»Weil die Stellvertreter Petri keinen Plato, Vergil und Terenz zu Lehrern haben wollen, weil sie keine Verse zu machen wissen, sagt Ihr, sie seien nicht würdig, Türhüter zu sein. Petrus aber ist in der Tat ein Türhüter, jedoch des Himmels.«

Antwort des päpstlichen Legaten Leo

Später wurde Gerbert auf Wunsch von Kaiser Otto III. Papst und nannte sich Silvester II.

Kaiser Otto III., der Freund des Dogen Orseolo II., erteilte Venedig ›auf ewig‹ das Handelsprivileg für das Reich. Mit den Ottonen begannen die Italienzüge der deutschen Kaiser und ihre verhängnisvollen Folgen.

Das 11. Jahrhundert

gehörte dem Kampf zwischen Kaisertum und Papsttum. Das Papsttum, bisher in Abhängigkeit vom Kaisertum, holte zum Gegenschlag aus. Gregor VII. – Mönch Hildebrand aus Cluny – stellte den Anspruch auf Freiheit der Kirche und ihre unbedingte Herrschaft über den Staat. Er bestimmte die Unfehlbarkeit der Römischen Kirche und die Befreiung ihrer Untertanen vom Gehorsam gegen ihren weltlichen Herrn.

Er verbot die Laieninvestitur, d. h. das Recht der Laien, Bischöfe einzusetzen. Die Ottonen aber hatten sich gegen die immer stärker werdende Tendenz der Fürsten nach Erblichkeit auf das Episkopat gestützt, dessen Ernennung ganz in ihren Händen lag. So brach der Investiturstreit aus. Der Reichstag von Worms setzte Papst Gregor, das 3. Lateranische Konzil Kaiser Heinrich IV. ab. Die weltlichen Fürsten verließen den Kaiser. So wurde er gezwungen, sich in Canossa vor dem Papst zu demütigen (1077). Mit dieser Unterwerfung verlor das Kaisertum für immer seine Vormachtstellung.

Der Kampf zwischen Kaisertum und Papsttum berührte Venedig in keiner Weise. Um das Jahr 1000, als das ganze christliche Abendland den Weltuntergang erwartete, tat Venedig den ersten Schritt zur Weltmacht: Der Doge Pietro Orseolo eroberte die Küsten Istriens und Dalmatiens und legte Handelsplätze und Handelsfaktoreien an. Achtzig Jahre später erweiterte Venedig abermals seine Handelsmacht, es rettete seinen Souverän Byzanz vor den Normannen, die von Sizilien aus das Reich angriffen. Der Dank: Handelsprivilegien in den einzelnen Häfen. So begründete Venedig seine Monopolstellung im Ost-West-Handel.

Der Halbbruder des Königs Olaf des Heiligen von Schweden half mit seinem Wikingergefolge dem Kaiser von Byzanz gegen eine Empörung im Land. Einer seiner Männer meißelte Worte in einen Löwen, der am Piräus stand. Im 17. Jahrhundert wurde dieser Löwe vom Dogen Francesco Morosini mit einem anderen Löwen nach Venedig gebracht und neben dem Tor des Arsenals aufgestellt. Das Arsenal ist in den ersten Jahren des 12. Jahrhunderts gegründet worden.

Das 12. Jahrhundert

Der Kaiser verzichtete auf das Recht, Bischöfe einzusetzen. Das bedeutete das Ende des Investiturstreits und den Anfang unumschränkter Herrschaft des Papstes über die Kirche.

In Südfrankreich blühte die höfische Kultur der Troubadours, und die Stadt Venedig gründete ihre erste Bank.

Fünf Jahre fehlten noch, ehe dieses Jahrhundert begann, da rief Papst Urban II. die Christenheit zum Kampf gegen die Nichtchristen auf: das Heilige Grab befand sich in deren Händen. Die Kreuzzugsidee und mit ihr die erste Massenbewegung waren geboren, und den Kreuzzügen werden das 12. und 13. Jahrhundert gehören.

Als am 15. Juli 1099 Jerusalem eingenommen wurde, schändeten die Kreuzfahrer die Frauen, trieben die Juden in die Synagoge, verbrannten sie dort und schleuderten die kleinen Kinder gegen die Mauern. 70 000 Menschen, auch Christen, sollen hingemetzelt worden sein.

Die Kreuzzüge interessierten Venedig auf das lebhafteste. Als leistungsfähigste Seemacht des Mittelmeeres verdiente es sehr viel an dem Transport der Krieger in das Heilige Land und konnte gleichzeitig dabei mit den Unheiligen des Heiligen Landes die vorteilhaftesten Handelsverbindungen anknüpfen. Es benutzte die Kreuzzüge ferner dazu, sich ein Kolonialreich auf der Balkanhalbinsel, in Kleinasien, Syrien und Palästina aufzubauen.

Innenpolitisch wichtig: der Große Rat wurde geschaffen, das heißt, die ausschließliche Adelsherrschaft Venedigs begründet und gefestigt. Sie blieb bis zum Ende der Republik.

Im 13. Jahrhundert

erreichte das Papsttum seinen Höhepunkt. Doch war die Vormachtstellung nicht mehr selbstverständlich; Kritik und Ketzerei erhoben ihr Haupt. In den beiden neuen Orden, den Franziskanern und Dominikanern, bekam das Papsttum eine starke Waffe. 1215 wurde die Inquisition eingeführt. Der Hohenstaufenkaiser Friedrich II. (1194 bis 1250) vertrat und verfocht die von der Kirche unabhängige Staatsgewalt. Er ging daran zugrunde und mit ihm die deutsche Kaisermacht.

Ein Jahr vor dem Tod des Hl. Franziskus von Assisi, fünfundzwanzig Jahre vor dem Tod Kaiser Friedrichs II. wurde Thomas von Aquin geboren. Er versuchte, Glauben und Wissen zu vereinen, und führte die Scholastik auf ihren Höhepunkt. An den Universitäten von Paris, Oxford und Bologna erwachte die Lust zur freien Forschung. Das ungeheure Gerücht verbreitete sich, die Erde sei rund und nicht der Mittelpunkt des Alls. Als neue Macht kommt die Stadt auf; die Städte an der Nord- und Ostsee schlossen sich zur ›Hanse‹ zusammen.

In Frankreich blühte die Gotik, doch die höfische Kultur der Troubadours wurde durch die Kreuzzüge gegen die Albigenser gebrochen.

In Venedig benutzte der fast blinde, fast hundertjährige Doge Enrico Dandolo die Anwesenheit von 40000 Kreuzfahrern, die kein Geld hatten, die Fahrt in das Heilige Land zu bezahlen, um mit ihnen und 500 Schiffen die als uneinnehmbar geltende Stadt Byzanz zu erobern (1204). Er gründete ein lateinisches Kaiserreich, das in Abhängigkeit von Venedig blieb.

Die meisten griechischen Inseln wurden venezianischer Besitz; besonders wichtig waren Kreta, Rhodos, Korfu und Morea (der Peloponnes).

Nun zog sich eine ununterbrochene Kette von venezianischen See- und Handelsplätzen bis Kleinasien hin, und der gesamte Handel nach dem Nahen und Fernen Osten ging durch die Hand der Venezianer.

Nikaia in Kleinasien wurde das Zentrum des neuen byzantinischen Staates, dem es 1261 mit Hilfe Genuas gelang, Konstantinopel (Byzanz) zurückzuerobern. Zum Dank bekam Genua die Handelsstraße nach dem Osten durch das Schwarze Meer, sie wurde für Venedig gesperrt. Jetzt konnte Genua an die Vernichtung seiner Handelskonkurrentin auf dem Mittelmeer, Venedig, denken. Die Ausführung dieses Gedankens sollte Venedig im nächsten Jahrhundert bis an den Rand des Abgrunds führen.

Das 14. Jahrhundert

Das Papsttum hatte den Höhepunkt seiner Macht überschritten und wurde von den französischen Königen in Avignon unter französische Vormundschaft gestellt (1309–1377).

Deutschland gründete die ersten Universitäten: Prag, Heidelberg, Köln, Erfurt.

In Italien löste sich die Malerei aus Starre und Goldgrund und wandte sich der Natur zu (Giotto). Die optische Perspektive wurde zum wichtigsten Kunstmittel.

Die Blüte der arabischen Kultur in Spanien neigte sich dem Ende zu. Als ihre letzte und schönste Frucht entstand die Alhambra bei Granada.

In Italien wirkten: Petrarca, Dante, Boccaccio, Giotto, Simone Martini.

»Ich fange an zu hoffen und zu glauben, Gott habe sich des italienischen Namens erbarmt, seit ich sehe, daß seine reiche Güte in die Brust der Italiener wieder Seelen senkt, die denen der Alten gleichen, insofern sie den Ruhm auf anderen Wegen suchen als durch Raub und Gewalt, nämlich auf dem Pfad der unvergänglich machenden Poesie.«   Boccaccio (1313–1375)

In Italien kam der Humanismus als wissenschaftliche Bewegung auf. Tendenz: Abkehr von der Scholastik. Florenz wurde Mittelpunkt, Petrarca Bahnbrecher des Humanismus. In der Nachfolge staufischer Generalkapitäne bemächtigten sich der Stadtstaaten Oberitaliens Gewaltherrscher.

Venedig mußte sich dieses ganze Jahrhundert gegen Genua wehren und verzweifelt um seine Vorherrschaft im Mittelmeerraum kämpfen. 1379 wurde die Stadt von den Genuesern unter dem Admiral Pietro Doria eingekreist. Venedig errichtete rings um die Stadt schwimmende Festungen, mit Kanonen bestückt. In letzter Minute siegte Venedig unter Vettore Pisani. Die genuesische Flotte wurde vernichtet, und Venedig blieb unbeschränkte Herrin des Mittelmeers und des Levantehandels.

1385 richtete man ein Amt für öffentliche Gesundheitspflege ein und befahl den venezianischen Ärzten, einmal monatlich zu medizinischen Konferenzen zusammenzukommen. Seit 1376 wehten die Standarten mit dem Löwenwappen vor der Markuskirche. Die Kanäle wurden regelmäßig ausgebaggert, die Maschinen dazu im Arsenal angefertigt. Die Stadt hatte rund 133 000 Einwohner. Eine Vermehrung der Bogengänge am Rialto wurde angeordnet, damit, wie es in der Verordnung heißt, »die große Zahl vornehmer Kaufleute und anderer, die sich dort besprechen, vor dem Regen geschützt sind«. Um 1300 begann die Seidenindustrie. Um 1310 wanderten die Leinenweber ein.

Das 15. Jahrhundert

Der Engländer Wyclif in Oxford kritisierte die Korruption der Kirche und fand Priester, die seine reformistischen Ideen verbreiteten. Der tschechische Gelehrte Dr. Johannes Hus wurde sein Anhänger und verkündete Wyclifs Ideen und Gedanken in Prag.

1414 tagte in Konstanz die Kirchenversammlung mit zwei Zielen: 1. Eigenreform der Kirche, 2. Unterdrückung der Ketzerei. Johannes Hus, der Rektor der Prager Universität, wurde trotz Zusicherung freien Geleits verbrannt. Hus' Anhänger überzogen in Selbstverteidigung Mitteleuropa.

In Deutschland erfand 1450 Gutenberg die Buchdruckerkunst.

Von der Toscana ausgehend, breitete sich die Frührenaissance aus (Lippi, Gozzoli, Botticelli).

In den Niederlanden (Gent, Brügge) blühte die Kunst, dort wurde die Ölmalerei erfunden.

Im Hundertjährigen Krieg rangen England und Frankreich um die Vorherrschaft. Jeanne d'Arc (1412–1431) entschied den Krieg für Frankreich. Sie wurde im Namen des Erlösers Jesus Christus verbrannt. Ihre letzten Worte:

»Ich stehe vor Gott. Angesichts des Holzstoßes, des feuerschürenden Henkers muß ich das gleiche immer wieder sagen, muß ich bekräftigen bis in den Tod, was vormals ich gesagt: die Wahrheit ist, ich bin von Gott gesandt.«

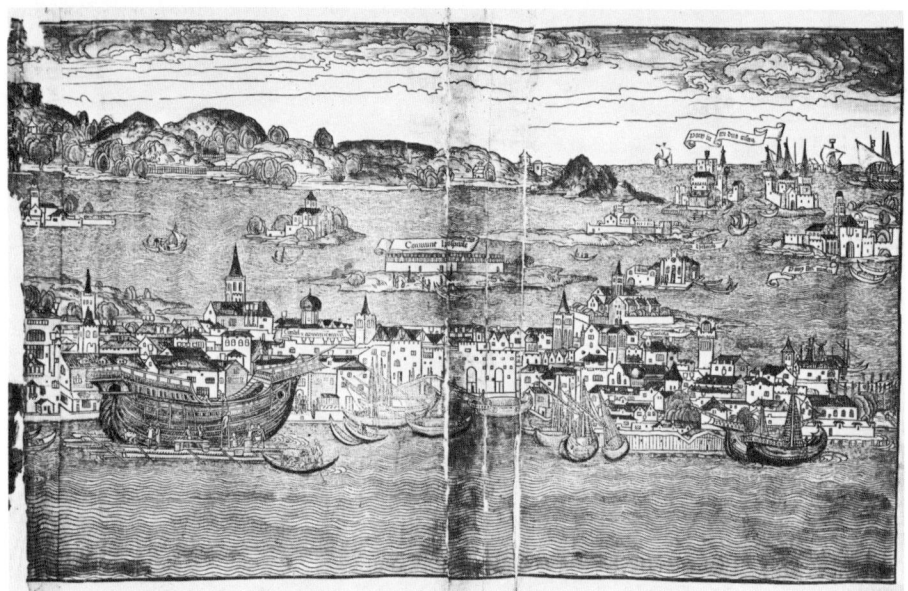

Venedig. 1486. Teil eines Holzschnitts von A. Breydenbach

Der Krieg mit Genua hatte Venedig überzeugt, daß es notwendig war, sich auf dem Festland eine starke Rückendeckung zu schaffen, um sich gegen weitere italienische Gegner zu sichern. Die Eroberung der Terra Ferma, des festen Landes, begann. Venedig hatte genügend Geld, sich die besten Feldherrn zu kaufen (z. B. den Condottiere Colleoni, Abb. 62). Ende des 15. Jahrhunderts erstreckte sich der venezianische Besitz nördlich bis zum Alpenland, westlich bis Mailand und östlich bis Zypern; er umschloß ganz Venetien (die Landschaft, aus der die Venezianer einst vor Attila geflohen waren), einen Teil der Lombardei, Friaul (und damit den Zugang zu den Handelsstraßen nach Deutschland), Istrien und die Küsten Dalmatiens, Albaniens und Griechenlands bis Kleinasien, dazu die Ägäischen Inseln mit Kreta und Rhodos.

Doch das politische Reich war klein, verglichen mit dem venezianischen Handelsreich. Dieses umspannte Europa, Asien, Nordafrika und Arabien. Im Osten erreichten seine Handelsreisen das Asowsche Meer, Persien und Indien, im Süden die nordafrikanischen Küsten, im Norden die Küstengebiete der Ostsee. Venezianische Handelshäuser standen auf der Krim, in Armenien, Syrien und Ägypten ebenso wie in Tripolis und Bulgarien. Es gab keine Straße, auf der nicht venezianische Kaufleute zogen, keine Kamele, die nicht venezianische Waren trugen, schier keinen schiffbaren Fluß, auf dem nicht venezianische Waren befördert wurden. Alle Erzeugnisse des Ostens und des Westens gingen durch die Hände der Venezianer: Zucker und Zimt, Felle und Goldbrokat, Seide und Baumwolle, Perlen und Edelsteine, alle Düfte, alle Gewürze, besonders der Pfeffer, waren Venedigs Monopol und Hauptverdienst. Auch am Sklavenhandel verdiente die Stadt, die selbst 3000 Sklaven hatte, nicht schlecht.

Der Superlativ war erreicht. Venedig war die reichste Stadt Italiens geworden mit den reichsten Männern der Welt. Es war die größte Stadt Italiens mit 190 000 Menschen und herrschte über 8 Millionen. Venedig hatte den größten Getreidemarkt Europas und die höchsten Staatseinkünfte der Welt.

Als Tommaso Mocenigo, der das Glück gehabt hatte, der Doge der höchsten Glanzzeit Venedigs gewesen zu sein, seine Augen schloß, formten seine Lippen kein Gebet, sondern Zahlen: »Wir haben ein Handelskapital von 10 Millionen im Umlauf und gewinnen daraus 4 Millionen durch die Ausfuhr und 2 durch die Einfuhr.«

Die Staatseinnahmen betrugen 1 Million 200 000 Dukaten und waren höher als die von England, Frankreich, Spanien, der Kurie, Neapel und Mailand. »Unsere Häuser sind 7 Millionen Dukaten wert (Ende des 19. Jahrhunderts nicht einmal das Doppelte), und wir ziehen daraus eine halbe Million Miete.«

Tausend Nobili hatten allein von ihrem Einkommen 700 bis 4000 Dukaten Rente, und 3000 Dukaten genügten, um einen Palast zu bauen.

Die Kriegsflotte bestand aus 45 Galeeren mit 11 000 Mann Besatzung; die Handelsflotte aus 3300 großen und kleineren Schiffen und 30 000 Seeleuten. Das Arsenal beschäftigte 20 000 Arbeiter (im 18. Jahrhundert werden es nur noch 2000 sein und 1926

Der Dogenpalast im Jahre 1486 (nach dem Holzschnitt von S. 30)

2500). Es war die größte Schiffsbaustätte der Welt. Jedes Jahr fuhren 6 Geschwader los: Das erste zum Schwarzen Meer, nach Rußland und Kleinasien. Das zweite nach Konstantinopel und zu den Häfen Griechenlands. Das dritte nach Syrien und Kleinasien. Das vierte nach Ägypten. Das fünfte an die afrikanische und spanische Küste. Das sechste über Gibraltar nach England und Flandern.

Um 1500 besaß Venedig: 44 Banken, 77 Goldschmiedewerkstätten, 78 Magazine für Seiden und Goldbrokat, 84 Kunsthandwerker und 16 000 Weber für Seide, Leinen und Baumwolle. Um 1515 war Venedig die Zentrale für den Baumwollhandel; es importierte jedes Jahr für 400 000 Dukaten. Die Florentiner kauften in jedem Monat für 70 000 Dukaten in Venedig und lieferten der Stadt 16 000 Ballen Stoff, den Venedig in Ägypten, Zypern und Rhodos verkaufte. Der venezianische Handel mit Goldtuch allein brachte 12 Millionen, für 250 000 Dukaten lieferte Venedig Seiden für die Lombardei. Für Gewürze gab die Stadt jedes Jahr allein 540 000 Dukaten aus.

Genug der Zahlen, die wir zum großen Teil den Lippen des sterbenden Dogen verdanken.

Ziel, Ausgangspunkt und Impuls dieser Weltmachtstellung des Handels und des Reichtums war jene kleine Inselgruppe, Rivus Altus, mit ihrem Umfang von nur 10 km. Doch die Venezianer haben sich immer davor gehütet, eine allzu präzise Berechnung ihres Machtzentrums publik zu machen. Denn hätte die Stadt nicht von Anfang an so getan, als sei sie mehr als nur eine Handvoll strohgedeckter Häuser und als stünde mehr hinter ihr als moskitoverseuchte Sümpfe, wäre sie nie zur Weltmacht aufgestiegen. Die Venezianer begnügten sich damit, den Nimbus dieser Stadt zu verbreiten, um so eine Furcht zu wecken und wachzuhalten, die sie mit ihrer militärischen Macht nie hätten wachhalten können. Sie gaben ihrer Stadt den klingenden Namen ›Serenissima‹, die Herrin.

Mitten in diesen Glanz, Macht und Reichtum fiel die Nachricht, daß die Osmanen, ein türkischer Stamm, der sich um 1300 in Kleinasien konsolidiert und seine Macht seither über Kleinasien, Mazedonien, Serbien und Bulgarien ausgedehnt hatte, Byzanz erobert hatten (1453). Byzantinische Gelehrte flohen ins Abendland und brachten die Kenntnis von Homer und Platon; das sollte für die Renaissance später von höchster Wichtigkeit werden.

Für Venedig bedeutete die Eroberung von Byzanz, daß es selbst von nun an nichts anderes mehr tun konnte, als sich verzweifelt und vergeblich gegen die Türken zu wehren. Seitdem diese durch ihren Besitz von Byzanz die alten Handelswege von der Ostküste des Mittelmeers über Land nach Indien gesperrt und den Handel dadurch erschwert hatten, suchten Spanien und Portugal neue Wege nach Indien.

1492 eroberten die spanischen Könige, Ferdinand und Isabella, die letzte maurische Hochburg in Spanien, Granada. Die Träger dieser Kultur, Mauren und Juden, wurden gleichermaßen ausgerottet. Kardinal Ximénes verbrannte, im Auftrag der Königin, über eine Million arabischer Bücher auf dem Marktplatz von Granada.

1 Luftaufnahme des Stadtkerns mit Canal Grande

2 Markusplatz mit San Marco, Dogenpalast und Campanile. Im Hintergrund S. Maria della Salute ▷

3   Das prachtvolle alte Entrée Venedigs. Im Hintergrund das Festland

4   Hof des DOGENPALASTES (v.l.n.r.: Fassade mit Uhr, Arco Foscari, 1450–70, und Scala dei Giganti)

5 DOGENPALAST Die Scala dei Giganti (1485–1521) mit Mars und Neptun von J. Sansovino

6 SALA DEL SENATO   mit Tintorettos Deckengemälde ›Venedig als Königin der Meere‹

7   Hieronymus Bosch (um 1450–1516), Der Hl. Hieronymus in der Wüste. Mittelbild eines Altars

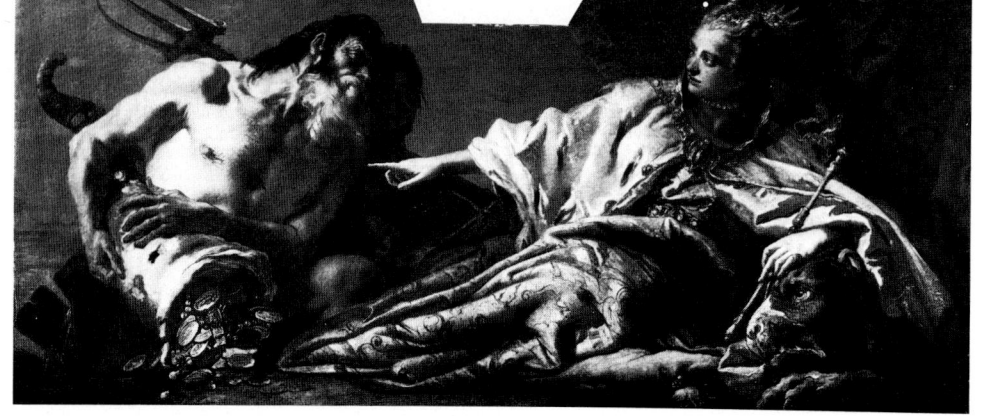

8 SALA DELL'ANTICOLLEGIO   Tintoretto, Ariadne, Bacchus und Venus. 1578

9 SALA DELLE QUATTRO PORTE   G.B. Tiepolo (1696–1770), Neptun bietet Venedig die Schätze des Meeres

10   SAAL DES GROSSEN RATES, Deckengemälde   Paolo Veronese, Das triumphierende Venedig. 1584

11 Westfassade von SAN MARCO, 1094 vollendet

12 DOGENPALAST Kopf an einem
Säulenkapitell. 15. Jh.

13 LOGGETTA Markuslöwe vom
Bronzegitter des A. Gai

14 LOGGETTA Apollostatue von
J. Sansovino. 1540

15 LOGGETTA Putto

16 DOGENPALAST, Porta della Carta
Das Urteil Salomons. 15. Jh.

17 DOGENPALAST, Südostecke
Die Trunkenheit Noahs.
Anfang 15. Jh.

18 Blick vom Eingang zum Hochaltar

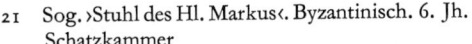

19 Weihrauchgefäß in Form eines Kuppelgehäuses.
    12. Jh. Schatzkammer

21 Sog. ›Stuhl des Hl. Markus‹. Byzantinisch. 6. Jh.
    Schatzkammer

20 Ausschnitt aus einer der vier Alabastersäulen
    am Hochaltar

22 Byzantinische Marmorsäule vor der Südfassade

23 Gentile Bellini (auch Lazzaro Bastiani zugeschrieben), Der Doge Francesco Foscari (1423 bis
1457). Museum Civico Correr

24 Giovanni Bellini (um 1430–1516), Madonna
mit Kind. Museum Civico Correr

25 DOGENPALAST, Porta della Carta Haupteingang des Dogenpalastes (1438–42)

26 LIBRERIA VECCHIA (1536) und LOGGETTA
des Campanile (1537) von J. Sansovino

27   Die TETRARCHEN. Porphyrgruppe an der Südseite von San Marco. 4. Jh.

28   Kopf eines antiken Bronzepferdes vom Hippodrom in Konstantinopel. Westfassade von San Marco

Mauren und Juden waren reich gewesen; nun wurde es die Königin. Sie finanzierte einem Mann, der noch sieben Jahre vorher, von Hunger zermürbt, an der Pforte des Franziskanerklosters in Palos um ein Almosen gebettelt hatte, seine phantastische Idee, auf dem Seeweg die Küste Indiens zu erreichen. Columbus erreichte allerdings nicht die Küste Indiens, er entdeckte Amerika. Ungeheure Gelder flossen nach Spanien, die Währung sank. Das Mittelmeer wurde zum Binnenmeer, als die Portugiesen 1498 durch Vasco da Gama den Seeweg nach Ostindien fanden. Für Venedig sollten sich die Folgen dieser Entdeckung erst im nächsten Jahrhundert zeigen. In diesem Jahrhundert war es notwendig, Gesetze – die nichts nützten – gegen den überhandnehmenden Luxus zu erlassen.

So wurde 1476 bestimmt, daß die Ausgaben für Malerei und Schnitzerei in einem einzigen Zimmer 150 Dukaten nicht übersteigen dürften. (Das Innere der Ca' d'Oro am Canal Grande zeigt die Einrichtung eines venezianischen Patrizierhauses aus dem 15. Jahrhundert.)

Ende des Jahrhunderts drängte der Dominikanerbruder Fra Giocondo (1433–1514), gleich bedeutend als Gräzist, Botaniker, Archäologe, Philosoph und Architekt, die venezianische Regierung, die Mündung der Brenta weiter nach Süden zu verlegen, da ihre Sedimente die Lagune zu versanden begannen. Venedig wurde vom gleichen Schicksal bedroht wie Ravenna, von einer Seestadt zu einer Landstadt zu werden (was heute ihre Rettung wäre). Die Regierung folgte dem Rat und pries Giocondo als den zweiten Gründer der Stadt.

Das 16. Jahrhundert

Am 31. Oktober 1517 schlug der vierunddreißigjährige Augustinermönch Martin Luther 95 Thesen gegen den Ablaßhandel an die Schloßkirche von Wittenberg. Das war der Auftakt zur Reformation und zu unübersehbarem Elend. Zu spät erkannte der Reformator die verhängnisvollen Folgen:

> »Hätt ich gewußt, da ich anfing zu schreiben, was ich jetzt erfahren und gesehen hab, so hätt ich fürwahr stille geschwiegen. Aber Gott hat mich hinan geführt wie einen Gaul, dem die Augen geblendet sind.«   Martin Luther (1483–1546)

Unter Luther wurde die ursprünglich geplante Kirchenreform zur Revolution gegen die Kirche. Der Spanier Ignatius von Loyola stellte sich vor die Kirche und gründete zu diesem Zweck den Jesuitenorden (1534). Das Konzil von Trient (1545–1563) machte die Versöhnung zwischen Katholiken und Protestanten unmöglich (z. B. durch Gleichstellung der Heiligen Schrift und der kirchlichen Tradition).

Venedig. Stich aus dem 17. Jh. Archiv der Gesellschaft Jesu, Rom

1546 berichtete der venezianische Gesandte am Hof des oft von Tizian gemalten Kaisers Karl V. an seine Regierung, in Holland und Friesland hätten mehr denn 30 000 Menschen den Tod wegen ›anabaptistischer Irrtümer‹ erlitten. In diesem Jahrhundert arbeiteten und starben: Raffael, Michelangelo, Leonardo da Vinci, Machiavelli, Palestrina, Orlando di Lasso, Dürer, Lucas Cranach, Hans Holbein. Shakespeare wurde geboren.

Für Venedig bedeutete dieses Jahrhundert künstlerisch den Höhepunkt (Bellini, Giorgione, Tizian, Tintoretto, Lotto, Carpaccio, Veronese, Sansovino usw.), politisch aber den Anfang vom Ende. 1501 erreichte Venedig die unheilvolle Nachricht, daß sieben Karavellen des Königs von Portugal Afrika umfahren und Indien angelaufen hätten; sie seien mit reicher Fracht zurückgekehrt. 1506 kaufte kein Kaufherr aus der ganzen Welt Pfeffer in Venedig, sondern in Lissabon; es war billiger. Venedigs Gewürzmonopol, der Kern seiner Handelsexistenz, war zerbrochen.

1508 vereinigte sich schier das ganze Europa – Kaiser Maximilian I., Ludwig XII. von Frankreich, Papst Julius II., Ferdinand von Aragonien – in der Liga von Cambrai, um Venedig zu vernichten. Die Verbündeten waren ihres Sieges so sicher, daß sie bereits das venezianische Gebiet unter sich aufteilten. Nur durch die diplomatische Spaltung der Gegner vermochte sich Venedig zu retten, doch seine Kraft war für immer gebrochen.

Das Reich der osmanischen Türken hatte sich um Mesopotamien, Syrien, Ägypten und Ungarn erweitert. Die Zerstückelung des venezianischen Seereichs begann: die griechischen Inseln, auch Rhodos, fielen in die Hände der Türken. Diese wurden gefährliche Partner auf dem Mittelmeer. 1571 gelang es Venedig, mit spanischer Hilfe (Don Juan d'Austria, Sohn Karls d. V.) die türkische Flotte bei Lepanto zu besiegen und völlig zu vernichten, doch der Sieg konnte nicht ausgenutzt werden. Venedig verzichtete gegen die Zusage des freien Handels auf Zypern, das von den Venezianern über jedes Maß an Tapferkeit hinaus verteidigt worden war; die kriegerischen Auseinandersetzungen zwischen Venedig und den Türken hielten an.

Der beginnende Untergang machte sich nicht gleich bemerkbar. Noch immer war Venedig unermeßlich reich. Die Ausstattung eines Zimmers, in dem eine Adlige ihr Wochenbett verbrachte, kostete 11 000 Dukaten.

»Wenn ich an das Fenster trete, so sehe ich gegen tausend Menschen und ebensoviel Barken. Rechts fallen meine Blicke auf die Schlachtbänke und den Fischmarkt, links auf die Brücke und den Fondaco dei Tedeschi. In der Mitte der Rialto, von Geschäftsleuten wimmelnd. Die Barken gleichen Weinbergen, die Plätze scheinen Gärten, und die Läden sind von Wild und Geflügel überfüllt. Schon mit Sonnenaufgang ist der Kanal von allen Produkten, welche die Jahreszeiten bieten, überdeckt.«

Pietro Aretino (1492–1556)

Am 8. Oktober 1562 erließ der Staat ein Gesetz, wonach alle Gondeln mit einem schwarzen Tuch zugedeckt sein mußten, weil der Luxus mit Gondeln allzusehr überhandgenommen hatte; seither tragen sie die schwarze Farbe.

Allein aus der Stadt nahm Venedig 400 000 Dukaten an Steuern ein, davon 80 000 nur aus dem Weinhandel. Mit den Einnahmen aus der Terra Ferma, deren Bewohner nur in Venedig kaufen und verkaufen durften, betrug das Steuereinkommen des Staates 1 100 000 Dukaten. Und trotz allem beobachtete der Chronist Francesco Sansovino ein Sinken des Geldwertes um die Hälfte. Bereits 1522 galt nicht mehr Venedig, sondern Genua und Rom als die reichsten Städte Italiens.

Es wurden Versuche gemacht, den sterbenden Handel durch die Industrie zu ersetzen (Spitzen, Waffen, Druckereien, Ledertapeten, an denen man allein 100 000 Dukaten verdiente); von dem feinsten Tuch, das in Italien fabriziert wurde, lieferte Venedig jährlich 28 000 Stück (im 18. Jahrhundert werden es 700 Stück sein). Doch die Wollweber begannen nach England auszuwandern. Schon gab es 187 Bettler (Mitte des 19. Jahrhunderts werden es 40 000 Arme sein). 1505 vernichtete ein Brand den Großteil der Stadt, siebzig Jahre später raffte die Pest einen Großteil der Bevölkerung (auch Tizian) dahin. Dem Erlöser wurde eine Kirche gelobt: Palladio baute die Chiesa del Redentore. Ihr Fest wird immer noch in der Nacht vor dem dritten Sonntag im Juli gefeiert.

1563 erschien die erste Zeitung.

Das 17. Jahrhundert

Der Dreißigjährige Krieg begann (1618–1648) mit religiösen Kämpfen zwischen dem protestantischen und dem katholischen Deutschland und endete als politischer Kampf ganz Europas. Über die Hälfte der Einwohner Deutschlands verloren ihr Leben. Frankreich errang die europäische Vormachtstellung. Es blühte auf unter Heinrich IV., Ludwig XIII. und Ludwig XIV. Der fürstliche Absolutismus wurde herrschende Staatsform und löste den Feudalismus des europäischen Adels ab.

Schloß und Park von Versailles wurden der Ausdruck barocker Repräsentation.

In Italien entstand aus den großen Hoffesten die Oper (Monteverdi).

In diesem Jahrhundert arbeiteten und starben: Shakespeare, Cervantes, El Greco, Spinoza, Rubens, Rembrandt, Calderon, Corneille, Racine; Descartes begründete die moderne Erkenntnistheorie.

Venedig kämpfte verzweifelt und ergebnislos gegen die Türken. Nach heldenhafter Verteidigung ging Kreta (Kandia) 1669 verloren. Der Doge Francesco Morosini eroberte den Peloponnes – doch nur für dreißig Jahre – zurück. Der Handel erlahmte. Die französische Luxusindustrie schaltete die venezianische aus. Die Einwohnerzahl der Stadt sank auf 139 000. »Dieser bedeutende Platz«, schrieb ein unbekannter Chronist, »ist jetzt fast bedeutungslos, denn der Handel hat andere Wege eingeschlagen.« 1630 raubte die Pest 46 500 Einwohner; der Madonna von der Gesundheit wurde eine Kirche gelobt. Longhena baute zum Dank für die Befreiung von der Pest Santa Maria della Salute, deren Fest immer noch am 24. November gefeiert wird. Nichts deutete darauf hin, daß das heiterste Jahrhundert vor der Schwelle stand.

Das 18. Jahrhundert

England wurde die herrschende Seemacht. Preußen blühte unter Friedrich dem Großen, Rußland unter Katharina II. auf. Im nordamerikanischen Freiheitskrieg erlangte Nordamerika seine Unabhängigkeit; George Washington wurde erster Präsident (1789). Die Krise in Frankreich unter Ludwig XV. und Ludwig XVI. endete in der Französischen Revolution. Napoleon folgte. Das Rokoko löste die statischen Tendenzen von Renaissance und Barock auf. Technik und Industrie (Dampfschiff, Dampfmaschine) traten ihren Siegeszug an.

Lessing, Klopstock, Goethe, Schiller, Kant wurden geboren; Fischer von Erlach, Andreas Schlüter, Bach, Händel, Domenicus Zimmermann, Balthasar Neumann wirkten und starben.

Politisch war dieses Jahrhundert für Venedig noch dunkler als das vorige. Aber Venedig ignorierte das Dunkel und amüsierte sich trotzdem: auf den Visitenkarten des letzten Dogen schnäbelten sich zwei Tauben.

Im Frieden von Passarowitz 1718 verlor Venedig Morea (den Peloponnes) und die letzten Plätze vor Kreta. Der Handel ging weiter zurück. Doch noch immer war Venedig reich. Manche Adlige hatten 10 Gondeln und 50 Bedienstete. In der Ca' Rezzonico kann man sehen, wie der Nobile im 18. Jahrhundert lebte und mit welchen Bildern er sich umgab. Doch es kam auch schon – und nicht selten – vor, daß einige von ihnen im Hinterzimmer Wasserpolenta aßen, um die Gondeln und die Bediensteten halten zu können.

Ein Zeichen für die politische Ohnmacht Venedigs: der Staat mußte die Tänzerin Barberina, die ihren Kontrakt mit Friedrich dem Großen gebrochen hatte und nach Venedig entwichen war, ausliefern. Venedig protestierte nicht, als fremde Kriegsschiffe sein Hoheitsgebiet, die Adria, durchkreuzten, als fremde Truppen seinen Festlandsstaat, die Terra Ferma, durchzogen: es hatte andere Sorgen. »Ich bin mit meinem Schnupftabak fertig«, schrieb Algarotti an Bertinelli, oder gar keine Sorgen: »Ich bin der Freund Ihrer Frau. Sie sind der Freund meiner Frau, und? Was wäre da schlimm?«, schrieb Goldoni in ›Der Kavalier und die Dame‹. Auf jeden Fall, trotz oder ohne Sorgen, regierte die Heiterkeit: »Ich komme lachend aus der Tragödie«, schrieb Goethe nach Weimar, und »Könnte ich nur den Freunden einen Hauch dieser leichten Existenz hinübersenden«.

1797 wurde das Schicksalsjahr Venedigs. Napoleon brach in Italien ein. Am 29. April ließ er den Kapitän Lagier in die Lagune einfahren. Lagier wurde erschossen. Napoleon hatte den Grund zu seinem Krieg. Er erklärte ihn am 1. Mai. Am 4. Mai gingen drei Nobili – Mocenigo, Donà und Giustinian – zu Napoleon, mit der Vollmacht der Republik, alles mit ihm zu besprechen, auch eine Änderung der Verfassung und der Regierung. Am 6. Mai wurde Condulmer, stellvertretender Provveditore zur See, beauftragt, den Franzosen den friedlichen Einzug vorzuschlagen und das Zurückziehen der eigenen Streitkräfte anzubieten. Am 10. Mai schrieb Baraguay an Napoleon, er sei gefragt worden, ob er die Regierung unterstützen werde, wenn die öffentliche Ruhe durch einen Aufstand der venezianischen Soldaten gefährdet würde. Am 12. Mai dankte die venezianische Regierung ab und unterschrieb, die Republik habe aufgehört zu bestehen. Am 15. Mai im Morgengrauen wurde Venedig widerstandslos von den französischen Truppen besetzt.

Das Goldene Buch und die Zeichen der Dogenwürde wurden auf dem Marktplatz verbrannt. Die berüchtigten Gefängnisse wurden gestürmt; man fand vier wegen schwerer Verbrechen Verurteilte darin.

»Und die Franzosen, wie haben sie euch behandelt, als sie Venedig eingenommen hatten?« fragte Lorenzo da Ponte, Mozarts Librettist. »Gott segne sie!« rief der Friseur aus, »wir konnten uns wenigstens einigermaßen mit ihnen verständigen und sahen sie lachen, scherzen und lustig sein. Und wenn sie auch die Reichen aussaugten, so gaben sie doch alles wieder aus.« Der Komödiendichter, Markgraf, Senator und Kammerherr des polnischen Königs, Francesco Albergati, war anderer Ansicht: »Da die Italiener wie Affen Perücken, Hüte, Frisuren und alle Unarten des französischen Rokoko übernah-

men, sollten sie es den Franzosen auch noch in Verbrechen und Leidenschaften gleichtun. Diese verfluchten französischen Hähne machen sich immer verhaßter, wolle Gott, sie verwandelten sich in Kapaune, damit die ekelhafte Brut sich nicht vermehre.«

Im Frieden von Campoformio (1797) gelangte Venedig mit Dalmatien und Istrien an Österreich.

Das 19. Jahrhundert

1805 bestimmte Kaiser Napoleon, Venedig und Dalmatien an das französisch-italienische Vizekönigreich von Eugen Beauharnais zu geben. 1815, im Wiener Kongreß, wurde Venedig wieder an Österreich zurückgegeben. Jetzt verarmte die Stadt.

Der Verkauf der Kunstwerke, der schon im 18. Jahrhundert so erschreckende Ausmaße angenommen hatte, daß es notwendig war, Gesetze dagegen zu erlassen, hielt an. Man wird traurig, wenn man liest, welche Fülle großer Privatsammlungen es noch in der Mitte des letzten Jahrhunderts gab, die heute in alle Welt zerstreut sind.

Aber auch im Verfall muß Venedig einen makabren Charme behalten haben. Wie hätte Lord Byron sonst schreiben können:

»Ich habe die Absicht, den Winter über in Venedig zu bleiben. Es hat mich nicht enttäuscht, obzwar sein offenkundiger Verfall vielleicht auf andere diese Wirkung ausüben könnte. Aber ich bin schon zu lange mit Ruinen vertraut, um Mißfallen an Verwüstungen zu finden.«

1841 brach unter Daniele Manin ein Aufstand aus, 17 Monate später war Venedig wieder frei, doch es konnte sich gegen die österreichische Übermacht nicht halten. Am 30. August 1849 zog Radetzky ein. Durch Vermittlung von Napoleon III. kam Venedig 1866 zum Königreich Italien.

Im 20. Jahrhundert

ist Venedig die Stadt eines unersättlichen Fremdenverkehrs geworden. Der Venezianer hat nun als Gondoliere, Führer, Hotelier, Photograph, Barkeeper und Anreißer keineswegs die angenehmste Phase seiner Entwicklung erreicht. Das Organ für Geschäfte hat er sich erhalten. Doch keine noch so guten Geschäfte vermögen den Verfall der Bauwerke aufzuhalten. »Man möchte weinen«, schrieb Franz Grillparzer schon im letzten Jahrhundert, »wenn man die Namen hört und die Reste sieht. Das Hotel Europa, in dem ich wohne, war einst das Haus der uralten Giustiniani, und in dem Saal, wo der alte Badoer seine Siegesfeste feierte, putzt der Bediente meine Schuhe.«

Es gibt in Venedig keinen Plural

Wir können wohl vom Gesicht des venezianischen Nobile sprechen, wie vom Gesicht der venezianischen Geschichte, vom Gesicht der venezianischen Malerei, vom Gesicht der venezianischen Architektur, doch wir können das Wort ›Gesicht‹ nicht in den Plural setzen.

Venedig überwältigt. Gewiß. Aber es überwältigt nicht durch das Vielfältige, sondern durch das Einmalige, nicht durch das Individuelle, sondern das Typische, nicht durch die Variationen, sondern durch das Thema. Denn Venedig, inmitten des fluktuierenden Wechsels des Wassers und des Lichts, war von einem unerhört statischen Beharren. Vom ersten bis zum letzten Tag haben sich – elfhundert Jahre – nicht geändert:

1. Der Hl. Markus und sein Löwe als Symbol des Staates,
2. Der Doge als Haupt und die Aristokratie als Träger der Souveränität,
3. Die Stelle, von der aus dieser Staat regiert wurde (s. S. 112 ff.),
4. Die Grundform der Paläste (s. S. 59 ff.),
5. Die Grundform der Verfassung,
6. Die Art der venezianischen Malerei,
7. Der Typ des venezianischen Menschen.

Man könnte das Natürliche, das Vegetative, das Ursprüngliche vermissen, so kunstvoll und so künstlich kommt einem alles vor. Es war auch alles künstlich, es war auch alles kunstvoll, so wie diese ganze Stadt – auf ihren Pfählen in die Lagune gebaut –, so wie der Veneter Anspruch, die einzige Brücke zwischen zwei Erdteilen bilden zu wollen.

Wir erinnern uns kurz: Als die Veneter vor den Hunnen in diese »unfruchtbare, unschöne und öde« Gegend um das heutige Venedig geflohen waren, blieben sie zwar vor weiteren Angriffen zunächst geschützt. Schutz war aber auch alles, was die Lagunenlandschaft ihnen bieten konnte, Zukunft und Leben nicht.

Wir hatten uns vorgestellt, daß fünfzig der klügsten Veneter sich zusammensetzten und besprachen, was zu tun sei, um ihre Situation in diesem unfruchtbaren Niemandsland zu überwinden. Wir sahen den Weg, den sie einzuschlagen gezwungen waren, um die Ohnmacht dieser geographischen Lage in die Macht dieser geographischen Lage zu verwandeln, und verfolgten, *daß* sie und *wie* sie diesen Weg gingen. Doch um dieses Ziel zu erreichen, mußte im eigensten, engsten, innersten Bezirk alles vermieden werden, was von innen her die ruhige Entwicklung hätte stören können, also starke soziale Spannungen und Krisen, zu krasse Unterschiede zwischen der Macht weniger und der Ohnmacht vieler, Unzufriedenheit des Volkes, Rechtsunsicherheit, Parteihader und so weiter; es gibt ja mehr als genug, was man aufzählen könnte, und nicht nur Genua, das eine Venedig gleiche Entwicklung hätte haben können, ging an dergleichen Dingen zugrunde.

Venedig war also gezwungen, die Gleichförmigkeit zu schaffen, die Einigkeit zu proklamieren, das Typische zu prägen, die Regel aufzustellen und dem Geschaffenen, dem Propagierten, dem Geprägten, dem Aufgestellten mit Klugheit und Härte Dauer zu verleihen. Venedig hat es getan, und zwar in einem so unbedingten Maß, daß dies noch heute am Bild der Stadt und an den Bildern der Stadt abzulesen ist: ein Künstler fußte auf dem anderen, einer setzte fort, was der vorige begonnen hatte, und nicht selten vollendete ein Dritter das Werk, ohne daß eine Naht im Vollendeten bemerkt werden kann, so wenig wie am Dogenpalast, obwohl sein Bau durch viele Hände, lange Zeiträume und einige Stilepochen hindurchging. Und selbst ein solcher Revolutionär wie Tintoretto schrieb den unrevolutionären Satz an die Tür seiner Werkstatt: »Das Kolorit Tizians und die Zeichnung Michelangelos«. Venedig baute auf, es baute auch aus, aber es riß nichts ein, es stürzte nichts um.

»Es scheint mir weniger schwierig, diese Stadt auf dem bodenlosen Gewässer fest errichtet zu haben, als so viele Geister auf das gleiche Interesse gerichtet und vereint zu haben und trotz der differierenden Neigungen, welche die einzelnen bewegen, immer gleichförmig und unerschütterlich den gewaltigen Körper dieser Republik zu erhalten.« Graf Avaux, Französischer Botschafter, Mitte 17. Jh.

Auf der einen Seite half Venedig gewiß die Einförmigkeit der Landschaft, die keine Höhenunterschiede kennt, keine Farbunterschiede, keine starken Temperaturstürze – sondern nur Nuancen, auf der anderen Seite stellte sich die Natur auch gegen die venezianische Tendenz zur Nivellierung und Gleichförmig-Gleichfarbigkeit, denn die Lagune untergräbt und baut ab.

Es ist aber nicht nur von der Natur, sondern auch von den Venezianern gegen die Nivellierung, gegen die Gleichförmigkeit und Gleichartigkeit angegangen worden: Bajamonte Tiepolo, Marin Falier und Francesco Foscari sind die prominentesten Repräsentanten dieser Rebellion, sie wurden ausgemerzt mit unerbittlicher Härte. Venedig wachte über der Kontinuierlichkeit seiner Entwicklung. Es mußte darüber wachen.

Der venezianische Palast und der venezianische Nobile

Der Typ des venezianischen Palastes

Böse Zungen sagen, die Veneter seien ursprünglich, vor abertausend Jahren, Maultier-
züchter in Syrien gewesen. Mag sein –, das bewiese nichts anderes, als daß sie schon
immer ausgesprochenen Sinn für Geschäfte gehabt hätten. Als sie vor einigen tausend
Jahren einwanderten und sich in der Landschaft, die nach ihnen Venetien heißt, niederließen, wurden sie Kaufleute, und auch die Stadt Venedig ist von Anfang an ein Gebilde von Kaufleuten gewesen, die sich zwar politisch eine gewisse Basis schufen und
diese Basis auch hielten und erweiterten, aber eben nur zum Zweck des Handelns.
Und Venedig ist ein Gebilde von Kaufleuten geblieben bis zum Ende, ja, als die Venezianer später Bankiers geworden waren und ihre Paläste mit Allegorien und Mythen
schmückten, selbst als sie Venezia zur Göttin erhoben und, ohne die Genehmigung des
Papstes einzuholen, in den Himmel versetzten, blieben ihr Geist, ihre Mentalität die von
Kaufleuten, doch auch ihr Geschmack, wie Jacob Burckhardt mit leichter Rüge ver-
merkt; und natürlich auch ihr Palast, der immer beides gleichzeitig gewesen ist, Wohnhaus und Warenlager in einem. Sein Urbild ist der *Fondaco dei Turchi,* das Kaufhaus
der Türken am Canal Grande, um 1200 erbaut, was man ihm allerdings nach seiner
brutalen Renovierung im 19. Jahrhundert nicht mehr anmerken kann.

Der Grundriß des venezianischen Palastes

Den Oberstock beherrscht ein Saal, der die ganze Tiefe des Hauses einnimmt. Durch
zusammengedrängte Fenster oder durch eine Loggia, bei der die zusammengedrängten
Fenster als Arkaden dienen, empfängt er sein Licht (besonders reich entwickelte Loggien
zeigen der Palazzo Cavalli-Franchetti und der Palazzo Foscarini-Giovanelli); der
zweite und, wenn er vorhanden ist, auch der dritte Oberstock wiederholen diese An-
ordnung.
Das Erdgeschoß oder besser: Wassergeschoß, ist Warenlager. Einfache und weite
Bogentore öffnen sich dem Kanal für die einfahrenden Barken mit den Schätzen vor-

wiegend aus dem Orient. Das wird erst anders, als der venezianische Nobile kein Kaufmann mehr ist und also sein Palast nicht mehr Kaufmannshaus und Warenlager: da werden dann die Bogentore geschlossen.

Die kleinen Seitenwohnräume wurden gewöhnlich durch einen dazwischengelegten Boden in zwei Geschosse geteilt. Das ist der Grund für die jeweils zwei übereinandergestellten kleinen Fenster, die möglichst an die zwei Ecken geschoben werden, angeblich, um den Einfall von zuviel Sonne zu verhüten. Demnach müßte sich das Klima verändert haben, denn über zuviel Sonne kann man sich heute in Venedig nicht beschweren.

Die Front der Paläste ist dem Wasser zugewandt – nur im Notfall nimmt man mit einem Platz vorlieb –, die Rückseite dem Hof, von dem eine Freitreppe zu den Wohnräumen des ersten Stockwerkes führt.

Der Brunnen im Hof fehlt nie. Kein zweiter ist zwar ein so kostbares Kunstwerk wie jener der Ca' d'Oro (Bartolomeo Bon), doch schön – welche Möglichkeit der Ornamentierung bieten die Brunnenränder – sind viele. Ich nenne den Brunnen des Palazzo Morosini und den der Ca' Tiepolo. Heute – um dies noch zu erwähnen – bekommt Venedig sein Wasser 29 km weit her, von Fusina, zur Zeit der Republik jedoch nur aus Zisternen. Auf jedem winzigsten Plätzchen stehen Brunnen. Es gibt deren noch 3200. Sie ragen über unterirdische Bassins heraus, die einmal in einer Schicht Lehm gebettet liegen, damit das Regenwasser nicht abfließen kann, und zum zweiten in einer Schicht Sand, damit das Wasser gefiltert wird.

Die Dächer der Paläste sind flach, und das 18. Jahrhundert wußte auch endlich, warum: damit die Venezianerinnen dort ihre Haare von der Sonne so lange bleichen lassen konnten, bis sie jenen Farbton des goldenen rötlichen Blonds erreicht hatten, wofür sie und ihre Besitzerinnen schon zu Tizians Zeiten berühmt waren.

Die Fassade des venezianischen Palastes

wandelte sich in den einzelnen Stilepochen, doch bis zur Hochrenaissance oder auch bis der venezianische Palast ausschaute wie jeder andere woanders, hat er ganz bestimmte, nur ihm eigene Charakteristika. Sehr typisch für alle ist die *Ca' d'Oro* am Canal Grande (Farbtafel 21).

Nicht die architektonische Gliederung der Fassade war wichtig, sondern ihr Schmuck, z. B. mit buntem Marmor. Es wurden keine Mühen und Kosten gescheut, aus dem Orient die kostbarsten Steinsorten hierherzubringen und anzubringen, doch es wurde auch nicht verschmäht, den Stein zu vergolden (die Ca' d'Oro zeigt leider nicht mehr, warum sie ihren Namen trägt).

Die Fassaden zu durchbrechen, war Bedürfnis und gab dem Steinmetz Möglichkeiten, Fenster filigranartig zu meißeln, statt daß der Architekt sie bauen mußte.

Das dritte Charakteristikum ist die heitere Unbefangenheit, mit der Rundbögen, Eselsrückenbögen, Spitzbögen nebeneinander und durcheinander verwendet wurden.

Die Fassade des venezianischen Palastes (Frühgotik – Gotik – Renaissance)
Zeichnung: Prof. P. A. Riedl, Heidelberg
Mit freundlicher Genehmigung des Verlages dem Reclam-Kunstführer Oberitalien-Ost, S. 751,
entnommen

Wo Bögen sind, da sind auch Säulen, die sie tragen. Wo immer es nur anging und auch dort, wo es eigentlich nicht anging, z. B. an den Ecken der Palazzi, brachten die Venezianer ihre geliebten Säulen und Säulchen in allen Spielarten unter.

Das vierte Charakteristikum ist die Asymmetrie der Fassade (die Venezianer hatten eine starke Abneigung gegen das Pendant). Doch in der Renaissance verloren sie ihre architektonische Unschuld und ihren Mut zur Unordnung. Die Fassade wurde nicht mehr geschmückt, sondern gegliedert, und die Fenster wurden regelmäßig verteilt. Trotz seiner Berühmtheit, und dies nicht nur durch Richard Wagners Tod, wirkt der Palazzo Vendramin-Calergi doch recht eintönig.

Der Nobile

Den etwa 4 km langen, etwa 5 m tiefen, 40 bis 70 m breiten Canal Grande, das letzte Stück eines Brenta-Arms, ehe er sich in der Lagune verliert, säumt die einzige geschlossene Reihe menschlicher Wohnstätten, die sich durch fast ein Jahrtausend bis heute erhalten hat. An beiden Ufern stehen über 100 Paläste, von venezianisch-byzantinischem Stil über die venezianische Gotik zur Frührenaissance, über die Hochrenaissance zum Barock.

»Es ist die schönste Straße, die man in der ganzen Welt finden kann, und mit den schönsten Häusern eingefaßt und sie geht durch die ganze Stadt. Die Häuser sind sehr hoch und groß und aus gutem Stein und die älteren ganz bemalt, und sie stehen schon seit 100 Jahren. Die anderen, die in den letzten 100 Jahren erbaut worden sind, haben Fassaden von weißem Marmor, der aus Istrien kommt, und von Porphyr. Im Inneren haben alle zum mindesten zwei Gemächer mit vergoldeten Dielen, reichen Kaminen aus behauenem Marmor und Betten, deren Pfosten vergoldet sind, und die anderen Gemächer sind auch vergoldet und ausgemalt und innen sehr gut ausgestattet. Es ist die triumphalste Straße, die ich je gesehen habe, es ist die glückstrahlendste Stadt, die ich jemals sah.«

Philippe de Commines, Französischer Botschafter, um 1495

Gewiß hat das 19. Jahrhundert sehr Schlimmes dort angerichtet, das Schlimmste aber geschah im 20. Jahrhundert. Es gibt keine Behörde, die Venedig schützt.

Wenn ich Sie bitte, dieses eine Mal keinen Photoapparat mitzunehmen, sondern sich damit zu begnügen, mit Ihren Augen zu sehen und zu registrieren, so liegt das daran, daß ich auf den Menschen hinaus will, der in diesen Palästen gewohnt hat. Sie werden beobachten:

1. Die Paläste stehen alle in einer Reihe in mäßigem Abstand voneinander. Kein Palast drängt den anderen zur Seite, keiner schiebt sich vor oder tritt zurück.

2. Bis zur Hochrenaissance sind sie alle etwa gleich hoch. Sie haben alle ungefähr die gleiche Form und den gleichen Grundriß und alle ungefähr das gleiche Gesicht, mit

den zusammengerafften Fensterbündeln und der reichen und ornamentalen und bunten Ausschmückung der Fassade.

3. Sie sind alle sehr typisch venezianisch, d. h. sie werden dieses Gesicht des venezianischen Palastes in keiner anderen Stadt zu sehen bekommen. Doch eine gewisse Uniformierung ist, ganz ohne Zweifel, augenfällig.

4. Alle Paläste wiederholen, was uns für das Entrée der Stadt so wichtig schien: sie sind genauso liebenswürdig und heiter, genauso aufgeschlossen, sie laden genauso ein, ja sie verlocken zum Eintritt. Sie verwehren sich nicht, schützen sich nicht, riegeln sich nicht ab. Auch hier genügt ein Schritt und wir sind mitten drin. Auch ihre Nähe zum anderen verrät kein Mißtrauen. Die Bewohner scheinen sich nicht gefürchtet zu haben.

Und nun denken sie an den florentinischen Palast. Er ist verwehrt, verschlossen, trotzig, trutzig, mißtrauisch, aus Furcht geboren und Furcht verratend. Ein Geschlechterturm in Florenz wundert uns nicht; er gehört in das Stadtbild. Dort – aber keineswegs nur dort – stand das Interesse gegeneinander; ein Gang durch die Stadt genügt, dies festzustellen.

In Venedig jedoch verraten die Paläste, daß es hier keine mörderischen Fehden gegeben haben kann, und die Vorstellung von Geschlechtertürmen ist abstrus. Eine einzige Fahrt durch den Canal Grande läßt erkennen, daß hier nie das egoistische Interesse eines einzelnen geherrscht haben kann, sondern ein gemeinsamer gleicher Geist, gemeinsame gleiche Interessen hier wirksam gewesen sein müssen, ein einheitlicher und gemeinsamer Wille, der sich gemeinsam auf etwas statt gegen etwas gerichtet haben muß.

Natürlich könnte man jedes einzelne Charakteristikum des venezianischen Palastes geologisch oder geographisch erklären, die Eigentümlichkeit der Gebäude, die sich mit der üblichen Stilgeschichte nicht immer deckt, damit, daß Venedig auf einer Insel liegt und darum nicht in die Entwicklung des Festlands einbezogen war; man könnte der Paläste Ausgerichtetsein in einer Reihe darauf schieben, daß jeder ja gezwungen war, sich beim Bauen der gegebenen Form der Kanäle bzw. des Kanals anzupassen; man könnte sagen, vielleicht hat das zarte Fundament Geschlechtertürme nicht getragen.

Man kann aber auch sagen: ein gewisses gleiches Ausgerichtetsein war notwendig, eben weil die Windungen der Kanäle, die gegebenen Inseln und der geringe Raum des Ganzen dem egoistischen und individualistischen Freiheitsdrang des einzelnen, der sich im Bau des Palastes dokumentiert hätte, Grenzen setzte; man kann aber auch sagen: die Stadt hat wohl in ihrer Verfassung dafür gesorgt, daß keine Geschlechtertürme nötig waren, eben weil das zarte Fundament sie nicht getragen hätte.

Wer hier leben wollte, mußte sich den Voraussetzungen, hier leben zu können, fügen. Selbst ein Titan hätte resigniert. Kaufleute aber sind keine Titanen. Und die Venezianer waren Kaufleute. Sie fügten sich ohne Resignation und gehorchten den Gesetzen der Geographie und der Geologie genauso wie den Gesetzen des Staates.

Die Frage aber ist: Können sich individualistische, unverwechselbare Persönlichkeiten entwickeln, wenn die Natur der freien Entfaltung des einzelnen so viele Riegel vorschiebt? Und wenn die Natur, der Raum, in dem jeder geboren wird, jeder lebt und stirbt, dem Individualistischen, dem Unverwechselbaren so widersprechen, wenn auch in keiner Weise der Eigenständigkeit! Die Antwort ist: Sie konnten sich nicht entwickeln. Nennen Sie den Namen Papst Julius II. oder Lorenzo Medici, und eine Welt steigt vor Ihren Augen auf; sie trägt ein besonderes Gesicht, unverwechselbar mit anderen Gesichtern; sie ist einmalig und heftet sich an diesen einen Namen, an diese eine Persönlichkeit. Sie hat ihm ihr Entstehen zu verdanken, sie lebt durch ihn und stirbt mit seinem Tod. Es ist sehr typisch, daß, wenn Große sterben, die Erde bebt, ein Vulkan ausbricht, ein Sturm aufkommt. Überall ragen die großen Persönlichkeiten dadurch hervor, daß sie anders sind als die anderen, etwas Besonderes, etwas Untypisches, Einmaliges und unersetzbar.

Nennen Sie die Namen Enrico Dandolo, Marin Falier, Francesco Foscari – steigt eine Welt vor Ihren Augen auf? Nein. Nichts heftet sich an diese Namen als vielleicht eine Leistung als Feldherr oder die Erinnerung an einen harten Tod. Die große Persönlichkeit Venedigs beweist sich dadurch, daß sie in besonders typischem Maße Venezianer ist; und weder Sand noch Pfahl zittert auch nur, wenn sie stirbt. Der große Venezianer zeichnet sich dadurch aus, daß er gehorsam ist; auch er ist nichts anderes als ein Faden in dem Gewebe dieses Staates. Man kann ihn aus dem Gewebe ziehen, ohne daß ein Loch entsteht. Er ist nur eine Stimme im Chor; wenn sie verstummt, tritt deshalb trotzdem keine Stille ein. Die große Persönlichkeit unterschied sich nicht. Sie durfte sich nicht unterscheiden. Denn das Hervorragende ist immer gefährlich, und zwar der Ordnung, dem Maß, dem Gleichgewicht.

Ein Gebilde aber wie Venedig, das nicht Befestigungen – Mauern, Forts, Kastelle – tragen konnte und dem ein schnell fahrendes Motorboot schon gefährlich werden kann, konnte Menschen wie Papst Julius II. oder die Medici erst recht nicht tragen; ihr Gewicht war zu schwer und ihr Tempo zu jäh. Die große Persönlichkeit, der bewegende, bezwingende, überwältigende, seiner Zeit den Stempel aufprägende Mensch ist der Preis, den Venedig dafür gezahlt hat, daß es werden konnte, was es geworden ist. Geblieben ist der Typ. Der typische Venezianer. Die ›Cronica Venetorum‹ zählt die Tugenden der Venezianer auf:
›Bonta – Innocenza – Zelo di carità – Pietà – Misericordia‹.

Seinen Palast – auch er ein Typ – kennen Sie. Seinem Gesicht werden Sie überall begegnen. Manchmal noch unter den Lebenden, tausendmal auf Gemälden, denn er war eines der Themen der venezianischen Malerei. Sie werden ihn in tausend Gewandungen finden – nur in einer nicht: als Asket, als Büßer. Er büßte nicht, er kasteite sich nicht. In seiner Tasche, auch wenn sie nicht mit abkonterfeit wurde, trug er ein Vermögen. Er wußte, was Geld wert ist. Er wußte aber auch, was er wert war; an Selbstbewußtsein hat es ihm nie gefehlt.

Er unterscheidet sich von allen, die keine Venezianer waren, dadurch, daß er weltweit war, weltkundig und weltgewandt und zudem furchtlos.

Der Doge mit seinen Räten. 1. Hälfte 15. Jh. Federzeichnung. Britisches Museum, London

Aber unter den Venezianern unterschied er sich nicht. Man konnte ihn mit jedem anderen verwechseln, so glich er den anderen, so glichen sie ihm. Jeder hatte das gleiche Interesse. Die Richtung dieses Interesses war bei allen gleich. Es war der Handel über See, über Land. Jeder lebte von dem gleichen, von Export und Import. Jeder war Kaufmann, nicht wie im Römischen Reich, wo es Bodenaristokratie und Militäraristokratie gab, nicht wie in Preußen, wo es Großgrundbesitzer und Großindustrielle gab. Das Einkommen des einen glich etwa dem Einkommen des anderen. Es konnte der eine vielleicht sehr reich sein, reich war der andere allemal. Jeder hatte die gleichen Sorgen und Nöte, ein Sturm, eine Springflut traf alle. Das Schiff eines jeden war gleichermaßen gefährdet. Die Frage der Piraterie in der Adria und wie man ihr begegnen könne, mußte sie alle bewegen, eine Handelssperre irgendwo, das Aufkommen eines Handelskonkurrenten – alle ging es gleichermaßen an.

Jeder Venezianer war Kaufmann, Kundschafter, Diplomat, Seefahrer, Krieger; jeder wußte sich als Vertreter seines Staates, wo immer er auch war. Sie saßen alle in der Regierung und trugen alle die gleiche Verantwortung für den Staat. Sie, wie ihre Väter, ihre Ahnen, haben durch die Verfassung dafür gesorgt, daß diese Gleichheit nicht gestört werden konnte; keiner durfte sich über den anderen erheben.

Die Analyse der Verfassung

Alle Staatsutopien werden auf Inseln angesiedelt, doch immer wenn der Versuch gemacht wurde, diese Utopien zu realisieren, gab es ein Fiasko wie das von Platon auf der Insel Sizilien. Venedig hat nicht versucht, auf seiner Insel eine Utopie zu realisieren, sondern es hat mit nüchternem Blick seine geographische Situation betrachtet und danach seinen Staat eingerichtet und geleitet.

Die Venezianer, gerade sie, hätten ein Lehrbuch herausgeben können über die Kunst, einen Staat einzurichten und zu leiten, denn sie haben elfhundert Jahre lang bewiesen, daß sie diese Kunst beherrschen; doch sie haben es nicht getan. Aus ihren Reihen gingen wohl große Staatsrechtler hervor, wie Contarini, der Verteidiger Luthers in Worms; wie Paolo Sarpi, der Berater Venedigs im 16. Jahrhundert, aber nie ein Staatstheoretiker; doch auch etwas weitaus Gefährlicheres nicht: ein Diktator.

Es hat selten ein Doge, sehr selten eine Familie versucht, sich über den Inselstaat zu erheben; gelungen ist dies nie. Es durfte auch nicht gelingen, denn das Wesen der Diktatur ist Experiment und politischer Sprung, und gerade dies mußten die Venezianer vermeiden. Sie waren wohl gezwungen, immer alles zu wagen, aber sie durften nie das Geringste riskieren; ihre vertrackte geographische Lage zwischen Ost und West zwang ihnen einen geradezu antiken Sinn für Maß, Begrenzung und Beschränkung auf. Dadurch gewannen sie stetig, Schritt für Schritt, alles. Damit sie nicht mit einem Schlag alles wieder verloren, haben sie nie die Macht des Staates aus den Händen gelassen und sich nie einem Herrscher oder einer Herrscherdynastie unterstellt. Vom ersten bis zum letzten Tag war Venedig eine Republik, repräsentiert vom Dogen, getragen von der Aristokratie.

»Der Venezianer mußte eine neue Art von Geschöpf werden«, schreibt Goethe, ein Geschöpf des Wassers, statt der Erde, doch auch Venedig, sein Geschöpf, wurde eine neuartige Schöpfung.

Zwei Dinge machten es den Venezianern leichter, sich eine Verfassung zu geben, die man wohl als ideal bezeichnen muß, weil sie in der Lage war, den Staat tausend Jahre lang zusammenzuhalten, zu schützen und zu verwalten, zu regieren und zu ernähren, ohne daß sich Gründe fanden, diese Verfassung umzuwerfen, wenn sich auch viele Gründe fanden, sie auszubauen. Diese zwei Dinge sind:

1. Venedig hatte das große Glück, ohne Ruinen auszukommen. Nicht ein einziger Stein dieser schönen Stadt war ehemals das Stück von einem Tempel, einem Gerichtsgebäude, einer Arena, einem Markt oder einer Stadtmauer. Das heißt, als die Venezianer anfingen, ihren Staat und ihre Stadt zu bauen, konnten sie es tun, ohne irgendeinen Ballast mitzuschleppen, sei es an Vorurteilen oder Standesbegriffen, jedoch auch ohne Bindung an irgendeine Tradition, die ihnen die Augen hätte verschließen oder den Blick verschleiern können, ohne Erinnerung an vergangene Größe oder vergangene Götter. Venedig hatte das Glück, anfangen zu können, als ringsherum alles unterging. Venedig hatte das Glück, auf einem neuen Boden das hinzustellen, was hier nötig war.

Und 2., die das Neue schufen, waren alte Familien oder die Söhne dieser alten Familien, die einst vor den Hunnen und Langobarden nach Seevenetien geflohen waren; vertrieben wohl durch die Völkerwanderung, aber keine Männer der Völkerwanderung, keine Barbaren, keine Halbbarbaren, sondern späte und reife Erben Roms. So lagen die Politik, die Staatskunst ihnen im Blut. Sie brauchten beides nicht erst durch bittere Erfahrung zu lernen, wie z. B. Florenz es lernen mußte, wie z. B. Deutschland es hätte lernen müssen. Sie konnten mit dem alten Erfahrungsgut auf dem neuen Boden das Neue so hinstellen, wie es hier nötig war. Und hier war nötig, etwas hinzustellen, was auf zwei gegebene und unabänderliche Tatsachen Rücksicht nahm:
    a) auf die Lage, einmal zwischen Ost und West und zum anderen in der Lagune, und
    b) auf das Fundament der Stadt, das weder Befestigungen noch Geschlechtertürme tragen konnte.
Gewiß, Neid und Eifersucht waren wohl in erstaunlichem Maße ausgeschaltet, aber ein anderes Gefühl kam durch die Sorge und das Interesse, das allen gemeinsam war: daß das Gleichgewicht gestört werden könnte dadurch, daß sich eine Familie, eine Gruppe oder ein Mann über das Ganze erhebe oder daß, wenn auch nur vorübergehend, andersgerichtete Interessen oder Tendenzen diese Inselpolis gefährden könnten. Die Erfahrungen in Seevenetien, zur Zeit, ehe Venedig entstand, waren nicht vergeblich gemacht worden. Damals neigte eine Familie, eine Gruppe zur Verbindung mit dem Westen, eine andere Familie, eine andere Gruppe zur Verbindung mit dem Osten, Neigungen, die manchmal lebensgefährlich für das zarte Gefüge des Inselstaates wurden. Diese Gefahren waren mit der Gründung Venedigs nicht ausgeschaltet: eine auswärtige Macht konnte versuchen, entweder das Volk zu gewinnen oder den Dogen oder eine Familiengruppe, der Doge konnte versuchen, sein Amt erblich zu machen, indem er sich auf eine auswärtige Macht stützte oder auf das Volk oder auf eine Familiengruppe. All dies mußte vermieden werden; und all dies wurde vermieden, denn von Anfang an haben zwei Kräfte Venedig regiert: einmal die gemeinsamen Interessen der alten Familien und zum andern das grundsätzliche Mißtrauen der alten Familien gegeneinander und gegen den Dogen und gegen das Volk.
Der bauliche Ausdruck des einen ist der große Saal des Großen Rates im Dogenpalast, der bauliche Ausdruck des anderen sind, außer den Privatzimmern des Dogen,

Mattia Pagan, Prozession des Dogen auf dem Markusplatz am Palmsonntag. Um 1560. Holzschnitt. Museum Civico Correr

alle anderen Räume des Dogenpalastes, doch auch die Seufzerbrücke, die zu den Gefängnissen führt, wie diese selbst.

Die Verfassung und ihre Tendenz sind die Folge, aber auch der Erfolg dieser beiden Venedig regierenden Kräfte. Von Anfang an zieht sich – wie der rote Faden durch das Schiffstau – das Bestreben, durch die Verfassung alles zu vermeiden, was das Gleichgewicht stören könnte, das heißt, jede Machtbildung, jede Verbindungsmöglichkeit von Kräften, die das zarte Gefüge des Staates nicht hätte tragen können. Um diese Machtbildungen und Verbindungsmöglichkeiten zu verhindern, war es notwendig.

1. Die politisch Unfähigen auszuschalten,
2. Die Macht der verbleibenden Gruppen zu beschneiden,
3. Diese Gruppen durch ein ungeheuer raffiniertes und verzweigtes Überwachungssystem zu kontrollieren.

Zwei, von jedem Machtlustigen immer begehrte und gesuchte Partner, Volk und Geistlichkeit, wurden schon sehr früh von der Regierung ausgeschaltet. Sie bekamen hinlänglichen Ersatz: die Geistlichkeit Kirchen und Klöster ohne Zahl, in denen sie ganz und gar ihrer ohnehin ja unpolitischen Aufgabe leben konnte, und das Volk, wie im alten Rom, Brot und Spiele. Doch da die Venezianer klüger als die Römer waren, so gaben sie dem Volk die Möglichkeit, sich das Brot immer gut zu verdienen, also Arbeit, und da es besser ist, das Volk tut etwas, als es schaut nur zu: Feste, an denen es mittun konnte: Umzüge, Prozessionen, soviel es eben gerade ging.

Durch die Ausschaltung des Volkes war viel gewonnen, denn all das, was die europäische Politik im 20. Jahrhundert so verdunkelt, Demagogie und Stimmenfang und ihre gefährlichen Folgen, fiel hier fort. Keine politische Handlung wurde in Venedig getan, um dem Volk zu willen zu sein, keine unterlassen, um das Volk nicht zu erzürnen. Der Doge und der Nobile blieben, der eine an der Spitze des Staates, der andere als Träger der Souveränität.

Die Männer des ›Großen Rates‹, die dem Dogen bei der Wahl die Hände banden, später fesselten, waren Kaufleute, wie auch er es bis zu seiner Wahl gewesen war, waren die Schöpfer des Staates, der Stadt und der Verfassung. Sie hatten das politische und Handelsreich Venedigs nicht nur gegründet, sondern verteidigten es auch, und zwar mit Einsetzung ihres Lebens, ihrer Existenz, ihrer Phantasie, Klugheit, Kühnheit und Kraft. Es ist selbstverständlich, daß sie keine Lust hatten, sich die Leitung des Staates aus den Händen nehmen zu lassen oder aus den Händen zu geben.

Doch diese Unlust entsprang nicht reiner Machtgier, denn sonst hätten sie sich nicht eine Verfassung gegeben, die ihre eigene Macht so sehr bändigte und ihre eigene Machtentfaltung schier vollständig beschnitt. Die Gründe hatten ihre Wurzeln in der Vernunft. Der Staat war nicht etwas, was außerhalb des Venezianers stand. »L'état c'est moi«, hätte jeder sagen können. Jeder war der Staat. Jeder Nobile und der Staat lebten von dem gleichen, es war der Handel. Das Interesse des Staates und das des Nobile war das gleiche, es war das Interesse des Handels. Die Richtung, die dieses Interesse nahm, war die gleiche bei jedem einzelnen und dem Staat, nämlich den Handel zu schützen, zu fördern und auszubauen, neue Handelswege zu erschließen, neue Absatzmöglichkeiten zu schaffen und was dergleichen mehr ist. Allein hätte dies keiner vermocht, im Kollektiv wohl. Das Kollektiv war Venedig.

Venedig vermochte den Handel zu schützen wie den Handeltreibenden, wie die Handelswege und die Handelsstützpunkte. Venedig vermochte neue Absatzmöglichkeiten zu schaffen und neue Handelsstützpunkte. Ging es Venedig gut, so ging es auch dem Kaufmann gut. Ging es Venedig schlecht, so auch dem Kaufmann. Jeder einzelne war am Wohl und Wehe des Staates genauso interessiert wie an seinem eigenen.

Erst in dem Augenblick, in dem dieses Interesse nicht mehr an erster Stelle stand und der Nobile sich nicht mehr mit dem Staat identifizierte, ging der Staat zugrunde. Doch diese Identifizierung und dieses Interesse hörten erst auf, als im Laufe des späten

16. und 17. Jahrhunderts infolge der Entdeckung des Seeweges nach Indien und der Entdeckung Amerikas der Handel andere Richtungen nahm und so der venezianische Handel langsam starb; da mußte dann die Staatsinquisition zum Hüter des Staates werden. Die Verfassung erstarrte. Man hat den Eindruck, daß sie zum Selbstzweck wurde. Doch eine erstarrte Verfassung ist ein besserer Schutz, gewährleistet eine bessere Regierung, als wenn Greise anfangen, kindliche politische Spiele zu spielen wie im alten Rom, wie im alten Europa.

Eines ist gewiß, an seiner Verfassung ging Venedig nicht zugrunde. Doch durch seine Verfassung lebte der Staat und wurde groß.

Vittore Carpaccio (um 1465–1526), Alexander III. überreicht dem Dogen Sebastiano Ziani den Staatsschirm. Feder und Bleistift. Crocker Art Gallery, Sacramento, Calif.

Der Doge und seine Ohnmacht

Wer in den ›Großen Rat‹ aufgenommen worden war, wurde zum Nobile. Das heißt: die Aristokratie ist nicht, wie überall sonst, von einem Mächtigen geschaffen worden, sondern sie hat sich selbst geschaffen. Ihre Macht stieg mit der Macht des Staates und, gleich ihr, steil nach oben. Sie hatte mit ihr gemeinsam den Höhepunkt und sank, wie sie und mit ihr, sanft herab.

Den Dogen aber gab es schon, ehe es Venedig gab. Er war von Anfang an da und repräsentierte den Staat – erst Seevenetien, dann Venedig – von Anfang an und immer mit allem Pomp, aller Feierlichkeit, aller Würde vom ersten bis zum letzten Tag, an dem der letzte Doge Manin die Mütze zurückgab und sagte: »Sie wird nicht mehr gebraucht.«

Im Jahre 697 wurde der erste Doge – Dux (lateinisch) = Herzog = Doge (italienisch) – eingesetzt, im Jahre 1797 dankte der letzte Doge ab. In diesen elfhundert Jahren trugen 120 Männer die Dogenmütze; ihr Vorbild ist die phrygische Fischermütze, eine Zipfelmütze, auf einem Kronreif befestigt, mit einer goldenen Kugel an der Spitze und mit Edelsteinen im Wert von 194 000 Dukaten besetzt.

Die Macht des Dogen konnte nicht steigen. Sie war auf ihrem höchsten Höhepunkt, ehe der Staat Venedig überhaupt gegründet war, und stürzte zur Ohnmacht, ehe der Staat seinen höchsten Höhepunkt erreicht hatte.

Höhe und Absturz charakterisieren die Aussprüche zweier Dogen: Sebastiano Ziani (1172–1178), »Für mich gibt es keine unlösbaren Probleme«, und Ludovico Manin, genau sechs Jahrhunderte später (1789), »Mich erfaßte bei dieser Wahl ein derartiges Angstgefühl, daß ich kaum wußte, was ich tat«.

Am Anfang und bis etwa 1032 war der Doge ein Souverän, sehr bald schon ebenbürtig dem Kaiser des Ostens wie dem des Westens, und herrschte mit schier unbeschränkter Macht. Er war der Herr über den Krieg wie über den Frieden. Er bestimmte seine Ratgeber (Pregadi), seine Beamten und Offiziere, meist seinen Nachfolger, oft einen Mitregenten. Er übte die Justiz aus und hatte das Recht der Begnadigung. Er verhandelte selbständig mit Kaisern, Fürsten und Päpsten. Gestützt auf das Volk, wurde seine Wahl durch den Zuruf des Volkes legitim: »Dies ist euer Doge, wenn er euch gefällt.«

Große Dogen der Frühzeit:

AGNELLO PARTECIPACIO, der 10. Doge, 810–827, Gründer Venedigs.

GIUSTINIANO PARTECIPACIO, der 11. Doge, 827–829, Begründer des Markuskults.

PIETRO ORSEOLO II., der 26. Doge, 991–1008, der Eroberer Dalmatiens und Begründer der venezianischen Seemacht und des venezianischen Kolonialreiches.

Die Lust der Dogen, ihre Würde erblich zu machen, führte zu dem Aufstand gegen den Dogen Pietro Candiano IV. und zu dessen Ermordung im letzten Drittel des 10. Jahrhunderts. Der erste Dogenpalast und die Markuskirche gingen in Flammen auf.

Mitte des 10. Jahrhunderts war bereits das Gesetz erlassen, kein Doge dürfe mehr einen Mitregenten bestellen, und Mitte des 11. Jahrhunderts, kein Doge dürfe mehr seinen Nachfolger ernennen. Mitte des 12. Jahrhunderts ist die Wahl des Dogen legitim, ob das Volk ihn will oder nicht: »Dies ist euer Doge.«

Große Dogen der mittleren Zeit:

SEBASTIANO ZIANI, 39. Doge, 1172–1178, Schöpfer des Markusplatzes.

ENRICO DANDOLO, 41. Doge, 1192–1205, Eroberer von Byzanz.

PIETRO GRADENIGO, 49. Doge, 1289–1311, auf dessen Anregung die sogenannte ›Schließung des Großen Rates‹ erfolgte, welche die Stabilität der venezianischen Verfassung garantierte.

MARIN FALIER, 55. Doge, 1354–1355, der Rebell gegen die Beschränkung der Dogenmacht.

1172 konsolidierten sich die großen und alten Familien im ›Großen Rat‹, und zwar als Gegengewicht zur Macht der Dogen, die zu beschränken immer mehr ihr Ziel wurde, bis schließlich die Macht des Dogen so herabgesunken war, daß Goethe von ihm sagen konnte: »Wie der Großpapa des ganzen Geschlechts, gar hold und leutselig« sehe er aus.

Das öffentliche und private Leben des Dogen wurde ständig überwacht. Er durfte keine auswärtigen Güter besitzen, seine Angehörigen durften keine Staatsämter bekleiden, seine Söhne und Töchter durften nicht ohne besondere Erlaubnis in auswärtige Häuser heiraten, keine Ämter und Würden außerhalb Venedigs annehmen. Diese Bestimmung traf einen der großen Dogen. Es war Enrico Dandolo, der Eroberer von Byzanz. Die Krone des Ostreichs fiel ihm zu. Er durfte sie nicht annehmen, nicht tragen. Durch diesen Verzicht entstand das schattenhafte lateinische Kaiserreich Byzanz (von 1204–1261).

Große Dogen der hohen Zeit:

TOMMASO MOCENIGO, der 64. Doge, 1414–1423. Venedig steht auf der Höhe seiner Macht und seines Reichtums.

FRANCESCO FOSCARI, der 65. Doge, 1423–1457 (Abb. 23).

Venedig wächst auf dem italienischen Festland. Der Staat erringt seine größte räumliche Ausdehnung. Doch der Untergang beginnt.

Der Doge mußte schwören, nie zu versuchen, seine frühere Macht wiederzuerlangen, keine Briefe auswärtiger Mächte in Abwesenheit seiner Räte zu öffnen, keine zu schreiben, keine Gesandten zu empfangen, keine Geschenke anzunehmen. Der Große Rat wählt von nun an die Pregadi, die Ratgeber des Dogen.

Anfang des 14. Jahrhunderts wurde der ›Rat der Zehn‹ (Il Consiglio dei dieci) als Träger der höchsten Macht, als oberste und niemand unterstellte richterliche Behörde, allerdings auch als Ausdruck des höchsten Mißtrauens aller gegen alle, geschaffen. Er durfte nach eigenem Ermessen alle Befugnisse des Großen Rates an sich reißen. Ihm oblag die Verfolgung aller Staatsverbrecher, ihm unterstanden auch die immer wichtiger werdenden Erwerbszweige Venedigs: die Glasindustrie, die Bergwerke und die Wälder auf der Terra Ferma. Der Rat der Zehn durfte den Dogen absetzen, auch töten, wie er es bei Marin Falier getan hatte. Petrarca schreibt über den Tod seines Freundes:

»Stärker war sein Temperament als seine Einsicht
sein Herz vermochte nicht in höchster Würde Genüge zu finden,
denn mit dem linken Fuß hatte er den Dogenpalast betreten.
Eine Entschuldigung für ihn bringt niemand vor.
Alle sagen, er habe an der von den Vätern
überkommenen Verfassung der Republik etwas ändern wollen.
Er ersann, was niemand je ersonnen, und erlitt, was niemand je erlitten.
An der gefeiertsten berühmtesten und schönsten Stelle
die ich je gesehen, dort wo seine Vorgänger oft in
fröhlichem Jubel und im Triumph ehrenvolle Feste begangen,
wurde er unter dem Zulauf des Volkes wie ein niedriger
Sklave herangeschleppt und seiner Dogeninsignien entkleidet.
Dort fiel sein Haupt und mit seinem Blut
besudelte er das Portal der Kirche, den Zugang zum
Palast und die Marmorstufen.
Den Dogen, die nach ihm kommen, sei es gesagt, sie mögen
wissen, daß Dogen keine Herren sind, ja nicht einmal
Herzöge, sondern mit Ehren angetane Sklaven der Republik.«

Bei Francesco Foscari (Abb. 23) genügte es, den Stolz des Mannes zu töten; der Leib folgte schnell hinterher. Der Rat der Zehn hatte nach des Dogen Tod dessen Amtsführung zu kontrollieren, ihn eventuell nachträglich zu loben, nachträglich zu strafen, was dann die Hinterbliebenen traf.

Der Doge durfte nun Venedig nicht mehr ohne besondere Erlaubnis verlassen. Er durfte selbst durch seine Familie nicht mehr an irgendeinem Handelsunternehmen beteiligt sein. Er durfte keine öffentlichen Gebäude mehr errichten oder ausbessern, keine Besitzungen haben außer dem Dogat und hatte im Rat nur noch eine Stimme.

Im 16. und 17. Jahrhundert wurde die Ohnmacht des Dogen vollkommen: Er konnte selbst in seinen Privaträumen keinen fremden Gesandten und keinen General mehr empfangen. Auch seine Söhne durften nun die Stadt nicht mehr verlassen. Die Dogaressa wurde nicht mehr gekrönt und hatte kein offizielles Gefolge mehr. Irgendwelche Beziehungen des Dogen oder seiner Familie mit einem auswärtigen Souverän waren untersagt.

Große Dogen der Spätzeit:

FRANCESCO MOROSINI, der 108. Doge, 1688–1694. Rückeroberung des Peloponnes und Zerstörer der Akropolis von Athen.

LUDOVICO MANIN, der 120. Doge, 1789–1797. Der letzte Doge, und der letzte Satz, den er als Doge sagte: »Diese Nacht wird man nicht einmal in seinem Bett Ruhe haben«.

In den ersten Jahrhunderten stand der Doge noch an der Spitze des Heeres; seit dem 14. Jahrhundert wirkte nur selten noch ein Doge als Feldherr. Der Sieger im Krieg gegen Genua war nicht der viel gefeierte Doge Contarini, sondern der Admiral Pisani. Wenn ein Doge überhaupt noch persönlich auf dem Kriegsschauplatz erschien, so nur, weil man annahm, sein Anblick würde den Mut der Truppe heben.

Eine Ausnahme brachte das 17. Jahrhundert. Der Doge Francesco Morosini eroberte 1685 den Peloponnes (Morea) für 30 Jahre zurück. Doch diese eine Ausnahme wurde durch die Zerstörung der Akropolis von Athen, die ihm allein zuzuschreiben ist, viel zu teuer erkauft.

Der Doge und sein Grab

Genau umgekehrt wie die Kurve, die von der absoluten Macht des Dogen zu seiner absoluten Ohnmacht heruntersank, stieg die Kurve vom einfachen Dogengrab der Frühe, wie dem des Dogen JACOPO TIEPOLO (gest. 1233) neben dem Portal der Kirche SS. Giovanni e Paolo und den Gräbern des VITALE FALIER (gest. 1096), BARTOLOMEO GRADENIGO (gest. 1343) und des MARINO MOROSINI (gest. 1252), wie sie die Vorhalle der Markuskirche hüten, zu den Frührenaissancegräbern des Bildhauers und Architekten Pietro Lombardo: dem Grab des Dogen PIETRO MOCENIGO (gest. 1476) innen am Portal von SS. Giovanni e Paolo, dem Grab des PASQUALE MALIPIERO (gest. 1462) am linken Seitenschiff der gleichen Kirche sowie ebenfalls dort dem Grab des NICOLO MARCELLO (gest. 1474). Hingewiesen sei auch auf das Grab des Dogen FRANCESCO FOSCARI (gest. 1457) in der Frari, Mittelkapelle rechts, von Antonio Bregno, der auch das Relief des vor dem Löwen knienden gleichen Dogen am Dogenpalast schuf; Gräber, die schon einen erstaunlich hohen Anspruch auf den Ruhm des Toten stellen in ihrem recht triumphalen Gehabe, so die mehrgeschossige statuengeschmückte Gebäudefassade des Grabes von NICOLO TRON (gest. 1473) in der Frari, Mittelkapelle links, geschaffen von Antonio Rizzo, der auch die Hoffassade des Dogenpalastes schuf. – Als Überleitung zur Hochrenaissance sind die beiden Gräber von Tullio Lombardo anzusehen, beide in SS. Giovanni e Paolo, das des Dogen ANDREA VENDRAMIN (gest. 1478) links vom Chor und das des GIOVANNI MOCENIGO (gest. 1485) innen am Portal. – In der Hochrenaissance finden wir das Grab FRANCESCO VENIERS (gest. 1556) in S. Salvatore, rechtes Seitenschiff, von Sansovino und seinem Schüler Vittoria. Auch Campagna, der andere bedeutende Schüler Sansovinos, mußte sein Dogengrab schaffen. Er tat es in der Gesuati, links vom Chor, für PASQUALE CIGOGNA (gest. 1595).

Die Überladenheit nahm im Barock zu, wie man an dem Grab des SILVESTRO VALIER (gest. 1700) in SS. Giovanni e Paolo sehen kann. Die besten Architekten und Bildhauer waren immer gerade gut genug, den Toten zu rühmen. Die Frage aber ist, galt dieser Ruhm wirklich den Toten? Oder ist die Monumentalität des Dogengrabes ein Ausdruck von vielen Ausdrücken der Selbstvergötterung Venedigs, des Kults, den Venedig mit sich selber trieb? War Venedig eine hybride oder war Venedig eine fromme Stadt?

War Venedig eine fromme Stadt?

Die Lust an Reliquien, Kirchen und Klöstern ist augenfällig. Doch es handelt sich in Venedig nie um irgendwelche Reliquien irgendwelcher Heiliger. Mit ihrem ausgesprochenen Sinn für Qualität, mit dem sich die Venezianer immer die teuersten Steine, die besten Architekten, die begabtesten Maler kauften bzw. herholten und hielten, wollte Venedig auch die besten Heiligen oder wenigstens Teile von ihnen oder ihrer näheren Umgebung besitzen. Auch darum griff die Stadt zu, als sie den Heiligen Markus billig erwerben konnte; einer der vier Evangelisten war ja auf jeden Fall mehr wert als Theodor, der Seevenetiens Schutzheiliger gewesen war. Venedig besaß:

Den Leib des Hl. Markus – Den Kopf des Hl. Theodor – Einige Tropfen Blut vom Erlöser – Ein Stück vom Kreuz Christi – Ein Stück von der Passionssäule – Ein Stück vom Schädel des Hl. Johannes des Täufers – Den Hl. Isidor – Den Stein, auf dem Johannes der Täufer hingerichtet worden sein soll – Den Hl. Nikolaus von Mira – Den Bischofsstuhl des Hl. Markus – Den Hl. Rochus – Den Hl. Donatus – Den Hl. Pacificus – Den Stein, auf dem Jesus auf dem Berg Tabor gesessen haben soll – Vier Säulen vom Tempel Salomonis – usw.

Die Reliquiensucht Venedigs war nie zu stillen. Noch 1455 bot die Stadt 10 000 Dukaten für den ungenähten Rock Christi.

Die Lust an Kirchen und Klöstern ist ebenso augenfällig. Jede Familie, die etwas auf sich hielt, beteiligte sich an diesem religiösen Wettbewerb.

Der Nobile Ziani schenkte den Platz, wo heute die Kirche S. Francesco della Vigna steht; die Fassade stiftete der Patriarch Grimani. – Die Fassade von S. Salvatore stiftete der Kaufmann Galli. – Zwei Kapellen in S. Lucia ließen zwei Nobili, Mocenigo und Bablione, auf ihre Kosten bauen. – S. Luca wurde von den Familien Dandolo und Pizzamano gestiftet. – In der Fassade der Kirche S. Moisè verbaute ihr Architekt das ganze Erbe der Familie Fini (Abb. 40). – Der Patrizier Pietro Zaguri stiftete S. Maurizio und den Hochaltar der Scalzi der Prokurator Soranzo – usw.

Anfang des 17. Jahrhunderts lag ein Drittel der Realwerte in den Händen der Kirche. Im 18. Jahrhundert besaß Venedig 35 Klöster. Nach der Säkularisation Anfang des 19. Jahrhunderts konnten die Räume des ehemaligen Klosters Carità, der heutigen Accademia, mit den obdachlos gewordenen Kunstwerken gefüllt werden. Und selbst damals noch schlug Venedig den Rekord an Priestern: Während – laut statistischer Angaben – ein Geistlicher auf 150 Franzosen, einer auf 74 Spanier kam, durften 54 Venezianer einen Priester für sich haben. Und als drittes sollten noch die religiösen Bruderschaften, die Scuole, hier erwähnt werden.

Aus all dem könnte man schließen, daß Venedig eine fromme und gläubige Stadt gewesen sei, Gott wie Gottes Stellvertreter gleich wohlgefällig. Aber warum denn fand der Papst so oft Gelegenheit, Bannbullen zu schleudern? Und mehr noch: wieso ließ sich Venedig dadurch nicht im geringsten stören?

Gerade in den zwei Jahrhunderten, in denen die Kirche das einwandfreie Primat in allen Ländern über die Staaten und ihre Häupter erlangt hatte, schloß Venedig die Kirche und ihre Vertreter vollkommen und für immer von der Regierung aus. Zudem hat Venedig nie darauf verzichtet, selbst seine Bischöfe zu bestimmen und seine Kirchenstrafen zu verhängen; nie hat es auf die Gewalt über die Kirche verzichtet, ja dieses Thema, diese Frage überhaupt nicht diskutiert. Der Stadtplan allein verrät es schon: die Kirche des Staates, des Staatsheiligen Markus, liegt im Zentrum der Stadt, S. Pietro di Castello (s. S. 266) – die Patriarchatskirche –, lag so weit an den Rand der Stadt geschoben, wie es nur eben ging.

Und läßt sich etwas ausdenken, das unchristlicher wäre, was mehr den christlichen Begriffen widerspräche als diese alljährliche Vermählung – und ausgerechnet am Him-

Der Bucentoro. Stich von T. Viero nach Canaletto

melfahrtstag – des venezianischen Staatsoberhauptes mit dem Meer, »der Witwe so vieler Gatten, und dennoch so jungfräulich wie am ersten Tag«, wie der frivole Casanova schrieb? Eine Vermählung, die sinnbildlich gefeiert wurde, indem ein Ring mit den Worten: »Ich vermähle mich dir, Meer, zum Zeichen unserer wahren und ewigen Herrschaft« im Meer versenkt wurde. Aus der Feder eines Mailänder Botschafters besitzen wir einen Bericht aus dem 15. Jahrhundert über diese Feierlichkeiten:

»Am Morgen des Himmelfahrtstages stieg ich in eine Barke, um dem Fest beizuwohnen, das alljährlich an diesem Tag feierlich begangen wird. Ich sah den mit Seide geschmückten, das heißt mit karmesinroten Seidenstoffen bedeckten Bucentoro. Zwanzig Ruderer, auf zehn Bänken verteilt, bewegten ihn vorwärts. In diesem Bucentoro saß der Doge, ein 70jähriger Greis, groß und schön von Gestalt, in karmesin und goldgestreifte Gewänder gekleidet. Sein Gewand war so lang, daß zwei Schildknappen es tragen mußten. Sein Haupt deckte ein rotes Barett mit Goldverbrämung. Um die 15. Stunde vermählte sich der Doge mit dem Meer, indem er einen Ring von 6 Dukaten hineinwarf.«

Natürlich holte ein Fischer nach der Zeremonie den Ring wieder aus dem Meer.

Die Selbstvergötterung

Der Maler PAOLO VERONESE erhob Venezia in den Himmel (Abb. 10). Er malte damit ein besonders schönes Bild. Doch das ist auch das einzig Besondere daran, denn er malte nur, was bereits Wirklichkeit war. Venedig hatte sich selbst in den Himmel gehoben und verehrte sich selbst dort als Göttin; eine rosige fette und vergnügte Göttin, wie jeder sehen kann, wenn er im Saal des Großen Rates den Blick nach oben wendet.

Tatsächlich besaß Venedig nur einen Glauben, und das war der an sich selbst; trieb nur einen einzigen Kult, und das war der mit sich selbst. Venedig war das Thema der venezianischen Malerei, das Ziel der Beute, der Sinn der Politik ebenso wie der Feste. Alles für Venedig; die Verfassung, das Ornament, die Kriege, das Leben, der Tod, die Piazza, die Piazzetta, die Geistlichen, das Volk, der Nobile. Alles mußte dieser Selbstvergötterung dienen, und alles diente ihr ganz selbstverständlich, auch die Lagune, die Reliquien, die Kirchen, die Klöster, die Scuole, die Maler, die Prozessionen, die Wände des Dogenpalastes, die Gastfreundschaft, die Reklame, die Architekten, aber auch die Geschichte; aus dieser Tendenz heraus, zu diesem Zweck entstanden – im Auftrag des Staates – die ›Dekaden‹ des Sebelicco im 15. Jahrhundert und, im 16. Jahrhundert, die ›Historia rerum Venetarum‹ des Pietro Bembo.

Gewiß, dieser Staatskult aller und alles wirkte selbstverständlich, aber an und für sich war es keine Selbstverständlichkeit, sondern wohl ein absolutes Unikum, zumal in einer christlichen Welt, die ja andere Inhalte, Richtungen und Ziele des Dienstes gewohnt war und sie forderte. Und es mag der erhabenen Republik von San Marco allerhand Kopfzerbrechen bereitet haben, wie sie dieses Ziel der Selbstvergötterung erreichen könne. Sie hat es durch drei Dinge erreicht:

1. Hat sie den Staatskult für jeden Venezianer zu einer Ehre erhoben. Wie es eine Ehre war, Untertan Venedigs zu sein, so war es eine Ehre, die Wände des Dogenpalastes zu schmücken, und selbst der von Päpsten, Kaisern, Königen und Fürsten verwöhnte Tizian, den alle um Bilder baten, war es, der hier demütig und unterwürfig um die Erlaubnis bat, ein Bild zur Glorifizierung Venedigs malen zu dürfen.

2. Hat Venedig alle, die für diese Glorifizierung in Frage kamen, mit Zartheit und Schonung und Duldsamkeit behandelt; selbst den Schriftsteller Aretino. Es hat diesen Mann nicht nur ertragen, sondern vermutlich sogar gehalten, trotz seiner Feder; aber vielleicht auch wegen ihr, denn in dieser Feder lag Verdammnis wie Ruhm, je nachdem, ob dieser größte und erste Journalist des Abendlandes sie ansetzte, um zu verurteilen oder um zu rühmen.

»Hier findet kein Verrat statt. Hier geht Gunst nicht vor Recht, hier gebietet nicht die Frechheit, hier stiehlt man nicht, hier wird man nicht ermordet. Weil ich der Schrekken der Schuldigen, die Zuflucht der Guten gewesen bin, weihe ich mich euch, dem Vater eures Volkes, den Brüdern eurer Sklaven, den Söhnen der Wahrheit.«

Pietro Aretino (1492–1557)

Da Venedig ihm schmeichelte, so schmeichelte er Venedig. Man braucht nur in den Berichten der Gesandten zu blättern, aus welchem Jahrhundert auch immer, kein Bericht kann sich genug daran tun, das Einmalige dieses Gebildes Venedig zu preisen.

3. Venedig hat aber auch alles getan, um sich dieses Preisens wert zu zeigen. Klug und geschickt wußte es zu vermeiden, was das Renommee anderer Staaten untergräbt: die Verletzung der Humanitas. Trotz seiner Leidenschaft für brennende Holzstöße wurde hier niemals ein Holzstoß errichtet, um Menschen oder Bücher zu verbrennen.

Diese offenkundige Anstrengung, etwas Besonderes zu sein, als etwas Besonderes begriffen und als etwas Besonderes proklamiert zu werden, entsprang keineswegs nur der Eitelkeit, obgleich sie bei allem Tun und Lassen der Venezianer immer eine große Rolle gespielt hat.

Der Staatskult ist nicht die Folge des politisch und wirtschaftlich Erreichten, sondern die Ursache. Um die vertrackte geographische Lage und alle aus ihr resultierenden Gefahren zu überwinden, mußten die Venezianer den Staat über alles erheben, über Päpste, Kaiser und Heilige, und zwar den **Staat nicht als Idee, sondern als Wirklichkeit.**

Die Venezianer waren allein und allein auf sich selbst gestellt. Niemand half, niemand hätte geholfen, niemand hatte ein anderes Interesse, als der Stadt möglichst alle Steine in den Weg zu werfen. Sie waren umgeben von Feinden, sie waren umringt von Neidern. Sie lebten in ständigem Ringen, die Ungunst ihrer Lage zwischen Ost und West zu überwinden, sie lebten in ständiger Wachsamkeit, um im Intrigenspiel der Mächte und der Kräfte ringsum nicht zu unterliegen.

Sie unterlagen nicht. Sie behaupteten sich nicht nur, sondern sie erreichten das Unerhörte einer Weltmachtstellung von dieser kleinen Basis aus; aber sie erreichten es nur durch diesen hybriden Glauben, diesen hybriden Kult, diese hybride Verehrung. Und das erhabene Ziel heiligte – wenigstens in ihren Augen – die Mittel.

Der Markusplatz

Die Überwältigung des Ankommenden gehörte zu dem Kult, den Venedig mit sich trieb und, wie wir eben sahen, auch treiben mußte. Es ist eine ziemlich neue Sitte, Venedig durch die Hintertür zu betreten; heute tut es jeder, der mit dem Auto oder mit der Bahn ankommt. Fast ein Jahrtausend lang aber war das Entrée die Piazzetta, der ›kleine Platz‹, so im Gegensatz zum Markusplatz genannt. »Der Markusplatz ist einzig auf der Welt«, sagte Petrarca. Er ist es, heute wie damals, und zwar durch ein Negativum.

Der **Markusplatz** ist kein Platz. Er ist nicht der Treffpunkt von Straßen, die hier ihr Ziel, ihren Ausgangspunkt oder ihr Ende finden, wie es Sinn und Wesen eines Platzes ist. Natürlich narrt er damit den Besucher, denn es münden in die Piazza die beiden belebtesten Straßen Venedigs, aber ihre Mündungen sind verborgen: die der Merceria durch den Uhrturm, die der Calle San Moisè durch den Napoleonischen Flügel.

So entsteht der Eindruck eines Innenraums (Farbtafel 16). Dieser Eindruck wird verstärkt einmal durch die Arkaden, die den Platz auf drei Seiten begleiten, zum anderen durch die großen Trachyt- und Marmorplatten, mit denen der Platz seit 1722 belegt ist, mehr wie die Empfangshalle eines Schlosses, denn wie ein Platz.

»Der schönste Salon Europas, dem als Decke zu dienen nur der Himmel würdig ist.«
Napoleon

Der Markusplatz ist der einzige Platz auf der Welt, dem es erlaubt wird, nur als Platz zu wirken, weil er nicht verstellt ist, weder durch ein Denkmal – obwohl Colleoni das seine gern dort gesehen hätte. Wenn man ein Synonym für den Begriff der Leere finden will, genügt es, den Markusplatz zu nennen. Es ist zu vermuten, daß die Venezianer, die durch die Kleinheit ihrer Stadt gezwungen waren, immer möglichst eng zu bauen, und denen kein Garten, keine Landschaft die Möglichkeit bot, einmal einen weiten Schritt zu gehen, einmal eine weite Armbewegung zu machen, einmal zu rufen, ohne daß sich nicht sofort der Schritt, der Ruf oder die Bewegung an Mauerwänden brach, diese Weite, diese Leere gebraucht und genossen haben, wie ja auch heute noch jeder Besucher unwillkürlich tief aufatmet, wenn er die Piazza betritt.

Der Markusplatz ist schön. Doch warum? Die drei Gebäudekomplexe, die ihn im Westen, Norden und Süden umgeben, sind nichts Besonderes, abgesehen davon, daß die

29 Vittore Carpaccio (um 1465–1526), Die Kurtisanen. Museum Civico Correr

30 Ca' Foscari (15. Jh.). Hier starb 1457 der Doge Francesco Foscari ▷

31 CA' PESARO, 1676 von B. Longhena beg., 1710 vollendet

32 VENDRAMIN-CALERGI, 1481 von Mauro Codussi erbaut

34 DARIO, um 1485 erbaut. Die Fassade gleicht der von S. Miracoli (vgl. Abb. 42)

33 LOREDAN-FARSETTI (13. Jh.), heute Rathaus

35 CONTARINI-FASAN (um 1475), auch ›Haus der Desdemona‹ genannt, und Palazzo Tiepolo (r.)

36 FONDACO DEI TURCHI (13. Jh.) und der DEPOSITO DEL MEGIO (15. Jh.), der alte Getreidespeicher

37   Pietro Longhi (1702–85), Das Rhinozeros. Museum Ca' Rezzonico

VERO RITRATTO
DI UN RINOCERONTE
CONDOTO IN VENEZIA
L'ANNO 1751
FATO PER MANO DI
PIETRO LONGHI
PER COMMISSIONE
DEL N:A GIOVANI GRIMANI
DEI SERVI PATRIZIO VENETO

38   Treppenhaus im PALAZZO GRASSI mit Fresken von P. Longhi   ▷

39 S. MARIA DEI MIRACOLI, 1481–89 von P. Lombardo gebaut. Blick in das Presbyterium

40 S. Moisè erhielt 1668 ihre Barockfassade zu Ehren der Familie Fini

41 Santa Maria Gloriosa dei Frari, Blick durch den Chorschrankenbogen (1475) zum Chor

43 Santa Maria Gloriosa dei Frari. Venezianische Spätgotik, 14.–15. Jh.

42 S. Maria dei Miracoli (vgl. Abb. 34)

45 Tintorettos Wohnhaus (Nr. 3399) am Rio della Sensa (vgl. S. 263)

◁ 44 Der ehem. Franziskanerkonvent der Frarikirche beherbergt heute das Stadtarchiv

47 Schutzmantelmadonna als Hauszierde

46 Hauszierde im Frari-Bezirk
48 ›Il Gobbo di Rialto‹ von P. de Salò. 16. Jh.
   (vgl. S. 256)

49 ›Die Schlacht von Lepanto‹. Schiffsrelief an der
   Fassade von S. Maria Zobenigo

50 Relief am Palazzo Mastelli

51 Zugang zum ehem. Ghetto (vgl. S. 263 f.)

52 Fisch- und Gemüsemarkt nahe der Rialtobrücke

53 Blick von der Rialtobrücke in die Salizzada Pio X.

Arkadenreihen den Blick auf sie ziemlich verstellen. Doch vielleicht sollen sie auch keine großen Reizwirkungen ausüben. Vielleicht soll der Blick auf ihnen nicht haften, sondern weiter gleiten nach Osten, auf die Fassade der Markuskirche. Aber gerade die Fassade der Markuskirche, so beglückend ihre Details sind, verletzt in ihrer Gesamtheit die Augen, einmal durch den gotischen Zierrat, mit dem der schwere byzantinische Bau gekrönt wurde, zum anderen durch die bunten neuzeitlichen Mosaiken.

Und doch hat eine der ästhetischen Raffinessen des Platzes in eben dieser Markuskirche ihren Grund: das innen so erhabene und ehrwürdige Grab des venezianischen Staatsheiligen, des Evangelisten Markus, liegt nicht achsengerade zum Platz.

Immer wieder kann man feststellen, daß die Venezianer eine ungewöhnliche Abneigung gegen das hatten, was die Renaissance und das 19. Jahrhundert als eines der wichtigsten Baugesetze aufstellten: die Symmetrie. Doch auch diese Abneigung hat, wie alles in Venedig, ihre Wurzel in der Lage der Stadt; kanaldurchzogene Inseln zwangen die Bauform auf und verboten Achsengeradheit und Symmetrie. So fehlen sie auch dem Platz. Ein flüchtiger Blick stellt fest, er ist ein Trapez, ein zweiter Blick, der länger forscht, stellt fest, er ist nur schief: etwa 175 m lang und ca. 56 bzw. 72 m breit.

Das dritte Schönheitselement ist leichter zu empfinden als festzustellen: alle Gebäude des Platzes sind auf die Horizontale abgestellt. Nur ein einziges Gebäude durchbricht diesen weitgezogenen, flachen Rahmen: der Campanile. Wie ein schlanker Pfeil stößt er, 99 m hoch, in den Himmel. Denken Sie sich den Campanile weg – obwohl er als Bauwerk an und für sich nichts Besonderes ist –, und der Markusplatz verlöre den Akzent. Durch ihn wird der durch seine Weite und Größe überwältigende Raum zusammengefaßt.

Das vierte Schönheitselement ist die architektonische Geschlossenheit des Platzes, obwohl jedes einzelne seiner Gebäude einem anderen Baustil angehört: die Markuskirche der ältesten byzantinischen Zeit, der Dogenpalast der späten Gotik, die Alten Prokuratien der Frührenaissance und der Napoleonische Flügel dem Klassizismus.

Die Entstehung

Der Welt und ihrem Treiben abgewandt, dafür aber von Moskitos und Stechmücken gepeinigt, zogen Nonnen im kanäledurchzogenen Garten des Klosters San Zaccaria ihr Gemüse, ein paar Jahrhunderte lang, bis Venedig gegründet und die Nonnen gebeten wurden, ein kleines Stückchen Gemüsebeet für die Kapelle des Hl. Markus und noch ein weiteres Stück Gemüsebeet für die Burg des Dogen zu opfern. Sie taten es und zogen auf dem Rest weiter Rosenkohl, Blaukraut und Dill.

Um 900 mußten sie wieder ein Stückchen Land hergeben für den Campanile. Doch der Hollerbaum rauschte weiter, dort, wo heute der Uhrturm steht.

Ende des 12. Jahrhunderts mußten die Klosterfrauen abermals ein Stückchen Gemüsebeet hergeben, denn der Doge Sebastiano Ziani, unter dessen Dogat der Friede

zwischen Kaiser Barbarossa und dem Papst geschlossen wurde, erweiterte den kleinen Platz vor der Markuskirche um ein großes Stück. Der rote Stein an der 16. Arkade der Neuen Prokuratien und eine Inschrift im Plattenpflaster zeigen die Stelle an:
»Demolito il tempio di S. Geminiano fu ampliata la piazza nel Secolo XII.«
Hier floß der Canale Batario, an dessen Ufer die erste, im 6. Jahrhundert auf Befehl des Narses erbaute Kirche S. Geminiano stand. Sie wurde niedergerissen und der Kanal aufgefüllt. (Mehrere Jahrhunderte später wurde abermals eine Kirche S. Geminiano gegenüber S. Marco und als Abschluß des Markusplatzes gebaut. Sie stand bis 1807, als Napoleon sie, um dem Platz ein regelmäßiges Aussehen zu geben, abtragen ließ.)

Die Klosterfrauen von San Zaccaria mußten abermals Gemüseland hergeben: die ehemaligen Alten Prokuratien entstanden. Um 1500 wurde es hoffnungslos für das Gemüse der Nonnen: der Markusplatz nahm seine endgültige Gestalt an, wie Sie in der Accademia, auf Gentile Bellinis *Wunder der Kreuzesreliquie* selbst feststellen können. Es verschwanden nun für immer der letzte Baum, die letzte Weinrebe, eine Latrine und die Werkstatt eines Steinmetzen. Der Markusplatz wurde nun zum Festplatz des Staates und bekam sein rotes Plattenpflaster.

Ein Rundgang

Wenn wir den Markusplatz von seiner westlichen, seiner schmalsten Seite, von der Calle San Moisè aus betreten, so liegen rechts von uns, gen Süden, zur Lagune hin, die Neuen Prokuratien und der Campanile, mit der Loggetta an seinem Fuß; links, im Norden, liegen die Alten Prokuratien und der Uhrturm, geradeaus, im Osten, die Markuskirche mit den drei Flaggenständern. Rechts neben der Markuskirche schließt der Dogenpalast an, der mit der ihm gegenüberliegenden Seite der Alten Bibliothek den Eingang zur Piazzetta bildet.

Der **Napoleonische Flügel** wurde, auf Napoleons Befehl, 1810 von dem Architekten Giuseppe Soli anstelle der ebenfalls auf Napoleons Befehl 1807 niedergerissenen Sansovino-Kirche San Geminiano erbaut.

Die **Alten Prokuratien** oder *Procuratie vecchie* wurden von Bartolomeo Bon begonnen und von der Werkstatt Pietro Lombardos weitergeführt. Sie waren Amtswohnungen der Prokuratoren, das heißt jener Männer, die das ›Vermögen des Hl. Markus‹ zu verwalten und zu verrechnen hatten, den höchsten Staatsbeamten nach dem Dogen.

Die **Neuen Prokuratien** oder *Procuratie nuove*, welche die ganze Südseite des Platzes einnehmen, verdanken ihr Entstehen in erster Linie ästhetischen Erwägungen, sie waren gedacht als Fortsetzung von Sansovinos Bibliothek auf der Piazzetta, an die sie anstoßen, und wurden 1583 von Vicenzo Scamozzi begonnen und um 1640 von Baldassare Longhena beendet.

Der Markusplatz in Venedig. 18. Jh.

Der **Uhrturm** oder *Torre dell'Orologio* (Farbtafel 14) wurde um 1500 von der Werkstatt Pietro Lombardos errichtet. Auf seiner Höhe schlagen zwei Bronzemohren mit ihren Hämmern jede Stunde auf eine große Glocke. Am Dreikönigstag und am Himmelfahrtstag löst ein Mechanismus eine Figurengruppe der Heiligen Drei Könige aus, die an der vergoldeten Madonna, ihr huldigend, vorüberziehen.

Der **Glockenturm** oder *Campanile* stürzte am 14. Juli 1902 ein, wurde jedoch genau nach dem Original wiederhergestellt, was nachzukontrollieren anhand alter Bilder leicht möglich ist. Der Bau des ursprünglichen Campanile dauerte, vom Jahre 900 an, 240 Jahre. In der Spätgotik krönte der Baumeister des Staates, Bartolomeo Bon, der auch den gotischen Zierat auf die Markuskirche setzte und den Bau des Dogenpalastes mit der Porta della Carta beendete, den Turm mit einer Haube. Der Blick von oben ist lohnend.

Einst ragte in halber Höhe ein Balken, an dem ein vergitterter Käfig nach unten hing; er war für Ehebrecher bestimmt. 1518 wurde dieser Käfig entfernt; er hätte nicht mehr ausgereicht.

»Hätt ich etwas zu befehlen, so müßten alle ungetreuen Liebhaber einen Zweig in Händen halten – seien Sie versichert, Venedig würde zum Wald.«

Goldoni (1707–1793)

Zu Beginn des 17. Jahrhunderts beobachtete von diesem Turm aus Galileo Galilei die Sterne. Seine Äußerungen über die Himmelskörper widersprachen der Bibel. An diesem Widerspruch zerbrach sein Leben.

»Die Erde ist nicht der Mittelpunkt der Welt und nicht unbeweglich, sondern sie dreht sich täglich um sich selbst. Die Sonne ist der Mittelpunkt der Welt und darum unbeweglich.«

Galilei (1564–1642)

Außerdem diente der Campanile auch als Leuchtturm. Auf seinem vergoldeten Dach reflektierte das Sonnenlicht. Nachts wurden dort Feuer angezündet.

Zur Zeit der Republik hingen vier Glocken in dem Turm: *La marangola,* die den Beginn des Tages einläutete, *Da sestamezza,* die zur Eröffnung der Ämter und Kanzleien schlug, *La trottera,* die die Nobili zur Versammlung rief und *Del malefizio,* die zu Hinrichtungen ertönte. Ende des 17. Jahrhunderts kam noch eine Glocke hinzu: sie läutete am Himmelfahrtstag, wenn der Doge Venedig mit dem Meer vermählte.

Am Fuß des Campanile baute der Bildhauer und Architekt des Staates, JACOPO SANSOVINO, der Schöpfer der Zecca und der Bibliothek, Mitte des 16 Jahrhunderts eine kleine Halle, die **Loggetta** (Abb. 26), reich mit Skulpturen geschmückt (Abb. 14), in der die Nobili sich versammelten, ehe sie zu den Sitzungen des Großen Rates gingen. Seit Ende des 16. Jahrhunderts diente die Loggetta dem diensthabenden Prokurator und seiner Mannschaft, die den Großen Rat zu schützen hatten. Das Bronzegitter – von Antonio Gai – wurde Mitte des 18. Jahrhunderts hinzugefügt (Abb. 13).

Auf der Rückseite der Neuen Prokuratien, der Lagune zu, dem Platz abgewandt, stand einst ein Fruchtmagazin, dann ein Fischmarkt. Auf Napoleons Befehl wurde dieser Platz von dem Architekten Selva in einen Garten verwandelt.

»Der Zutritt ist an Sonn- und Feiertagen den besseren Klassen der Gesellschaft gestattet.«

Aus einem Prospekt von 1850

Die *Fahnenstangen* vor der Markuskirche sind aus Zedernholz und stehen auf Bronzesockeln, die der Bildhauer und Bronzegießer der Frührenaissance, Alessandro Leopardi, aus der Werkstatt Pietro Lombardos – er goß auch das Colleoni-Denkmal und schuf dessen Sockel – Anfang des 16. Jahrhunderts modellierte und goß. Hier wehten die Fahnen von Zypern, gewonnen 1489, verloren 1571, von Kreta, gewonnen 1204, verloren 1669, und Morea (Peloponnes), gewonnen 1204, verloren 1718. Die Rüstungen der Eroberer sind im Museum des Arsenal zu sehen.

Was tat sich alles hier auf dem Markusplatz? Die Frage müßte lauten: was tat sich hier nicht? Es gab vor allem die Fiera Franca, die in einer transportablen Stadt aus Buden hier abgehalten wurde, wo man alle Schätze des Orients und des Okzidents kaufen konnte und die Menschen von weither kamen, so daß oft 20 000 Gondeln und Barken in der Lagune lagen; allerlei Gaukler zeigten währenddessen ihre Künste.

Doch auch Bußprediger benutzten den Markusplatz, um die Gewissen wachzurütteln: »Wir erblickten in einer Art Tonne, beschattet von einem farbigen Regenschirm, einen Dominikaner, der sich ereiferte, mit seinen Händen lebhaft herumfuchtelte, sich wie toll gebärdete, aber in der rührendsten Weise. Die Leute, zum größten Teil Matrosen und Handarbeiter, hörten ihm ziemlich geduldig zu, die Pfeife im Mund, die Hände auf dem Rücken. Sie verließen ihn von Zeit zu Zeit, um einem Händler mit Kirchenliedern zuzuhören, der am entgegengesetzten Ende des Platzes Aufstellung genommen hatte, aber auch, um nicht in den Bereich des Opferstocks zu kommen, den ihnen ein Amtsbruder des Predigers unaufhörlich unter die Nase hielt.«

De la Roque (1598–1686)

Der Maler Guardi ließ seine mit der ›Camera obscura‹ aufgenommenen Veduten sehen, und Agenten strichen herum, um die Fremden zu ködern; es gab ja soviel Verlockendes, Frauen und Kartenspiel, es gab so viele Möglichkeiten zu mühelosem Gelderwerb.

In erster Linie jedoch war der Markusplatz der Festplatz des Staates, alle Feste der Republik wurden hier gefeiert. Und da Venedig die festesfreudigste Stadt der ganzen Geschichte gewesen ist, löste ein Fest das andere ab. Anlässe gab es ja genug: Siege und Erinnerungen an Siege, Empfänge von fremden Gesandten, Königen, Fürsten waren Grund genug, um Kampfspiele, Turniere, übrigens auch Stierkämpfe abzuhalten; es gab Prozessionen und Umzüge aller Art, unter anderen den des neugewählten Dogen, bei dem er Geld unter die Menge warf; diese Gebärde wenigstens blieb ihm erlaubt.

»Die Galakostüme, die Mäntel, die Hauskleider, die Türken, die Griechen, die Dalmatiner, die Abenteurer aller Art, Männer, Frauen, das Geschrei der Verkäufer, der Gondoliere, der Mönche, die Predigten und die Marionetten, alles das zur gleichen Zeit und zur gleichen Stunde machte ihn zum schönsten und zum merkwürdigsten Platz der Welt.«

Charles de Brosses (1709–1777)

Noch mehr als heute war die Piazza im 17. und 18. Jahrhundert eingerahmt mit Cafés, die die ganze Nacht durch offen und von Menschen überfüllt waren, und so kann man glauben, was sonst nicht zu glauben wäre, daß, um die Piazzetta in der Heiligen Nacht zu erleuchten, mehr Kerzen verbrannt wurden, als Italien in einem Jahr verbrauchte.

Gegen Ende der Republik wurden alle Feste zu einem einzigen verschmolzen, es war der Karneval, während dessen etwa sechs Monate langer Dauer dreißig- bis hunderttausend Masken auf dem Markusplatz herumwimmelten, tollten, tobten und liebelten. Der Karneval wurde so wichtig, daß sogar der Tod des vorletzten Dogen Paolo Renier – »der Großpapa des ganzen Geschlechts«, wie Goethe ihn nannte, ein Großpapa übrigens, der mit einer Seiltänzerin verheiratet gewesen sein soll – geheimgehalten wurde, um den Spaß nicht zu verderben.

Auch ein anderer Tod traf die Republik mitten in diesem fröhlichen Treiben: es war ihr eigener. Er konnte nicht geheimgehalten werden und löschte ihre Fröhlichkeit mit einem Schlage aus.

Die Markuskirche

In den dreißiger Jahren des 9. Jahrhunderts, unmittelbar nach der Überführung der Gebeine des Hl. Markus, begann der Bau seines Grabes, durch wiederholte Brände unterbrochen und verzögert. Erst Mitte des 11. Jahrhunderts wurde die Basilika nach byzantinischem Muster – die Apostelkirche in Byzanz soll Vorbild gewesen sein – in der heutigen Form eines griechischen Kreuzes mit fünf Kuppeln errichtet.

Um den Bau zu überwachen, schuf man ein neues Staatsamt, das bis zum Ende der Republik verblieb, das der Prokuratoren von San Marco. Sie hatten das ›Vermögen des Heiligen‹ zu verwalten. In Gegenwart des deutschen Kaisers Heinrich IV., des Demütigen von Canossa, wurde die Kirche 1094 unter dem Dogat Vitale Faliers mit großer Feierlichkeit und ebenso großer Prachtentfaltung geweiht. Doch unermüdlich wurde die Kirche weiter geschmückt, bis das Ende des 15. Jahrhunderts durch Bartolomeo Bon und seine – wahrscheinlich auch der Masegne – Werkstatt die Krönung des Baus durch gotische Spielereien von Türmchen, Blättern, Heiligen und dergleichen Zierrat brachte.

Ende des 15. Jahrhunderts war die Markuskirche bereits so, wie wir sie heute sehen. Nur ein Unterschied: Als Gentile Bellini das *Wunder der Kreuzesreliquie* malte (Accademia, Farbtafel 15), waren die Mosaiken an der Fassade noch alle so alt und vermutlich alle so schön wie das des linken Westportals *Die Einholung der Markusreliquien* (um 1250), während wir uns jetzt mit den grell leuchtenden Mosaiken aus dem 17. und 18. Jahrhundert begnügen müssen und von dem über dem Hauptportal von 1836 beleidigt werden.

Die Fassade der Kirche (Abb. 11) ist widersprüchlich in ihrem Sammelsurium der verschiedensten Stile, unorganisch im ganzen, wirr und verfahren. »Der Inselstaat«, schreibt Jacob Burckhardt, »ein Unikum in der Weltgeschichte, hat hier geoffenbart, was er in den ersten Zeiten seiner höheren Blüte für schön, erhaben und heilig hielt«. Dieses Bauwerk birgt jedoch Kostbarkeiten schönster romanischer Kunst, wie die Basisreliefs über dem mittleren Portal, die Monate und die Tugenden darstellend, und anderes mehr.

Was in diesem zweigeschossigen Bau besonders in die Augen fällt, sind die Säulen. So kommen wir auf eine echte Leidenschaft der Venezianer: sie gilt der Säule. Diese

Leidenschaft ist zu erklären aus dem Horizontalen der Landschaft und dem Bedürfnis, ihr die Vertikale entgegenzustellen. Wo die Venezianer konnten, brachten sie Säulen an. Im Inneren und im Äußeren der Markuskirche sind 2643 große und kleine, antike und mittelalterliche Säulen zu zählen, allein 292 sind außen angebracht, zu Bündeln zusammengestellt, aus allen möglichen Ländern – Ägypten, Kleinasien, Syrien und den Ägäischen Inseln –, aus allen Marmorarten, in allen Stilen. Ein Spezialist für Säulenkapitele kommt hier durchaus auf seine Rechnung.

Alle diese Säulen sind gestohlen. Und so kommen wir auf die zweite Leidenschaft der Venezianer, die zum Raub. Dieser natürliche Instinkt der Venezianer – sie waren ja schließlich Kaufleute – wurde noch staatlich gefördert. Bereits unter dem Dogen Domenico Silvio (1071–1084) war ein Gesetz erlassen worden, daß jedes Schiff Schmuck für San Marco mitzubringen habe. Gesetz ist Gesetz, und die Schiffe brachten, unter vielem anderen, mit:

Die *Vier Pferde* vom Hippodrom zu Konstantinopel, aus vergoldeter Bronze, 1,60 m hoch und wohl die schönste noch erhaltene Quadriga des Altertums. Es heißt, sie stamme von Neros Triumphbogen (Abb. 28).

Enrico Dandolo führte sie nach dem 4. Kreuzzug mit. Es sind jene Pferde, denen Doria im genuesischen Krieg die Zügel anlegen wollte, was ihm aber nicht gelang. Napoleon hingegen gelang es, sie zu rauben. 1815 wurden sie zurückgegeben. In den letzten Jahren haben die Pferde durch die zunehmende Luftverschmutzung stark gelitten. Sie wurden vor kurzem restauriert.

Die beiden *Pfeiler* mit reicher Ornamentierung vor der Südfront der Markuskirche (Abb. 22) stammen wahrscheinlich aus Acri in Syrien, wohl aus dem 6. oder 7. Jahrhundert. Mitte des 13. Jahrhunderts wurden sie hierhergebracht. Sollten diese Pfeiler nicht die eigentlichen Lehrmeister von Pietro Lombardo und seiner Werkstatt gewesen sein? Wüßte man es nicht anders, könnte man sie für ein Kunstwerk der ›Architettura lombardesca‹ halten.

Die *Tetrarchen,* eine Gruppe sich umarmender Krieger (Abb. 27), wohl auch aus Syrien, wahrscheinlich aus dem 4. Jahrhundert und Mitte des 13. Jahrhunderts hierher gebracht, geben den Wissenschaftlern Rätsel auf. Wer waren sie, die diese Kronen trugen? Die Südfassade der Markuskirche, an deren Ecke diese gekrönten Krieger stehen, bietet überhaupt das ungenierteste Sammelsurium aus Ost und West und Süd zusammengestohlener Kunstwerke, das wohl je gezeigt worden ist.

Das Gestohlene findet innen in der Kirche seine Fortsetzung; aber man darf ja nicht vergessen, daß der Heilige, dem diese Kirche geweiht ist, auch nicht auf legale Weise in den Besitz der erhabenen Republik gekommen ist: 50 Zechinen sind kein angemessener Preis für einen Evangelisten.

Die Vorhalle und das Innere der Kirche

Was die Mosaiken der Fassade gegen die Kunst versündigen, machen hier die an den Kuppeln und Lünetten aus dem 11. bis 13. Jahrhundert, Alttestamentarisches zeigend, wieder gut (Farbtafel 7). Es sind zwar auch im Innern der Kirche alle Flächen geschmückt, und die Mosaiken allein füllen 4000 qm – sie sind die größte Mosaikfläche der Welt –, doch in der Kirche ist zuwenig Licht, um sie wirklich genießen zu können. Die Mosaiken in der *Vorhalle* zeigen das Sechstagewerk der Weltschöpfung, die Geschichte von Kain und Abel, Noah und seine Erlebnisse mit und in der Arche, den Turmbau von Babel, sie führen weiter über die Geschichte Abrahams zu Joseph und Moses.

Werfen Sie auch einen Blick auf die drei Tore, die in das Innere der Kirche führen, mit ihren silberbeschlagenen Metallflügeln, mit Heiligen- und Patriarchenbildern geschmückt. Die Flügel der Mitteltür sind eine venezianische Arbeit aus dem 12. Jahrhundert und tragen die Inschrift ›Leo da Molino opus fieri jussit‹. Leone da Molino war im Jahre 1112 Prokurator von San Marco. Die Tür rechts ist aus dem 10. Jahrhundert und trägt eine griechische Inschrift; kaum notwendig zu erwähnen, daß sie im 4. Kreuzzug aus der Sophienkirche von Konstantinopel mitgenommen wurde.

Im Innern der Kirche wird Ihnen das Gewellte des Fußbodens auffallen. Die Erklärung ist einfach. Die Pfeiler, auf denen dieses Gebäude – das älteste Venedigs – errichtet worden ist, haben sich im Laufe der Jahrhunderte an verschiedenen Stellen gesenkt

San Marco (Transversalschnitt)

(zwischen den Jahren 1267 und 1855 um rund 75 cm). Die Legende jedoch weiß es schöner, sie sagt: Als die Franzosen 1797 Venedig besetzten, habe sich der Dom über diese Schmach, die man seiner nie eroberten Stadt damit antat, vor Schmerz und Kummer aufgebäumt; so daß doch auch einmal in Venedig die Erde bebte, als etwas Großes starb.

Das *Innere* der Kirche (Abb. 18) ist trotz seines an und für sich ja klaren Grundrisses unübersehbar und verwirrend. Es empfiehlt sich für den, der alle ihre Schönheiten wirklich entdecken will, einen möglichst hellen Tag zu wählen, ein Fernrohr mitzubringen und die Dienste eines der Führer anzunehmen, die sie bereitwillig und gegen Bezahlung anbieten.

Dem Eingang gegenüber liegt, kuppelüberdeckt, der *Hochaltar,* unter dem die Gebeine des Hl. Markus ruhen, seit man sie, die völlig vergessenen, am 7. Mai 1811 in der Krypta wiedergefunden hatte. Der Hochaltar steht unter einem Baldachin aus schwarzgrünem Marmor, den vier Säulen tragen, deren Herkunft ungewiß ist. Die Säulenreliefs dagegen sind rein frühmittelalterlich (Abb. 20). Der Altarvorsatz, die *Pala d'Oro* (140 x 345 cm; Farbtafel 9), eine Schmelzarbeit mit 2000 Edelsteinen auf goldenen und silbernen Platten, ist ausnahmsweise nicht in Byzanz geraubt, sondern lediglich dort, im Auftrag des Dogen Pietro Orseolo (991–1008), angefertigt worden, doch wurde sie in den folgenden Jahrhunderten von venezianischen Künstlern vergrößert. Sie zeigt Szenen aus dem Leben von Jesus und Markus. Das kostbare Retabel schützte ehemals eine bemalte Verkleidung aus dem 14. Jahrhundert (Farbtafel 10). Die Mosaiken in den Wölbungen sind nach Zeichnungen Tizians gefertigt.

Links vom Hochaltar liegt die *Kapelle des Hl. Petrus* mit Mosaiken aus dem 12. Jahrhundert. Über dem Eingang zur Sakristei stehen fünf heilige Frauen der gotischen Bildhauer Masegne. Rechts vom Hochaltar liegt die *Kapelle San Clemente* mit Mosaiken aus dem 12. Jahrhundert und ebenfalls fünf heiligen Frauen der Bildhauer Masegne. Das Standbild des Heiligen auf dem Altar stammt von dem Schöpfer der Kirche S. Maria dei Miracoli, Pietro Lombardo.

Hinter dem Hochaltar liegt ein *zweiter Altar.* Das Sakramentshäuschen (Tabernakel) ist ein Werk des Renaissance-Bildhauers und Architekten Jacopo Sansovino, des Schöpfers der Libreria und der Zecca. Von ihm sind auch die Skulpturen und die Bronzearbeiten des Altars. Die Säulen, die den Baldachin aus Bronze tragen, sollen aus den Ruinen des Jerusalemer Tempels entwendet worden sein. Die Mosaiken stammen aus dem 12. und 13. Jahrhundert.

Links von diesem Altar führt eine Bronzetür in die *Sakristei;* diese Tür ist Sansovinos schönste Arbeit. Er hat sich selbst auf dem Türgriff dargestellt, links den Kopf seines Freundes Pietro Aretino, rechts den Kopf seines Freundes Tizian. Das Thema der Tür: Grablegung und Auferstehung Christi, Mosaiken nach Tizians Zeichnungen.

Der *Chor* wird durch einen Lettner vom Querschiff getrennt, die 14 Standbilder – die Apostel, Maria und Markus – schufen die Brüder Masegne. Vor dem Lettner stehen zwei Kanzeln auf Marmorsäulen. Von der höheren zeigte sich der neugewählte Doge

DIE MARKUSKIRCHE

zum ersten Male dem Volk. Die Bronzereliefs aus dem Leben des Hl. Markus zu beiden Seiten des Chors sowie die vier Evangelisten auf der Brüstung der Chorstühle, die einst für den Dogen und die Signorie bestimmt waren, gehören zu Sansovinos vielen gleichgültigen Arbeiten.

Wenn man vom Eingang nach *rechts* geht, kommt man zur *Kapelle des Kardinals Zeno* (gest. 1501). Der Bronzealtar, auf dem die Figur des Kardinals ruht, das Tabernakel, die Gruppe der Madonna und das Relief Gottes sind die einzigen Arbeiten des Antonio Lombardo, eines der beiden Söhne Pietros, in Venedig. Er schuf sie gemeinsam mit Alessandro Leopardi, dem wir die schönen Fahnenstangensockel vor der Markuskirche verdanken, gemeinsam aber auch mit Paolo Savon, der die Glockenschläger am Uhrturm auf der Piazza erdachte. Die Marmorreliefs am Altar und die beiden Löwen rechts und links sind von Tullio Lombardo, Pietros anderem Sohn, der lange und fruchtbar in Venedig arbeitete. Die Mosaiken sind aus dem 11. Jahrhundert.

An die Kapelle des Kardinals Zeno stößt die *Taufkapelle*. Ihr Altar sei, so sagt man, jener Granitblock vom Berge Tabor, auf dem Jesus gesessen habe. Das Taufbecken, nicht jedoch die Gestalt des Täufers, schuf Sansovino. Die Mosaiken stammen aus dem 12. bis 14. Jahrhundert. Links, dem Altar gegenüber, ist der Stein in die Wand gelassen, auf dem Johannes der Täufer geköpft worden sein soll.

Die Kirche verbreitert sich rechts zum Dogenpalast, dort liegt die *Schatzkammer*. (Die Eintrittskarte gilt auch für die Besichtigung der Pala d'Oro.) Sie birgt immer noch überwältigende Reste des großen Schatzes von San Marco, Goldarbeiten, Reliquien, Gefäße von unermeßlichem Wert und oft sehr großer Schönheit (Abb. 19, 21); das meiste ist leider geraubt.

Wenn man vom Eingang der Kirche nach *links* geht, trifft man ein *Madonnenrelief* aus dem 10. Jahrhundert, vergoldet, wundertätig und in Byzanz gestohlen. Weiter ein paar Schritte geradeaus steht eine kleine, von sechs Säulen getragene *Emporkirche*, gekrönt von einer Weltkugel aus orientalischem Achat aus dem 13. Jahrhundert; das Kruzifix ist im 4. Kreuzzug aus Byzanz mitgenommen worden.

Von dort scharf nach links liegt die *Capella della Madonna del Mascoli*. Zu Füßen der Madonna haben Mütter um ihre Söhne gebetet. Die Statuen der Jungfrau, des Hl.

San Marco (Grundriß)
1 Porta Sant'Alipio 2 Westliche Vorhalle 3 Nördliche Vorhalle 4 Cappella San Zeno 5 Baptisterium 6 Schatzkammer 7 Mosaik ›Weltschöpfung‹ 8 Mosaik ›Auszug aus Ägypten‹ 9 Kuppel mit dem Pfingstmosaik 10 Mosaik ›Kreuzigung‹ 11 Kuppel mit der Himmelfahrt 12 Kuppel mit dem Hl. Johannes 13 Kuppel mit Christus-Emanuel 14 Mosaik ›Auffindung der Reliquien des Hl. Markus‹ 15 Deesis 16 Maria mit dem Kinde (Aniketos, Abb. S. 254) 17 Himmelfahrt Alexanders 18 Pala d'Oro 19 Die Pfeiler aus Acre 20 Die Tetrarchen 21 Porta della Carta (Haupteingang des Dogenpalastes) 22 Die vier antiken Bronzepferde (über dem Haupteingang) 23 Grabmal der Dogaressa Felicita Michiel 24 Cappella della Madonna dei Mascoli 25 Treppe zum Museum von San Marco und zur Loggia dei Cavalli 26 Haupteingang

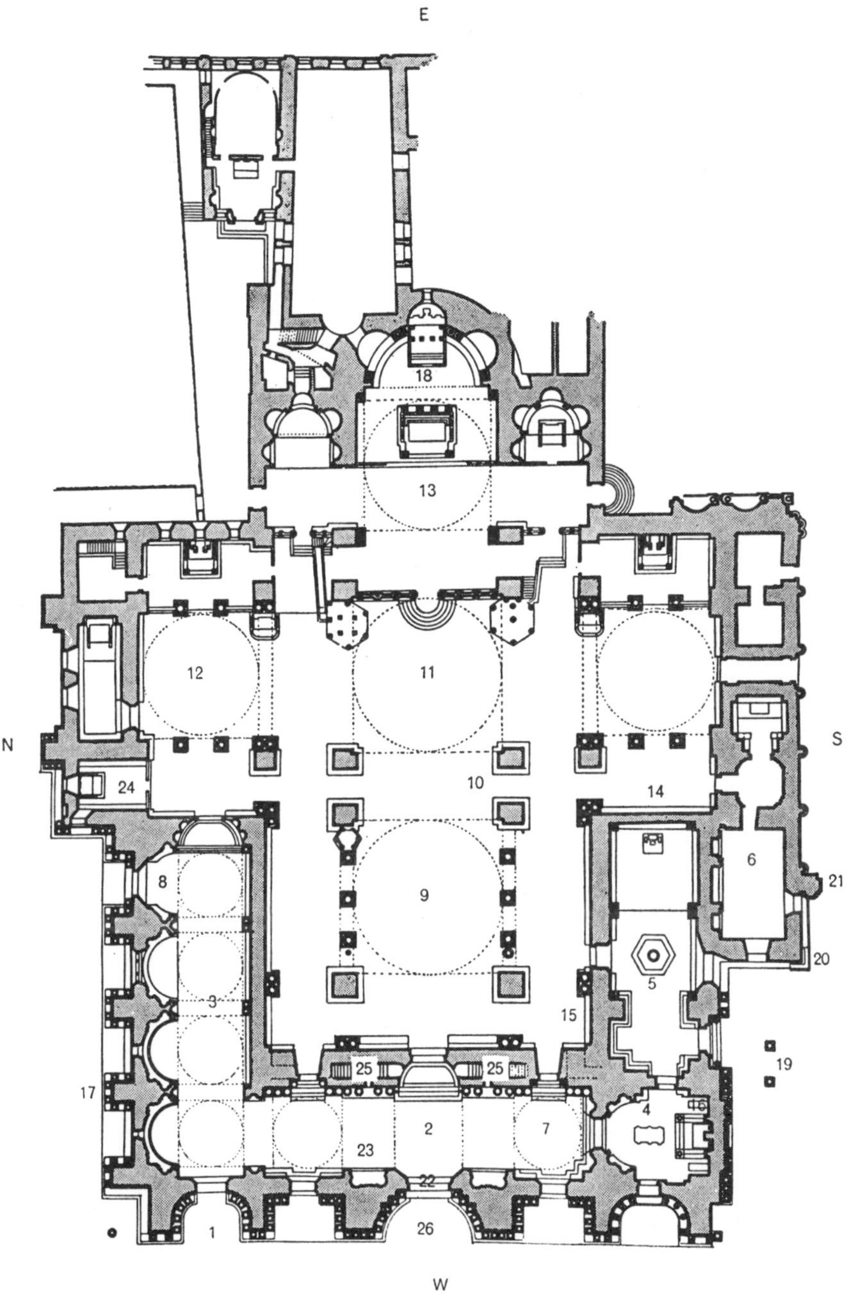

E

18

13

12   11

N   S

10

24

14

8

6

3   9

5   21

15   20

17   19

25   25

4

2   7

23

1   22
             26

W

Markus und des Hl. Johannes werden dem gotischen Architekten und Bildhauer Bartolomeo Bon zugeschrieben, dem Schöpfer der Porta della Carta am Dogenpalast und des Brunnens im Hof der Ca' d'Oro. Die Mauer hinter dem Altar ist mit Marmor und orientalischem Jaspis verkleidet. Die Mosaiken schuf Giambono, ein gotischer Maler. Über dem Eingang kann man den Stammbaum der Jungfrau Maria – aus der Mitte des 16. Jahrhunderts – studieren.

Die nächste Kapelle rechts dient zur Aufbewahrung der ebenfalls im Osten gestohlenen *Reliquien des Hl. Isidor.* Die Mosaiken aus dem 14. Jahrhundert sind kaum restauriert und daher besonders schön.

Anschließend rechts, ein wenig schräg gegenüber, liegt die *Kapelle der Jungfrau Nicopeja,* ein ebenfalls während des 4. Kreuzzuges in Konstantinopel/Byzanz gestohlenes, kostbares mit Edelsteinen besetztes Madonnenbild, das besondere Verehrung genießt und 100 Tage Ablaß verschafft, wenn man ein bestimmtes Gebet spricht. Wenn Steine reden könnten, so würden die Steine Venedigs so Verschiedenes berichten, als sei das Thema nicht immer das gleiche: Venedig. Die Steine des Markusplatzes würden das Heiterste, das Fröhlichste erzählen und erst ganz am Ende der Geschichte vom Ernst – und gleich vom bittersten Ernst, dem Tod. Die Steine der Markuskirche aber wüßten vom Pathos der Geschichte zu sagen, von ihren großen, seltenen Augenblicken.

Einer dieser Augenblicke war 1177. Kaiser Friedrich Barbarossa hatte versucht, die kaiserlichen Rechte in Oberitalien wiederherzustellen im Kampf gegen die lombardischen Städte, die mit dem Papst verbündet waren. Nach Barbarossas Niederlage fand die Versöhnung mit dem Papst hier in Venedig statt. Mit dieser Versöhnung zwischen den beiden mächtigsten Häuptern der Christenheit und zudem hier in dieser Stadt, die noch kaum über die Peripherie der Adria hinaus Bedeutung erlangt hatte, rückte Venedig in den diplomatischen Mittelpunkt der Welt.

Ein zweiter dieser großen Augenblicke war 1202, als die vornehmsten unter den europäischen Fürsten sich, Kreuze auf die Mäntel geheftet, voll guten Willens, den Ungläubigen Christi Grab zu entreißen, aber ohne Geld, um der Ungläubigen Land zu erreichen, hier versammelten, um das Angebot eines klugen, blinden Greises zu hören: Enrico Dandolo schlug ihnen vor, erst Venedig zu helfen, Byzanz zu erobern (er umschrieb es diplomatisch), dann werde Venedig ihnen helfen, das Land des Heiligen Grabes zu erreichen. Der 4. Kreuzzug begann, und als er beendet war, stand Venedig als Weltmacht des Ostens da.

Ein dritter dieser Augenblicke war 1377. Die Genueser bedrohten Venedig; in unmittelbarer Nähe lagen ihre Schiffe. Da empfing hier der venezianische Admiral Vettore Pisani die huldreiche Genehmigung, seine Stadt zu retten. Er tat es. Und durch den Sieg über Genua stand Venedig nun auch als Weltmacht des Westens da.

Der vierte dieser Augenblicke war 1794. Die Regierung hatte abgedankt. Das Volk glaubte es nicht. Es stürzte in die Kirche. Es rief den Heiligen an. Es war das letzte Mal, daß hier der Ruf erklang, der so oft erklungen war: »Viva San Marco!« Der Heilige antwortete nicht.

Die Piazzetta

Die *Piazzetta* (Farbtafel 13), so ganz das Gegenteil der Piazza, obwohl auch sie der Lust Venedigs zum Ungeraden, zum Asymmetrischen mit ihren Maßen (97 m lang, 41–49 m breit) entgegenkommt und mit der gleichen Raffinesse angelegt – z. B. daß der Dogenpalast und die ihm gegenüberliegende Zecca nicht auf der gleichen Linie abschließen –, hat nichts von dem Mönchischen, fast klosterhofartig Abgeschlossenen, fast Introvertierten der Piazza. Sie öffnet sich heiter und unbeschwert dem Element Venedigs, dem Wasser. Sie war einst selbst Wasser, ein flacher Lagunenstreifen, der trockengelegt wurde, um der Stadt ein Entrée zu schaffen, das ihrer würdig ist.

Wir erinnern uns, daß jeder Neuankommende vom Glanz der Stadt geblendet werden sollte. Und jeder kam hier an, und jeder wurde geblendet, vor allem, seit dem Dogenpalast gegenüber Jacopo Sansovino, der offizielle Baumeister des Staates in der beginnenden Hochrenaissance, zwei Meisterwerke schuf: die Münze und die Bibliothek.

Die Münze (La Zecca, von arab. sikka, Prägstock) ist ganz aus istrischem Quaderstein und ohne Holz gebaut, damit wenigstens sie den ewigen Feuersbrünsten Widerstand leisten konnte.

»Wir sind die Herrscher über das ganze Gold der Christenheit«, sagte der Doge Tommaso Mocenigo bescheiden im Sterben. Ein paar Worte über venezianisches Geld: Anfang des 13. Jahrhunderts prägte Venedig die erste größere Silbermünze des Abendlandes, den ›Matapan‹. Ende des 13. Jahrhunderts wurde die Zechine (Zecchino), Vorläufer des späteren Dukaten, geschaffen, eine Goldmünze im Gewicht von 3,560 Gramm. Sie blieb bis zum Ende der Republik, also noch 500 Jahre lang, unverändert in Gewicht, Feinheit und Typ. Im Jahre 1500 lagen in der Zecca 1 Million gemünzter Golddukaten und 200 000 Silberstücke, und es hieß, daß die Mongolen, die Perser, die Hindus, die Araber kein anderes Geld gekannt hätten als das venezianische. Auch nach dem Ende der Republik blieb die Zecca (1538 erbaut) noch bis 1870 in Betrieb; seit 1905 befindet sich hier die Biblioteca Marciana, deren schönste Handschriften, Inkunabeln und Drucke in der Libreria vecchia zu sehen sind.

Die Bibliothek (Libreria vecchia), eine zweigeschossige Pfeilerhalle mit statuengeschmückter Balustrade, wurde 1536 gebaut (Abb. 26), weil der Kardinal Bessarion da Trebisonda 1468 seine im Osten gesammelten Bücherschätze (600 Codices christlicher

und vorchristlicher Autoren) der Republik von San Marco vermacht hatte. Früher
schon, 1361, hatte der Dichter Petrarca, von Venedig hingerissen, ihm seine Bibliothek,
die alle lateinischen Klassiker außer Lukrez enthielt, nach seinem Tod versprochen.
Zum Dank dafür schenkte die Stadt dem Dichter den Palazzo Molin an der Riva degli
Schiavoni.

»Ich sehe Schiffe, so groß wie mein Haus, mit Masten, höher als Türme. Sie sind
gleich Bergen, die auf Wasser schwimmen. Sie befahren jeden Teil des Erdkreises und
trotzen unermeßlichen Gefahren. Sie bringen Wein nach England, Honig nach Rußland, Leinwand nach Assyrien, Öl nach Armenien, Holz nach Ägypten und Griechenland und kehren zurück, schwer beladen mit Erzeugnissen aller Art, die von
hier aus in alle Weltgegenden verschickt werden.«   Petrarca
Doch nach Petrarcas Tod fielen die Bücher an Francesco Carara in Padua, und mit der
Zeit verloren sie sich.

Die Bewunderung für diesen Bau Sansovinos war so groß, daß VINCENZO SCAMOZZI
1583 den Auftrag bekam, eine Art Verlängerung zu schaffen, die **Neuen Prokuratien**
auf der Piazza (Farbtafel 16). »Superiore all invidia«, über allen Neid erhaben, ur-
teilte Pietro Aretino über die Bibliothek, und Palladio, der es als Spezialist für die
Gebäude der Antike wissen mußte, sagte: »das reichste und schmuckvollste Gebäude,
das seit dem Altertum errichtet worden sei«.

Sansovino selbst schien die Bibliothek zwar nicht das Leben, jedoch die Stellung zu
kosten, denn von ameisenhafter Emsigkeit und unwahrscheinlicher Produktionsfreudig-
keit, wie er nun einmal war, baute er sie so schlampig, daß am 18. Dezember 1545 die
Decke einstürzte. Sansovino sollte dafür ins Gefängnis, doch da erwies sich – wohl zum
ersten Male in der Geschichte – die öffentliche Meinung als eine Macht, vorausgesetzt,
daß eine geschickte Hand sie zu leiten vermag. Diese geschickte Hand besaß Sansovinos
Freund, der Schriftsteller Pietro Aretino.

»Ich bin ein freier Mann. Ich trete nicht in die Fußspuren Petrarcas oder Boccaccios.
Ich überlasse es anderen Leuten, von Reinheit des Stils, von Tiefe des Gedankens
zu faseln. Ohne Lehrer, ohne Kunst, ohne Führer, ohne Licht gehe ich vorwärts, und
der Schweiß meiner Tinte trägt mir Glück und Ruhm ein.«   Aretino
Der Staat mußte, wohl zum ersten Mal seit seinem Bestehen, nachgeben und Gnade vor
Recht walten lassen.

Bei dem Wettbewerb zum Schmuck der Libreria wurde der erste Preis Veronese zuge-
sprochen, und Tizian überreichte ihm die goldene Kette des Sieges; doch auch er
schmückte das Innere. Besonders reich und schön sind die Stuckarbeiten des Sansovino-
Schülers Alessandro Vittoria, der auch die wenig überzeugenden Karyatiden des Ein-
gangs schuf.

Der Lagune zu stehen **zwei Granitsäulen,** die der Doge Michieli in den dreißiger
Jahren des 12. Jahrhunderts aus dem Heiligen Land, wohin sie wohl von Naxos aus
gebracht worden waren, mitgehen ließ. Die westliche Säule trägt den ehemaligen

Schutzpatron, S. Teodoro, eine aus antiken Resten zusammengesetzte Figur, auf der anderen steht ein Bronzelöwe, vielleicht eine Arbeit aus dem alten China, vielleicht aus Babylon (Farbtafel 13). 1797 wurde er mit vielen anderen Kunstschätzen von Napoleon geraubt, kehrte aber später nach Venedig zurück.

Der unverbürgte Klatsch erzählt, es seien ursprünglich drei Säulen gewesen, von denen aber beim Ausladen eine ins Wasser gefallen sei. Da die Säulen zu groß für die Markuskirche waren, mit deren Schmuck man damals beschäftigt war, ließ man sie liegen, bis sich 50 Jahre später ein Architekt – es war jener, der auch die erste Brücke über den Rialto spannte, die man noch heute auf den Bildern der Alten sehen kann – entschloß, sie am Ort ihrer Ausschiffung aufzustellen, was ihm auch unter unendlichen Mühen gelang. Der Lohn für die Arbeit wurde ihm freigestellt, und er erbat nur, daß er und seine Nachkommen zwischen den Säulen ein paar Spieltische aufstellen dürften, die einzigen, die es in Venedig gab. Zum Ärger der Regierung wurde nun zwischen den Säulen um Geld gespielt, bis der kluge Doge Andrea Gritti in den dreißiger Jahren des 16. Jahrhunderts erreichte, daß alle Hinrichtungen dort vorgenommen wurden. So kam der Ort in Verruf, und die Glücksspiele hörten auf. Noch heute geht kein Venezianer gern zwischen den Säulen hindurch.

Fragt man, was die Steine der Piazzetta zu berichten hätten – könnten sie sprechen –, so ist die Antwort: Sie würden erzählen, daß die Piazzetta den Anlaß gab für die Feste, die auf der Piazza gefeiert wurden; sie war die Folge und die Ursache der großen Atemzüge der Geschichte. Denn die Piazzetta war nicht nur das Entrée der Stadt, sondern jahrhundertelang auch der Ausgang: Von hier zogen Kaufleute und Seefahrer in die Welt und brachten keineswegs nur Geraubtes zum Schmuck der Markuskirche mit, sondern auch Erkämpftes.

Die Piazzetta sah die Großen fremder Länder kommen, als Bittsteller, als Gäste, als Gesandte, doch nie als Feind. Es ist notwendig, noch einmal zu sagen, daß nie der Fuß eines Feindes den Boden dieser Stadt betreten hat – bis Napoleon kam: »Ich will für Venedig ein Attila sein. Die Regierung ist alt, sie muß fallen.«

Auch die Piazzetta ist leer, wie die Piazza. Dort hatte Colleoni sein Denkmal gewünscht und, um es dort zu bekommen, sein unermeßliches (geraubtes) Vermögen der Stadt hinterlassen. Venedig nahm das Vermögen dankend an und errichtete seinem Condottiere vor San Marco ein Denkmal – jedoch vor der Scuola, nicht vor der Kirche San Marco (neben der Kirche SS. Giovanni e Paolo, der Grabeskirche der meisten Dogen; Abb. 62). Auf der Piazzetta wollte Napoleon das seine und bekam es: Nackt stand der Korse da, wie ein antiker Heros, in der einen Hand das Schwert, in der anderen den Reichsapfel; aber dann verloren sich bald das Schwert, der Reichsapfel und schließlich auch er selbst von der Piazzetta.

Der Dogenpalast

Die Piazza hatte die Feste der Stadt gesehen, die Markuskirche, die großen pathetischen Momente der Geschichte, im Dogenpalast aber, in diesen reich dekorierten, heiteren Räumen, wurden die harten Entschlüsse gefaßt. Es genügt, an zwei zu erinnern: Nach der Eroberung von Byzanz, Anfang des 13. Jahrhunderts, wurde erwogen, Venedig aufzugeben und mit Frau und Kindern, Kontobüchern und Bankkonten nach Byzanz zu übersiedeln.

»Bedenkt doch, daß hier nichts gedeiht, weder Weizen noch Wein, noch Vieh, daß wir alles von außerhalb herbringen müssen, bis auf den Fisch, in Konstantinopel aber hätten wir alles in Reichweite.« *Der Doge Pietro Ziani, 1205*
Nur mit zwei Stimmen Mehrheit wurde dieser kühne Plan abgelehnt.

Als die Spanier Amerika entdeckt, die Portugiesen den Seeweg nach Indien gefunden und die Türken Konstantinopel-Byzanz erobert hatten, wurde Anfang des 16. Jahrhunderts erwogen, den Suezkanal zu bauen. Man hätte so die Waren noch schneller und billiger nach Europa bringen können, als die Portugiesen es vermochten. Auch dieser kühne Plan wurde abgelehnt. Geld wäre genug da gewesen, aber die Nobili erkannten, daß die Welt über den kleinen Stadtstaat hinausgewachsen war. Statt den Suezkanal zu bauen, gaben sie einem jungen Maler, Lautenspieler und Sänger, Giorgione geheißen, den Auftrag, den Fondaco dei Tedeschi am Canal Grande mit Fresken zu schmücken: die profane venezianische Kunst begann.

Und hier, im Palazzo Ducale, von dem aus Venedig sein Weltreich des Handels gegründet hatte und die Fäden gesponnen, die Europa und den Orient einspinnen sollten, hier, wo die Kriege beschlossen wurden, in denen Venedig sein politisches Reich errang, hier, wo das Leben begann, begann auch sein Sterben. Der Tod trug den Namen Napoleon Bonaparte.

»Heute früh bei Tagesanbruch habe ich mit der fünften Halbbrigade die Stadt Venedig, die Inseln und die angrenzenden Forts besetzt.« *Baraguay d'Hilliers an Napoleon, 15. Mai 1797*
Venedig wurde immer von der gleichen Stelle aus regiert und immer mit der gleichen Tendenz und immer von dem gleichen Menschentyp. Von der Zeit der Völkerwanderung bis an die Schwelle unserer Zeit ist es diesen Menschen und dieser Verfassung gelungen,

1 Blick von S. Giorgio Maggiore zur Riva degli Schiavoni. Im Hintergrund die Insel Murano

2   La Giudecca, von S. Giorgio Maggiore gesehen

3 Rio dei Greci mit S. Giorgio dei Greci

4 Rio dei Mendicanti mit Scuola di San Marco

5 Am Canal Grande

6 Rio di S. Barnabà mit Kirche S. Barnabà

7   SAN MARCO, Porta di S. Alippio: Die Markuskirche. Mosaik (um 1265) in der Portalnische

8   SAN MARCO   Die Kirche wurde erbaut, um die 829 aus Alexandria überführten Gebeine des Hl. Markus
aufzunehmen. Sie erhielt die heutige Form im 11. Jh.

9   SAN MARCO, Hochaltar   Ausschnitt aus der ›Pala d'Oro‹. Goldener Altarvorsatz aus Email und Edelsteinen. 10.–14. Jh.   ▷

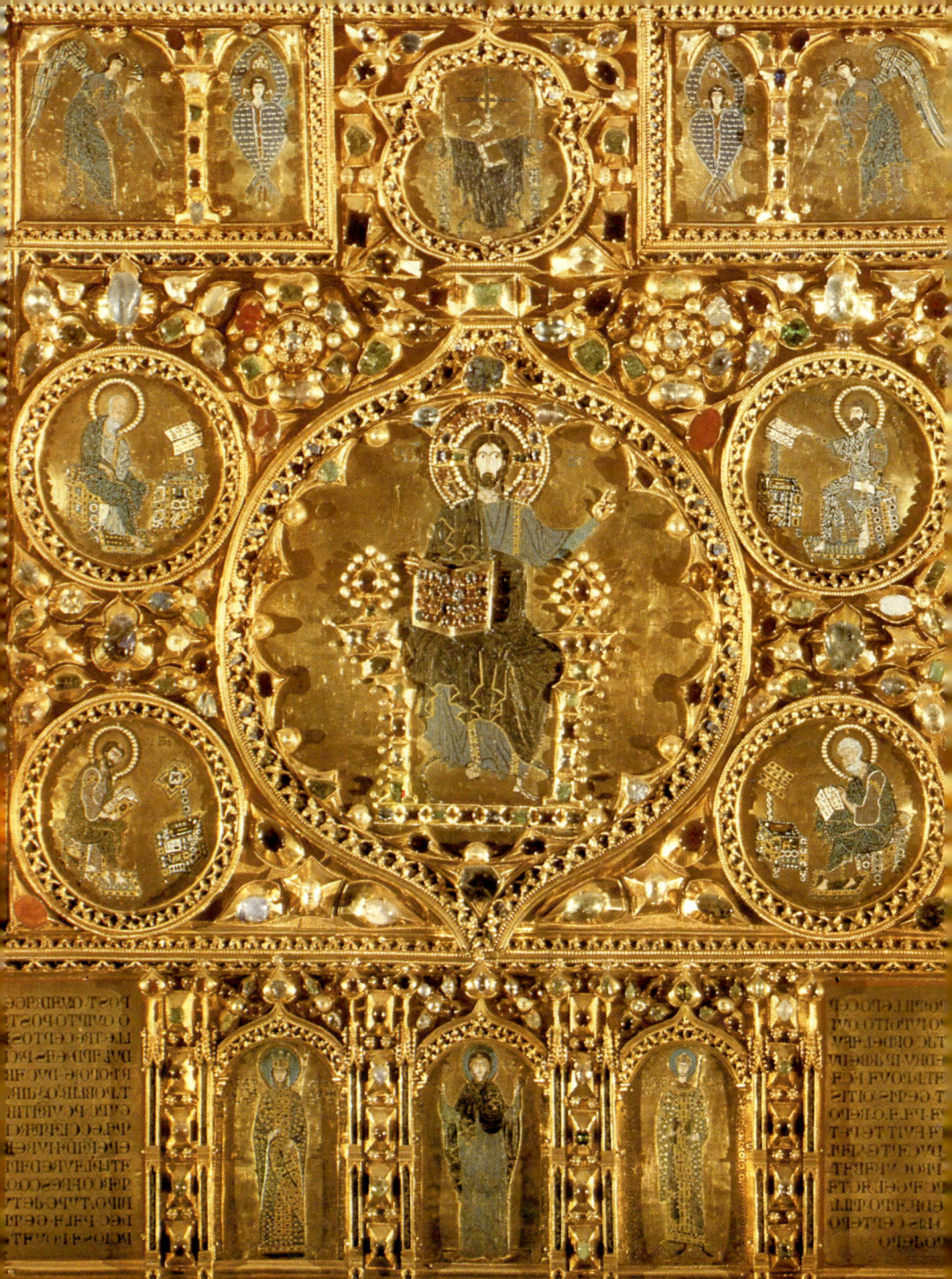

10 Episode aus dem Leben des Hl. Markus. Ausschnitt aus dem Flügelaltar, der die ›Pala d'Oro‹ bedeckte. 1345. Museum San Marco

12   Mosaikfußboden in der Kirche S. Maria della Salute

11   Blick auf S. Maria della Salute, 1631–87 nach Entwürfen von Bald. Longhena erbaut

13 DOGENPALAST MIT PIAZZETTA   Im Hintergrund die Säule mit dem geflügelten Löwen des Hl. Markus. (4. Jh.)

14   Der UHRTURM (Torre dell'Orologio) am Markusplatz. Um 1500

15   Gentile Bellini, Prozession der Reliquie des Hl. Kreuzes auf dem Markusplatz. 1496. Accademia

16 Blick vom Campanile auf den MARKUSPLATZ: V.l.n.r.: Neue Prokuratien (1583–1640); Napoleonischer
Flügel (1810) und Alte Prokuratien (1500 bis um 1532)

17 Vom Dogenpalast führt die SEUFZERBRÜCKE (Ende 16. Jh.) zu den alten Staatsgefängnissen ▷

19 Deckel einer Evangelienhandschrift: Die Hl. Jungfrau, umgeben von Heiligen. Byzantinische Arbeit. 10. Jh. Biblioteca Marciana

20 ›Gondelparkplatz‹ in der Nähe der Piazza di S. Marco

22 Canal Grande mit RIALTOBRÜCKE, 1588–91 von Antonio da Ponte erbaut

23   Palazzo CONTARINI DEL BOVOLO in der Nähe des Campo Manin, 1499 von Giov. Candi erbaut

25 ›Kleopatras Gastmahl‹. Ausschnitt aus einem Fresko von G. Tiepolo im Palazzo Labia

24 Großer Saal im PALAZZO LABIA mit Tiepolo-Fresken

26 Stiller Hof nahe beim Campo S. Maria Zobenigo

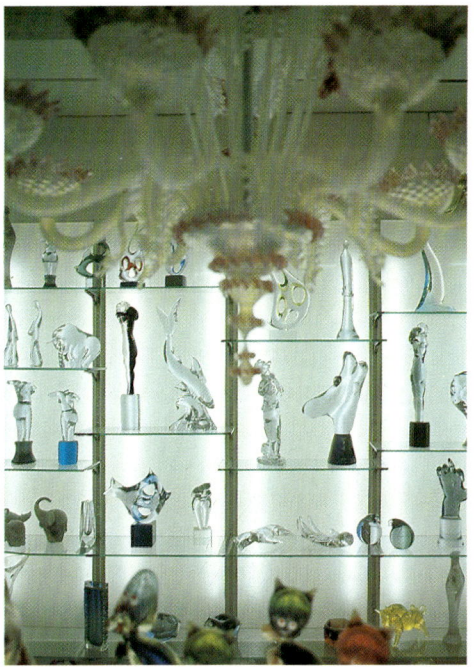

27 Murano-Glasladen

28 Antiquitätenmarkt

29 Kunstschreinerwerkstatt

30 Marktszene

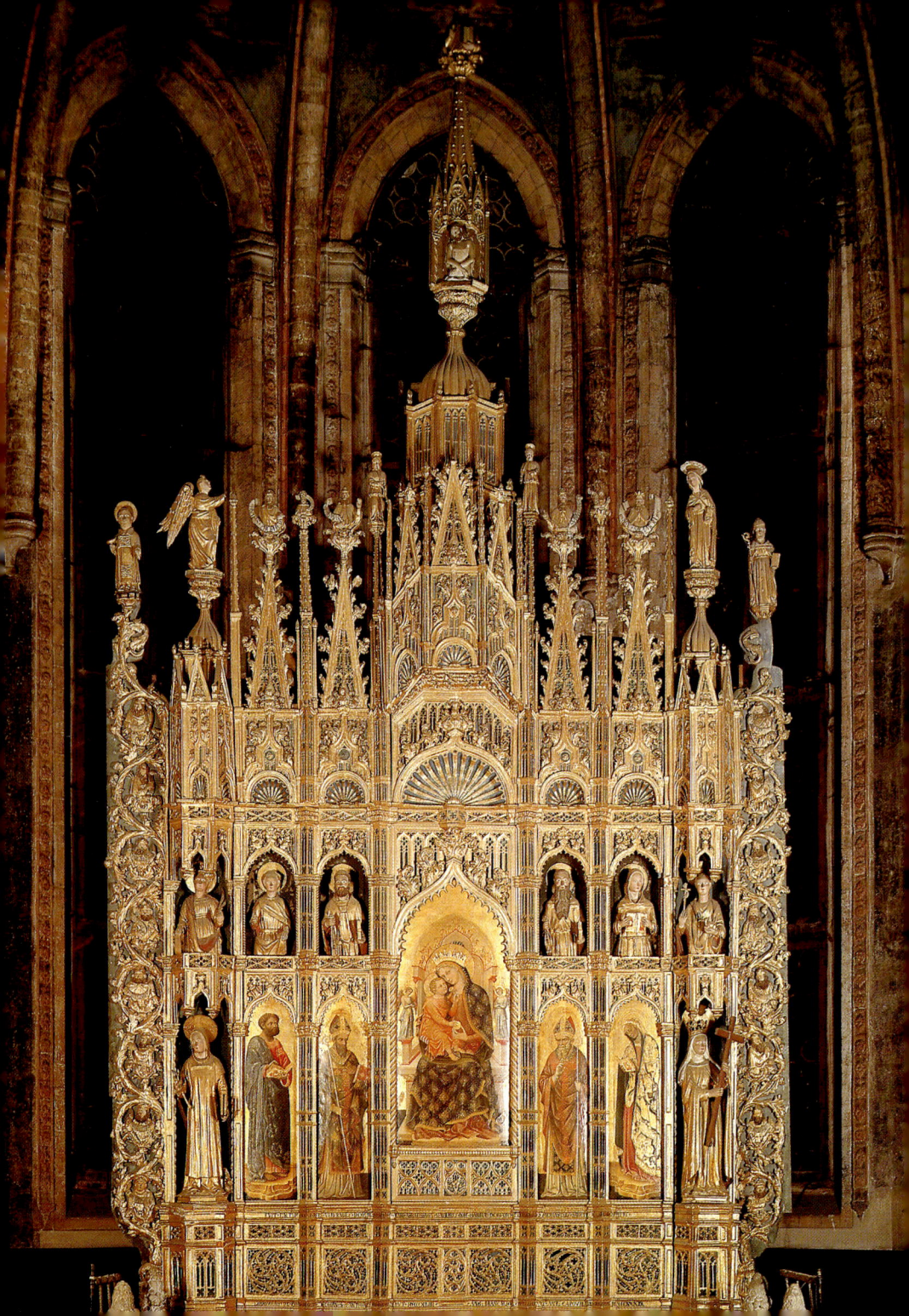

32 Giovanni Bellini, Thronende Madonna mit Kind und vier Heiligen. 1488. Frarikirche

31 Giov. und Ant. da Murano, Corpus-Christi-Altar. 1443. S. Zaccaria (Capella di S. Tarasio)

33 Der wunderbare Fischzug. Miniatur aus dem 11. Jh. Biblioteca Marciana, Cod. Gr. Z 479, Folio 59

34 Jacobello del Fiore (um 1370–1439), Krönung Mariae. 1438. Accademia

35   Abendstimmung auf dem Canal Grande

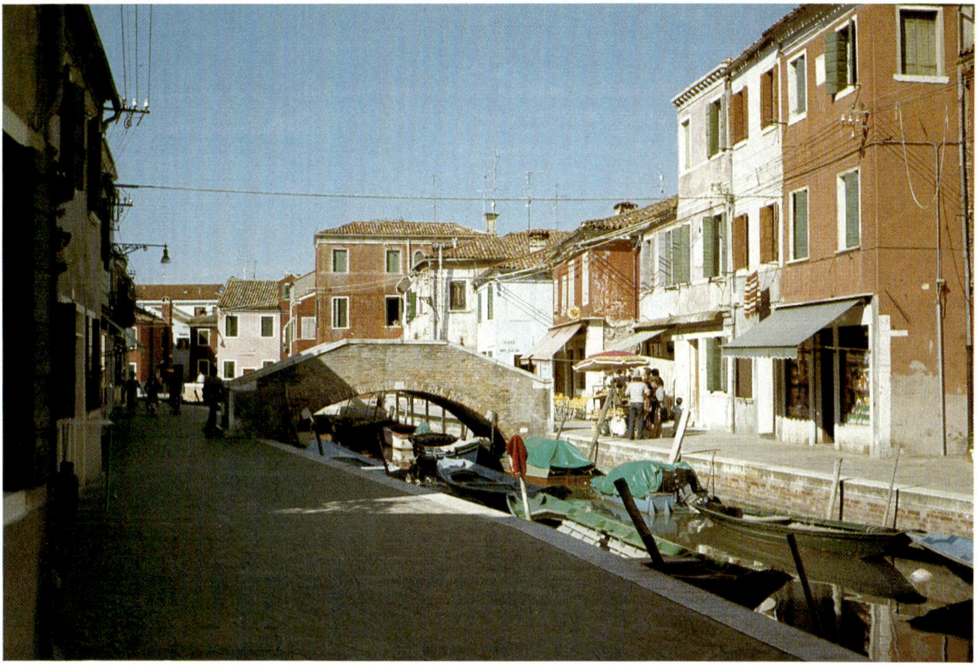

37 Straßenszene auf Burano

36 Waschtag im Arsenal-Bezirk

38 Bunt bemalte Hausfassaden auf Burano

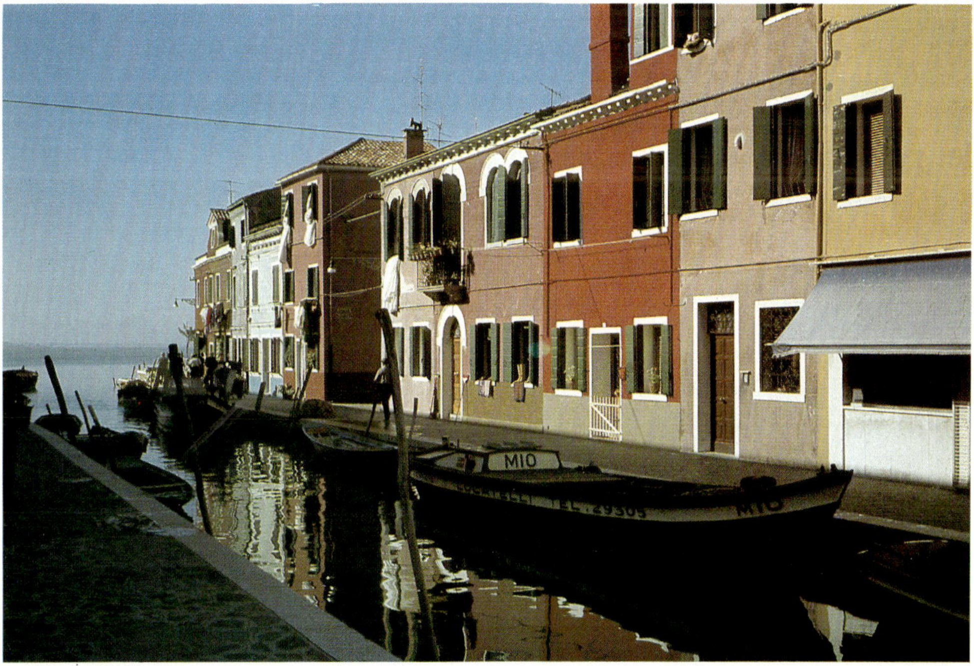

in all dem Wechsel der Kräfte und der Mächte ringsum einen Stadtstaat als freies Staatswesen ein Jahrtausend lang zu halten. Dieses Kunstwerk steht dem nicht nach, in dem es geschaffen wurde: dem Dogenpalast, nach Goethe »das sonderbarste, was der Menschen Geist hervorgebracht hat«.

Das Äußere des Dogenpalastes

Kurze, basislose, aber mit herrlichen Kapitellen geschmückte Säulen tragen eine Galerie mit weißen Marmorsäulen; nur die neunte und zehnte Säule – zur Piazza hin – sind aus rotem Marmor; zwischen ihnen wurden die Todesurteile verlesen. Auf dieser zierlichen Galerie lastet der schwere Block des Palastes (Farbtafel 13). Gotische Fenster und zwei Balkone unterbrechen seine Wucht, und gemindert wird sie durch die diagonal gegeneinander abgesetzten Verkleidungen aus altrosa und weißem istrischen und Veroneser Marmor. Das zinnengekrönte, nur wenig schräge Dach gemahnt noch entfernt an die Burg aus Holz, die ehemals an dieser Stelle stand.

Die Baugeschichte und das Innere

Der Dogenpalast war nie der Repräsentativbau des Repräsentanten der Republik, dem Schloß eines Herrschers vergleichbar. Gewiß, der Doge wohnte hier, bescheiden genug, räumlich begrenzt genug – nur, typisch für Venedig: die Fassade seiner Privaträume, dem Hofe zu, wurde so üppig verziert, wie es nur eben ging. Aber als diese Fassade verziert wurde, das heißt, als der Palast fertig war, hatte der Doge keine Stellung mehr, die auch nur annähernd dem Palast entsprochen hätte, da war er nichts mehr als eine außerordentlich prunkvoll angezogene Marionette.

Wenn man die Prunkräume des Dogenpalastes betritt, drängt sich einem beim Anblick der reich geschnitzten und vergoldeten Decken, der von den größten Künstlern geschaffenen Kamine und Türumrahmungen, der Bilder in goldenen Rahmen die Vorstellung auf, man beträte Festsäle. Doch es wurden nur sehr selten offizielle Staatsfeste hier gefeiert, und weitaus öfter drang heitere Tanzmusik aus den Klöstern als aus dem Dogenpalast. Hier saßen nüchterne Kaufleute, die ein Reich regierten, das vom Schwarzen Meer bis zu den Alpen reichte und auf nichts basierte als auf der Klugheit eben dieser Männer. Die Räume dienten einer der kompliziertesten Regierungen der Welt, einer der sachlichsten zudem, als Amtszimmer. Die Wände jedoch dienten der zwar hybriden, aber notwendigen Selbstvergötterung Venedigs; die Ruhmestaten des Staates für immer zu tragen und allen zu zeigen, dies war ihre Aufgabe; die Ruhmestaten darzustellen, war die Aufgabe aller großen Maler oder besser: die große Ehre für alle Maler.

Ebensolange wie die Entwicklung des Staates zu seinem höchsten Höhepunkt dauerten die Entwicklung seiner Verfassung und der Bau des Dogenpalastes. Alles drei war gleichzeitig fertig. 814, gleich nach der Verlegung des Regierungssitzes von Malamocco hierher, begann Agnello Partecipacio, der 1. Doge Venedigs, der 10. Doge Seevenetiens, auf einem Stück Land des Klosters von San Zaccaria mit dem Bau der hölzernen, zinnengekrönten Burg, die sich unmittelbar an die Kapelle des Hl. Theodor, des Schutzheiligen, ehe Markus geholt wurde, anschloß. Auf drei Seiten war die Burg von Wasser umgeben, da die Piazzetta damals noch ein Stück flacher Lagune war. Wiederholte Brände äscherten den Dogenpalast ein.

Erst nach dem 4. Kreuzzug (1202–04), in dessen Gefolge unerhörter Reichtum, wenn auch gestohlener, nach Venedig kam, begann um 1301 der Bau des heutigen Palastes. Er erstreckte sich von der Theodor-Kapelle bis zur Ponte degla Paglia; die zwei tiefer gelegenen Fenster zur Lagunenseite hin erinnern noch an diesen ersten Bauabschnitt.

Um 1340 wurde der Südflügel, der zur Lagune hin, weitergebaut und ein Stück des Westflügels, zur Piazzetta hin. Die sechste Säule von der Ecke aus im Erdgeschoß und das Relief der thronenden Venezia im Maßwerk des oberen Geschosses bezeichnen das Ende der zweiten Bauperiode.

Man glaubt, daß der Architekt jener Philippo Calendario gewesen sei, der – Staatsbaumeister der Republik wie später Rizzo, Bregno, Sansovino – mit dem 55. Dogen der Republik, Marin Falier, zusammen die Revolution gegen die ausschließliche Adelsherrschaft vorbereitet hatte; diese Verschwörung wurde aufgedeckt und Philippo Calendario an seinem schönen Bau gehenkt (1354), der Doge zu Füßen des Baus geköpft. Bei hundert Dukaten Strafe verbot der Senat, von der Fortführung des Baus auch nur zu sprechen. 1422 zahlte der 64. Doge, Tommaso Mocenigo, die Strafe, und der Senat verfügte den Weiterbau.

Als die Westfront des Palastes unter Mocenigos Nachfolger Francesco Foscari fertig war, fehlte ihr als Abschluß ein Portal, das gleichzeitig auch die Lücke zwischen dem Palast und der heutigen Schatzkammer der Markuskirche ausfüllen sollte. Genau in der Mitte des 15. Jahrhunderts schloß der Senat mit den beiden gotischen Architekten und Bildhauern Giovanni und Bartolomeo Bon einen Vertrag. Vater und Sohn schufen die mit den Skulpturen der Tapferkeit, der Liebe und der Hoffnung geschmückte **Porta della Carta** (Abb. 25); sie bekam ihren Namen, weil hier die Bekanntmachungen der Republik veröffentlicht wurden, hier aber auch die Schreiber saßen, die Bittschriften verfaßten.

Die Porta della Carta ist, abgesehen von ihrer besonderen Schönheit, auch baugeschichtlich wichtig als das letzte gotische Dokument auf venezianischem Boden. Die Frührenaissance beginnt: Um 1483 wurde der Frührenaissance-Bildhauer ANTONIO RIZZO – die Plastik *Adam und Eva* ist von ihm – mit der Gestaltung des Hofs beauftragt (Abb. 4), Rizzo begann die Hoffassade zu schmücken, hinter der die Privatzimmer des Dogen lagen, und nahm den Bau der großen Freitreppe, der **Scala dei Giganti**, in Angriff (Abb. 5).

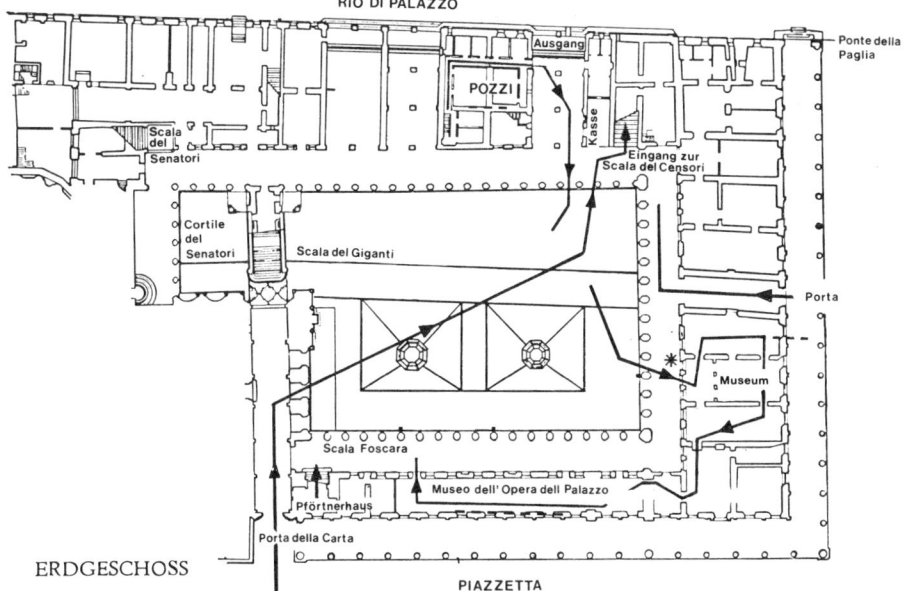

Ponte della
Paglia

Ausgang

POZZI

Kasse

Eingang zur
Scala del Censori

Scala
del
Senatori

Cortile
del
Senatori

Scala del Giganti

Porta

Museum

Scala Foscara

Pförtnerhaus

Museo dell' Opera dell Palazzo

Porta della Carta

ERDGESCHOSS

PIAZZETTA

Der Dogenpalast

Diesen Namen erhielt die Treppe um 1560, als die beiden Standbilder *Mars und Nep-*
tun, oder: Die Macht Venedigs auf dem Land und auf der See, des Bildhauerarchitekten
Jacopo Sansovino, in Masse und Muskeln schwelgend, hier aufgestellt wurden; auf der
Höhe dieser Treppe wurde der Doge gekrönt.

Accipe coronam ducalem ducatus venetiarum

Krönungsformel

Weiter in den dritten Stock führt die **Scala d'Oro** (Goldene Treppe), so genannt,
weil nur jene Männer sie betreten durften, deren Namen im ›Goldenen Buch‹ verzeichnet waren, also nur Regierungsmitglieder. Diese Treppe ist von Sansovino. Wenn
man, sie hinaufsteigend, nach oben blickt, sieht man in der reichen Struktur der Decke
eine der besten Arbeiten des Sansovino-Schülers A. Vittoria. Man betritt das dritte
Stockwerk.

Atrio Quadrato. Das Deckengemälde *Venezia und Justitia überreichen dem Dogen
Schwert und Waage* wurde zwischen 1561 und 1564 von Tintoretto gemalt.
Sala delle Quattro Porte. Dieser quadratische Saal hat – wie der Name sagt – vier
Türen, deren Marmorportale auf Entwürfe von Palladio zurückgehen sollen. Das
Deckengemälde *Jupiter verleiht Venedig die Herrschaft der Meere* ist von Tintoretto.

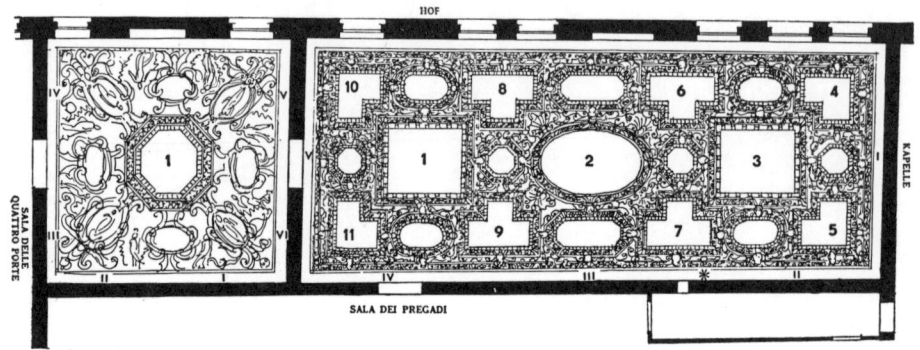

Sala dell'Anticollegio (links) und Sala del Collegio

SALA DEL COLLEGIO (Decke)

1   P. Veronese   ›Mars und Neptun‹
2   P. Veronese   ›Der Glaube als die Kraft der Republik‹
3   P. Veronese   ›Die Gerechtigkeit und der Friede huldigen Venedig‹
4   P. Veronese   ›Die Treue‹
5   P. Veronese   ›Das Gedeihen‹
6   P. Veronese   ›Die Sanftmut‹
7   P. Veronese   ›Die Wachsamkeit‹
8   P. Veronese   ›Die Schlichtheit‹
9   P. Veronese   ›Die Dialektik‹
10 P. Veronese   ›Die Belohnung‹
11 P. Veronese   ›Die Mäßigung‹

SALA DEL COLLEGIO (Wände)

I   P. Veronese   ›Sebastiano Venier als Sieger der Schlacht von Lepanto‹
II   J. Tintoretto und Schule   ›Der Doge Alvise Mocenigo dankt dem Erlöser für die Befreiung von der Pest‹ (1576)
III J. Tintoretto und Schule   ›Der Doge Nicolò da Ponte fleht um den Schutz der Jungfrau‹
IV   J. Tintoretto und Schule   ›Die mystische Vermählung der H. Katharina‹ und ›Der Doge Francesco Donato im Gebet‹
V   J. Tintoretto   ›Der Doge Andrea Gritti mit der Madonna‹

SALA DELL'ANTICOLLEGIO (Decke)

1   P. Veronese   ›Venezia teilt Ehren aus‹

SALA DELL'ANTICOLLEGIO (Wände)

I   P. Veronese   ›Entführung der Europa‹
II   J. Bassano   ›Jakob kehrt aus Kanaan zurück‹
III J. Tintoretto   ›Merkur und die Grazien‹
IV   J. Tintoretto   ›Die Schmiede des Vulkan‹
V   J. Tintoretto   ›Ariadne, Bacchus und Venus‹ (Abb. 8)
VI   J. Tintoretto   ›Minerva vertreibt Mars‹

Unter den Wandgemälden *Der Glaube* von Tizian und *Neptun bietet Venezia die Schätze des Meeres dar* von Tiepolo (Abb. 9).

Sala dell'Anticollegio. Die Wandgemälde stammen von Tintoretto *(Merkur und die Grazien; Die Schmiede des Vulkan; Minerva vertreibt Mars; Ariadne, Bacchus und Venus;* Abb. 8) mit Ausnahme der *Entführung Europas* von Veronese und *Jakob kehrt aus Kanaan zurück* von Jacopo Bassano.

Sala del Collegio. Dieser Saal diente seit 1574 als Sitzungs- und Empfangsraum des ›Collegios‹, des Staatsrates. Die herrliche Decke gestaltete Antonio da Ponte, und Veronese schuf die Deckengemälde. Über dem Dogenthron das Wandbild *Sebastiano Venier als Sieger der Schlacht von Lepanto* (1571) von Veronese. Die Bilder gegenüber den Fenstern und dem Thron stammen von Tintoretto und seiner Werkstatt.

Sala del Senato. Das Deckengemälde *Venedig als Königin der Meere* ist von Tintoretto, ferner werden ihm eine *Kreuzabnahme* an der Thronwand und ein wichtiges Bild an der Längswand *Der Doge Loredan bittet Maria um Hilfe* zugeschrieben (Abb. 6).

Weitere wichtige Räume: **Sala del Consiglio dei Dieci** (Deckenbild *Alter und Jugend* von Veronese) und **Sala della Bussola,** Vorraum für die Sala del Consiglio dei Dieci und Warteraum für diejenigen, welche von den Richtern und später den Inquisitoren vorgeladen waren.

Zu den großen Heimsuchungen Venedigs gehörten die Feuersbrünste. 1474 und 1577 brannte der Dogenpalast, und es verbrannten die Bilder Giovanni Bellinis und Tizians wie die der frühen Maler.

Am 18. Januar 1578 forderten die drei Provveditoren des Palastes verschiedene Architekten auf, sie sollten ihnen Vorschläge machen, wie denn der Dogenpalast wieder aufgerichtet werden solle. In die engste Wahl kamen Palladio, der Architekt der Kirchen Redentore und S. Giorgio Maggiore, und Antonio da Ponte, der Schöpfer der Rialtobrücke, der Seufzerbrücke und des Gefängnisses. Palladio, der strenge und unerbittliche Vertreter der Hochrenaissance, wollte den beschädigten Bau ganz abtragen lassen und einen neuen Renaissancebau an die Stelle setzen. Da Ponte schlug vor, den Dogenpalast genauso wiederherzustellen, wie er vor dem Brand gewesen war. Zum Glück aller Späteren siegte da Ponte. Denn der Dogenpalast gehört wie das Grab der Galla Placidia in Ravenna, wie das Castell del Monte in Apulien, wie die Alhambra in Granada zu den unwiederholbaren, einmaligen und unersetzbaren Bauwerken der Welt.

Der Saal des Großen Rates

Im dritten Stock lagen die Amtsräume der Republik, im zweiten Stock der große **Saal des Großen Rates.** Er ist in der Tat sehr groß: 54 m zu 25 m. Als er im ersten Drittel des 15. Jahrhunderts fertig war und ausgemalt von jenen frühen Künstlern, die Venedig, weil die Stadt selbst noch keine besaß, hatte kommen lassen – wie z. B. Gentile da

G. B. Brustolon (1712–1796), Der Saal des Großen Rates während einer Sitzung. Stich nach einem Gemälde von Canaletto. Museum Civico Correr

Fabriano aus Umbrien, den Lehrer Jacopo Bellinis –, schufen die Brüder Masegne den kleinen Balkon an der Süd-Lagunenseite, eines der kostbarsten gotischen Kunstwerke Venedigs.

Nach dem großen Brand im 16. Jahrhundert, der die Bilder und Fresken der früheren Maler vernichtete, malte, unter anderen Größen und Greisen, auch der über siebzigjährige TINTORETTO das umfangreichste Ölbild der Welt von 150 Quadratmetern, *Das Paradies*, eine immense physische Leistung. Unterhalb des Plafonds zieht sich ein Fries hin, auf ihm sind, meist aus der Phantasie des Tintoretto und anderer nicht ganz so berühmter Maler wie Leandro Bassano und Jacopo Palma geschaffen, Dogen dargestellt. Ein Platz ist übermalt. Er gehörte Marin Falier, dem Rebellen, dem 55. Dogen aus der Mitte des 14. Jahrhunderts. »Hic est locus Marini Falieri decapitati pro criminibus« steht auf der übermalten Stelle.

Die Decke zeigt über dem Thron *Das triumphierende Venedig* (Abb. 10), *Friede, Überfluß* und *Die Grazien krönen Venedig* von Paolo Veronese, nach der Mitte von Tintoretto *Die Apotheose Venedigs*. Vom Balkon des Saales aus hat man eine herrliche Aussicht auf die Lagune.

Die Historiker streiten sich, in welchem Jahr genau der Große Saal eingeweiht worden sei. Viele glauben, daß es im Jahre 1424 geschah; das wäre unter Francesco Foscari gewesen, dessen Porträt, von Bregno geschaffen, die Porta della Carta schmückt.

Zwei Jahre waren verstrichen, seit Foscaris Vorgänger Mocenigo seine berühmte Sterberede gehalten hatte, in der er den Reichtum des Staates in Zahlen aufriß. Doch noch immer stand Venedig nicht ganz auf der Höhe seiner Macht. Unter dem Dogat von Francesco Foscari erreichte es diese Höhe durch die Eroberung der Terra Ferma, des Besitzes auf dem Festland Italiens; aber unter Francesco Foscari traten auch die ersten Katastrophen ein: die Eroberung von Byzanz durch die Türken (die beiden anderen: die Entdeckung Amerikas und des Seewegs nach Indien folgten auf dem Fuße).

Am 12. Mai 1797 war, unter dem 120. Dogen Ludovico Manin, der Große Rat zum letzten Mal versammelt. Von den 547 anwesenden Mitgliedern sagten nur dreißig ›Nein‹, als die Serenissima, die erhabene Republik, sich selbst von der Liste der Staaten ausstrich. Gestrichen worden wäre sie auf jeden Fall; so aber ersparten die Nobili der Nachwelt ein Ruinenfeld mehr in Europa.

Kirchen, Museen und Kunstsammlungen in den Palästen

Die Kuppelkirche **Santa Maria della Salute** wurde 1631–87 nach Entwürfen von Bald. Longhena zum Dank für die Errettung der Stadt von der Pest gebaut. Einzigartig ist ihre Lage an der Mündung des Canal Grande in den Canale di San Marco. Die Barockkirche ist achteckig mit einer gewaltigen Fassade zum Canal Grande hin. Die Kuppel wird von acht Säulen gestützt, die die Venezianer in Istrien aus einem antiken Tempel stahlen (Farbtafel 11).

Das ruhige, fast nüchterne Innere zeigt Meisterwerke der beiden Malerfürsten Tizian und Tintoretto. Altarkapelle links vom Hochaltar: *Ausgießung des Heiligen Geistes* von Tizian. Die Tür links vom Hochaltar führt zur großen Sakristei. Altarbild (*Thronender Markus mit vier Heiligen,* 1512) und Deckengemälde (*Kain erschlägt Abel; Opfer Abrahams; David und Goliath,* 1543) sind ebenfalls von Tizian. An den Wänden weitere sehenswerte Gemälde, darunter Tintorettos *Hochzeit zu Kana* (1561).

Man sollte nach dem Besuch der Kirche – besser aber in der Abenddämmerung – die paar Schritte weitergehen zur Punta della Salute, um den köstlichen Blick auf die Riva degli Schiavoni zu genießen.

Neben der Salute liegt das **Seminario Patriarcale** in dem eine sehenswerte Skulpturen- und Gemäldesammlung untergebracht ist.

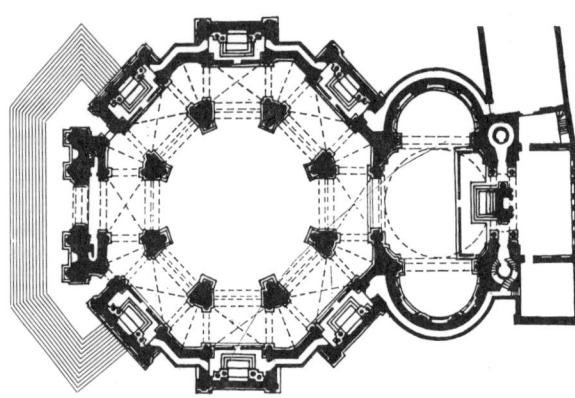

Santa Maria della Salute
(Grundriß)

Genau das Gegenteil von San Giorgio Maggiore und der Salute ist die Kirche **San Trovaso** (SS. Gervasio e Protasio), Ende des 16. Jahrhunderts vollendet. Sie fügt sich harmonisch und geschickt ein in kleine Schiffswerften und schmale Kanäle. Sie ist äußerlich bescheiden und anspruchslos, birgt aber in ihrem Inneren Bilder von hohem Rang.

Im Chor befinden sich Arbeiten von Tintoretto (*Die Versuchung des Hl. Antonius*, um 1577) und seiner Werkstatt (*Anbetung der Heiligen Drei Könige* und *Joachim wird aus dem Tempel verwiesen*). Im linken Querschiff ein berühmtes Frühwerk Tintorettos: *Abendmahl* (um 1555).

In der Kapelle links vom Chor ein Hauptwerk venezianischer Tafelmalerei: *Der Hl. Chrysigonus* von Michele Giambono, vor 1440 gemalt (Abb. 65).

An der rechten Kirchenwand eine Madonna von Giovanni Bellini und in der Sakristei eine Madonna der Rosalba Carriera.

Es wird vielleicht auf der ganzen Welt kein Gebäude geben, das so vollendet innen wie außen ist, charmant und liebenswürdig, bezaubernd und harmonisch, wie die Kirche **Santa Maria dei Miracoli** (1481–89), gebaut von dem Lehrherrn aller Meister der venezianischen Frührenaissance: Pietro Lombardo. Anlaß zum Bau dieser Votivkirche war ein kleines Marienbild, das heute auf dem Hochaltar steht und das seit 1477 als wunderkräftig verehrt wird. Diese Kirche nicht gesehen zu haben, ist ein Verlust (Abb. 39, 42).

Im 14. Jahrhundert baute der Bettelorden des Heiligen Dominikus die Kirche **Santi Giovanni e Paolo** im gotischen Stil. Die Fassade blieb unvollendet. (Abb. 60). Der Innenraum beeindruckt durch seine Weite und Kühle (Abb. 55).

SS. Giovanni e Paolo, in Venedig nur ›San Zanipolo‹ genannt, diente fünfundzwanzig Dogen als Grabstätte. Es genügt, an den Grabsteinen vorüberzugehen und zu beobachten, mit welch zunehmendem Aufwand die in ihrer Macht immer mehr eingeengten Dogen hier ihre Denkmäler bekamen. Einige von ihnen sind schön, so das gotische Grab von Michele Morosini (gest. 1382) im Chor, das Grab des Dogen Pietro Mocenigo (gest. 1476), ein Meisterwerk der Frührenaissance von Pietro Lombardo, und das des Dogen Andrea Vendramin (gest. 1478) von Tullio Lombardo. Außerdem das gotische Grabmal des Generals Cavalli von Paolo und Jacobello dalle Masegne. An der linken Wand des linken Querschiffes das hölzerne gotische Reiterstandbild des Leonardo da Prato (gest. 1511).

Die Kirche besitzt gute Bilder: in der Cappella della Pace von Leandro Bassano *Das Wunder des Hl. Hyazinth,* in der nächsten Kapelle ein Deckenbild von Gianbattista Piazzetta, in der ersten Kapelle links vom Chor das Altarbild von Leandro Bassano und ein Bild von Veronese *Anbetung der Hirten.*

Im linken Querschiff, in der Cappella del Rosario ein Deckengemälde von Veronese, im linken Seitenschiff unter der Orgel drei Bilder von Bartolomeo Vivarini, rechts und links der Tür zur Sakristei Holzschnitzereien von Jacopo Piazzetta und im rechten Querhausflügel ein *Kreuztragender Christus* von Alvise Vivarini.

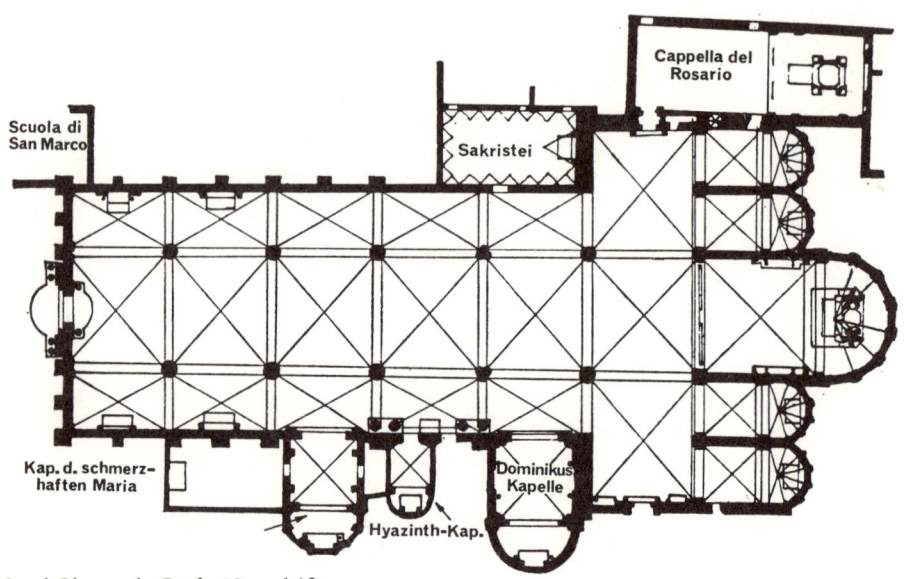

Santi Giovanni e Paolo (Grundriß)

Neben SS. Giovanni e Paolo liegt die ehemalige **Scuola di San Marco** (Abb. 60) mit einer der schönsten Renaissancefassaden Venedigs, geschaffen von den Lombardis und Mauro Codussi. Über der Eingangspforte ein Marmorrelief des Bildhauers Bartolomeo Bon (*Hl. Markus inmitten der knienden Bruderschaft*, Mitte 15. Jh.).

Auf dem schöngeschnittenen Platz steht vor der Kirche und der Scuola – leider durch seinen zu hohen, wenn auch künstlerisch sehr schönen Sockel von Leopardi, 1496, den Blick auf die Gebäude störend – das *Reiterstandbild des Condottiere* (Heerführer) *Colleoni* aus Bergamo (1400–1475). Er hatte der Republik geholfen, ihr Landreich zu vergrößern und vermachte ihr sein bedeutendes Vermögen unter der Bedingung, daß er vor der Kirche San Marco ein Denkmal bekäme. Venedig zog es vor, an die Scuola di San Marco zu denken. Im Wettbewerb der bedeutendsten italienischen Bildhauer siegte der Florentiner ANDREA DEL VERROCCHIO (1436–1488); der Colleoni ist seine letzte Arbeit (Abb. 62).

Es gehört zu den Kuriositäten dieser Stadt, daß ihr Reichtum nicht in aufwendigen Kirchenbauten seinen Niederschlag fand. Es waren die beiden nur vom Bettel lebenden Orden, die Dominikaner und die Franziskaner, die Gotteshäuser von einem jedes Normalmaß sprengenden Ausmaß schufen. Die Dominikaner die Kirche SS. Giovanni e Paolo und die Franziskaner die Kirche **Santa Maria Gloriosa dei Frari** (Abb. 41, 43).

Sie ist ein gotischer Ziegelbau mit schöner und einfacher Fassade. Auch die ›Frari‹, wie sie nur genannt wird, war Grabeskirche der Dogen. Sehr schön ist, an der Eingangswand, das Grab des Simone Dandolo von Paolo dalle Masegne, dann, im Presbyterium das Frührenaissancegrabmal des Dogen Nicolò Tron (gest. 1473) von Antonio Rizzo.

In der Frari ist Tizian beerdigt worden. Kaiser Ferdinand I. von Österreich ließ ihm ein wirklich schreckliches Grabmal errichten (rechtes Seitenschiff neben dem ersten Altar), das nur noch von dem Grab Antonio Canovas (linkes Seitenschiff) übertroffen wird.

Kostbarkeiten dieser Kirche sind: das geschnitzte Stuhlwerk im Mittelschiff von Marco da Vicenza; im rechten Querschiff, links von der Sakristeitür, das hölzerne Reiterstandbild des Fürsten Paolo Savelli (gest. 1405), die erste Ehrenstatue zu Pferd, die Venedig einem Condottiere bewilligt hat. In der Sakristei finden wir Giovanni Bellinis *Thronende Madonna mit Kind* zwischen den Heiligen Nikolaus und Petrus links und Benedikt und Markus rechts (1488, Farbtafel 32). Das Bild wurde für diese Stelle gemalt und befindet sich im Originalrahmen des Jacopo da Faenza.

In der ersten Chorkapelle ein Triptychon von Bartolomeo Vivarini und in der Mittelkapelle des Chors Tizians *Assunta* (1516–18), sein berühmtestes, aber gewiß nicht sein großartigstes Werk.

In der dritten Grab- und in der vierten Taufkapelle je ein Bild von Antonio Vivarini und im linken Seitenschiff wieder ein weltberühmtes Werk von Tizian *Die Madonna* mit den Heiligen der thronenden Madonna mit dem Kind dankt (Abb. 67).

Auf der Westseite der Frarikirche, auf dem Campo San Rocco (Abb. 54) betritt man in der **Kirche San Rocco** und in der **Scuola di San Rocco** die Welt von Tizians großem Gegenspieler Tintoretto. Kirche und Scuola wurden beide von Bartolomeo Bon gebaut. Später gab ihnen Tintoretto ihre Größe, denn für sie schuf er seine schönsten Werke. Besonders die Scuola di San Rocco mit den sechsundfünfzig Riesengemälden Tintorettos, die künstlich, aber sehr gut beleuchtet werden, darf sich kein Besucher Venedigs, auch wenn seine Zeit noch so knapp ist, entgehen lassen.

Auf der Giudecca, dem ehemaligen Judenviertel, baute Andrea Palladio (1577–92), prächtig und kühl, die Erlöserkirche **Il Redentore**. Die Kirche ist für den Anblick von der Piazzetta und vom gegenüberliegenden Ufer aus gedacht. Die Fassade aus istrischem Stein ist schon von weither sichtbar (Abb. 93). Der hohe Innenraum wirkt durch seine Geschlossenheit (Abb. 91).

Rechts in der ersten Kapelle: Francesco Bassano, *Geburt Christi*. Das Altarbild in der dritten Kapelle – eine *Geißelung* – stammt aus der Werkstatt Tintorettos. Außerdem birgt die Kirche eine Reihe schöner Madonnenbilder.

Nicht weil sie das besitzt, was in Venedigs Kirchen selten nur zu finden ist, nämlich ein gutes Licht, sondern weil sie in diesem guten Licht auch sehr schöne Bilder zeigt, lohnt es sich, die Kirche **Santa Maria del Rosario** kurz ›I Gesuati‹ genannt, zu besuchen (Abb. 58). Sie wurde 1726–36 nach Plänen Giorgio Massaris erbaut. Das Decken-

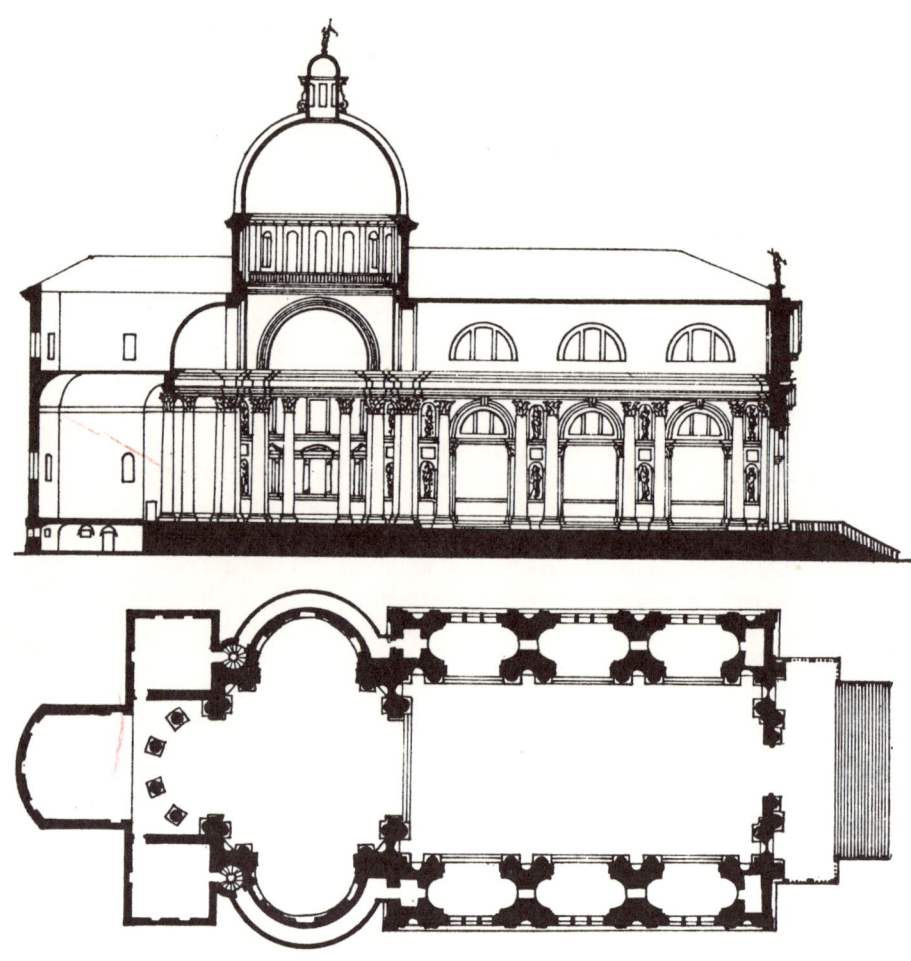

Il Redentore (Längsschnitt und Grundriß)

gemälde, der erste Altar rechts und der vierte Altar links sind von Tiepolo, der zweite Altar von G. Piazzetta. Das Altarbild der ersten Kapelle stammt von Seb. Ricci.

Madonna dell'Orto ist eine spätgotische Kirche. Ihr Name leitet sich von einem Muttergottesbild ab, das unter wunderbaren Umständen in einem nahen Garten gefunden wurde. Die Fassade ist ein schönes Beispiel einer spätgotischen Kirchenfront, über dem Portal eine Verkündigungsgruppe, wahrscheinlich von B. Bon.

Madonna dell'Orto ist die Grabeskirche von Tintoretto und seinem Sohn und Mitarbeiter Domenico (Kapelle rechts vom Chor). Sie besitzt sehr schöne Tintorettos: im Chor *Das Jüngste Gericht* (rechts), *Die Anbetung des Goldenen Kalbes* und *Moses empfängt die Gesetzestafeln* (links); im linken Seitenschiff in der zweiten Kapelle: *Tempelgang Mariae.* Das Altarbild in der vierten Kapelle stellt die *Hl. Agnes* dar, die den Sohn des römischen Präfekten wieder zum Leben erweckt (um 1569).

Andere Bilder: rechtes Seitenschiff, erster Altar, Cima da Conegliano, *Johannes der Täufer,* und – zwischen dem ersten und zweiten Altar – ein kleines Madonnenbild von Giovanni Bellini, das stark von Andrea Mantegna beeinflußt ist. Über der Sakristei eine Madonnenstatue aus dem 14. Jahrhundert von Giovanni de Sanctis.

Die Kirche **San Sebastiano** sollte man wegen Paolo Veronese besuchen. Man wird diesen heiteren Maler, der hier seine letzte Ruhestätte fand, nur noch in der Provinz so gut kennenlernen wie in dieser Kirche, deren Wände, Decken und Orgeltüren er mit seinen kräftigen, farbigen Bildern geschmückt hat (Abb. 57).

Vielleicht sollte man noch raten zu der Kirche **San Zaccaria,** die an der Schwelle zur Frührenaissance von Antonio Gambello und Mauro Codussi gebaut wurde (Abb. 63). Auf dem Hauptaltar eine Madonna von Tizian, an den Wänden Bilder aus der Schule des Veronese, außerdem von Tintoretto *Die Geburt Johannes des Täufers.* Im linken Seitenschiff auf dem zweiten Altar eine *Madonna* (1505) von Giovanni Bellini. (Abb. 66). In der gotischen Kapelle San Tarasio Fresken des Florentiners Andrea Castagno (1442), byzantinische Mosaiken und Holzschnitzaltäre von Antonio Vivarini und Giovanni da Murano (Farbtafel 31).

Die Kirchen San Giorgio Maggiore (s. S. 233 ff.) und Santa Maria Assunta auf der Insel Torcello (s. S. 238 f.).

Da in der **Accademia** (eigene Haltestelle am Canal Grande) die Bilder gelegentlich umgehängt werden, empfiehlt es sich, im Museum einen Führer zu kaufen. Außerdem sind alle Bilder ausreichend beschriftet.

Diese bedeutendste Sammlung venezianischer Malerei vom 14. bis zum 18. Jahrhundert ist seit 1809 in den Räumen der alten Kirche und dem dazugehörigen Kloster Santa Maria della Carità untergebracht (montags geschlossen, sonst meist nur bis 14 Uhr geöffnet). Wir erwähnen die wichtigsten Werke:

Jacobello del Fiore ›Krönung Mariae‹ (Farbtafel 34); ›Justitia auf dem Löwenthron‹
Lorenzo Veneziano ›Verkündigung‹; ›Vermählung der Hl. Katharina‹
Paolo Veneziano ›Krönung Mariae‹ (Polyptychon); ›Thronende Madonna‹
Michele Giambono ›Marienkrönung‹
Alvise Vivarini ›Thronende Madonna mit Kind‹
Antonio Vivarini ›Vermählung der Hl. Monika‹; Madonna mit Kind‹

Bartolomeo Vivarini ›Der Hl. Ambrosius‹

Gentile Bellini ›Prozession auf dem Markusplatz‹ (Farbt. 15); ›Wunder der in den Kanal S. Lorenzo gefallenen Reliquie‹; ›Lorenzo Giustinian‹; ›Madonna mit Kind‹ (Abb. 72)

Giovanni Bellini ›Pala di Giobbe‹; ›Madonna mit dem Kind und roten Cherubinen‹ (Abb. 75); ›Madonna mit dem Kind zwischen den Hl. Katharina und Magdalena‹; ›Pietà‹ (Abb. 73) sowie eine Reihe weiterer Madonnen

Jacopo Bellini Madonnen

Andrea Mantegna ›Hl. Georg‹

Piero della Francesca ›Der Hl. Hieronymus‹

Giorgione ›Der Sturm‹; (Abb. 74) ›Alte Frau mit Schriftrolle‹

Vittore Carpaccio ›Darstellung im Tempel‹ (vgl. Abb. 76); Bilderzyklus der ›Ursula-Legende‹ (vgl. Abb. 77); ›Heilung eines Besessenen durch die Kreuzreliquie‹ (Abb. 79); ›Ankunft der Gesandten‹

Paris Bordone ›Ein Fischer bringt dem Dogen den Ring des Hl. Markus‹

Lorenzo Lotto ›Porträt eines Edelmannes‹

Jacopo Palma Vecchio ›Sacra Conversazione‹

Paolo Veronese ›Gastmahl im Hause des Levi‹ (Abb. 80). Ursprünglich hieß das Bild ›Das Abendmahl‹. Doch da Veronese des Bildes wegen mit der Inquisition in Konflikt kam, änderte er den Titel. – ›Mystische Vermählung der Hl. Katharina‹; ›Verkündigung‹; ›Thronende Madonna und Heilige‹; ›Nikolaus, verehrt von den Bewohnern der Stadt Mira‹; ›Stigmatisation des Hl. Franz‹

Tizian ›Pietà‹ (Abb. 81); ›Tempelgang Mariae‹

Tintoretto ›Wunder des Hl. Markus‹ (vgl. Abb. 82); ›Der Leichnam des Hl. Markus wird aus Alexandrien entführt‹; ›Beweinung Christi unter dem Kreuz‹; ›Adam und Eva‹; ›Kain und Abel‹; ›Madonna, von drei Kämmerern verehrt‹

Marco Ricci ›Flußlandschaft‹

Francesco Zuccarelli ›Der Raub der Europa‹

Jacopo Bassano ›Der Hl. Hieronymus‹; ›Anbetung der Hirten‹

Gianbattista Tiepolo ›Gestalten im Gebet‹; ›Auffindung des Kreuzes durch die Hl. Helena‹; vier Mythologien

Gianbattista Piazzetta ›Die Wahrsagerin‹; ›Christus am Kreuz‹

Rosalba Carriera Pastellbilder

Canaletto ›Scuola di San Rocco‹; ›Blick in eine Kolonnade und einen Hof‹

Francesco Guardi ›San Giorgio Maggiore‹ und weitere venezianische Stadtansichten

Pietro Longhi ›Das Konzert‹; ›Die Tanzstunde‹; ›Der Zahnbrecher‹ (Abb. 78)

Das **Museo Civico Correr** in den Neuen Prokuratien enthält neben einer Sammlung zur Stadtgeschichte Venedigs (Staatsgewänder, topographische Karten, Münzsammlung, Trophäen, Gläser, Schlachtenbilder, Dogenbildnisse, Fahnen etc.) auch eine Bildergalerie mit Werken vor allem der venezianischen Malerei. Wir erwähnen die wichtigsten Bilder:

Alvise Vivarini   ›Der Hl. Antonius‹
Gentile Bellini   ›Der Doge Giovanni Mocenigo‹; ›Der Doge Foscari‹ (vielfach auch Lazzaro Bastiani zugeschrieben; Abb. 23)
Giovanni Bellini   ›Verklärung Christi auf dem Berge Tabor‹; ›Christus am Kreuz zwischen Maria und Johannes‹; ›Engel zeigen den toten Christus‹; ›Madonna mit Kind‹ (Abb. 24)
Vittore Carpaccio   ›Die Kurtisanen‹ (Abb. 29); ›Maria Heimsuchung‹
Unter den Gemälden befinden sich auch Werke deutscher und niederländischer Meister wie Hugo van der Goes, Dirk Bouts, Rogier van der Weyden und Pieter Brueghel.

Die Galleria Franchetti in der Ca' d'Oro (Farbtafel 21) – ebenfalls am Canal Grande – nicht besucht zu haben, wird man sich nie verzeihen. In diesem ›Goldenen Haus‹, von Giovanni und Bartolomeo Bon für die Familie Contarini erbaut, findet die venezianische Gotik ihren schönsten Ausdruck. Die Ca' d'Oro zeigt die Welt eines reichen Venezianers aus dem 15. Jahrhundert.

Im ersten Stock beachte man die Kapelle mit dem ›Heiligen Sebastian‹ von Mantegna. In der *Sala del Soffitto d'Oro,* mit geschnitzter und vergoldeter Kassettendecke, befindet sich in einem schönen Renaissancerahmen Tizians ›Venus vor dem Spiegel‹.

Der *Marmorsaal* enthält kostbare orientalische Teppiche, während der gegenüberliegende *Bronzesaal* mit wertvollen Möbeln und Bronzen aus der Renaissance ausgestattet ist. Hier befinden sich zwei Bilder von Carpaccio: ›Verkündigung‹ und ›Tod Mariae‹, ferner von Lorenzo Veneziano eine Madonna.

Im *Holztreppensaal* (Sala della Scala di Legno) sind schöne Beispiele früher venezianischer Malerei zu sehen.

Im zweiten Stock befinden sich Bilder von Cima da Conegliano, Tintoretto, Domenico Tiepolo, Alessandro Longhi, venezianische Ansichten von Guardi und eine Medaillen-Sammlung. Die Bilder und Kunstwerke sind nicht beschriftet; es ist klüger, sich einen Führer zu kaufen, als die Wärter um Auskunft zu bitten.

Im Hof der Ca' d'Oro steht die schöne Zisterne (1427), von Bartolomeo Bon gemeißelt. Man sollte nicht versäumen, beim Besuch der Ca' d'Oro einen Blick aus den Fenstern auf den Canal zu werfen.

Nirgends kann man die Welt des venezianischen 18. Jahrhunderts besser bewundern als in der **Ca' Rezzonico** am Canal Grande. Der Bau wurde 1660 von Longhena errichtet und von G. Massari um 1750 vollendet. An der Ausstattung der Innenräume haben zwischen 1750 und 1760 die besten Künstler Venedigs gearbeitet; so auch Giambattista Tiepolo (Fresken) und Guardi.

Der Palazzo zeigt in seinen drei Stockwerken die Welt eines reichen Venezianers, der seine Decken von den größten Malern seiner Zeit ausmalen, der Frau und Töchter von Rosalba Carriera porträtieren ließ, der seine Wände mit Gobelins und Bildern von

Guardi und Longhi schmückte. Man sieht die Instrumente, die er spielte, und die Kleider, die er trug.

Im dritten Stock befindet sich die Nachbildung einer hübsch und kostbar ausgestatteten Apotheke der damaligen Zeit.

Der Palazzo Querini-Stampalia, hinter der Kirche Santa Maria Formosa, birgt im ersten Stockwerk eine wertvolle Bibliothek, im zweiten Stockwerk – in zwanzig Räumen – eine Sammlung von Gemälden venezianischer Meister, die der Öffentlichkeit zugänglich ist. Die Zahl der Bilder ist groß, und wir können nur einige nennen:

Donato und *Caterino Veneziano* ›Marienkrönung‹

Giovanni Bellini ›Darstellung im Tempel‹

Giorgione (zugeschrieben) ›Judith‹

Jacopo Palma Vecchio ›Francesco Querini und seine Frau Paola‹

Pietro Longhi einige kleine Bilder, die den venezianischen Alltag im 18. Jahrhundert schildern

Gianbattista Tiepolo ›Bildnis des Prokurators Giovanni Querini‹

Bernardo Strozzi ›Muttergottes‹

Der Palazzo Pesaro – ebenfalls am Canal Grande – wurde 1676 von Baldassare Longhena begonnen, sein drittes Geschoß erst 1710 vollendet (Abb. 31).

Heute ist die *Galleria d'Arte Moderna* dort untergebracht, eine der bedeutendsten Sammlungen moderner Kunst in Italien. Sie ist reich bestückt mit Bildern von Lenbach, Stuck, Klinger, Liebermann usw. Vor allem lohnt es sich, ›Die Bürger von Calais‹ von Rodin anzusehen sowie Marc Chagalls ›Porträt eines Rabbiners‹.

Das dritte Stockwerk beherbergt das *Museo d'Arte Orientale*. Zahlreiche chinesische Vasen, japanische Gemälde und indische Plastiken bilden den Kern dieser sehr reichhaltigen Sammlung fernöstlicher Kunst, allerdings auf sehr beschränktem Raum.

54 Kirche und Schule S. Rocco

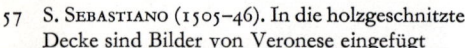

55 SS. Giovanni e Paolo, ›Zanipolo‹ gen. (14. Jh).

57 S. Sebastiano (1505–46). In die holzgeschnitzte Decke sind Bilder von Veronese eingefügt

56 S. Giacomo dell'Orio   Sakramentskapelle

58 I Gesuati, 1726–36 nach Plänen von G. Massari gebaut

59 S. Geremia (1753 beg.) und Palazzo Labia (um 1520)

60 SS. Giovanni e Paolo und die Scuola di San Marco (1260 begr., 1485 durch P. Lombardo neu errichtet)

61   Relief an der Fassade der Scuola di San Marco

62 Andrea del Verrocchio, Reiterstandbild des Condottiere Bartolomeo Colleoni auf dem Campo dei SS.
Giovanni e Paolo. 1481–88

63 S. Zaccaria Rückseite mit ehem. Klosterkreuzgang (heute Kaserne)

64 Verkündigungsengel aus dem Retabel des hl. Vincenz Ferrer. Um 1480. SS. Giovanni e Paolo

65 Michele Giambono, Der Hl. Chrysigonus zu Pferde. Vor 1440. S. Trovaso

66 Giovanni Bellini, Madonna mit Kind und vier Heiligen. 1505. S. Zaccaria

67 Tizian, Madonna des Hauses Pesaro. 1519–26. Frarikirche

68 CAMPO DEL GHETTO NUOVO. An diesem Platz liegt ein kleines jüdisches Museum

69 Campo di S. GIACOMO DELL'ORIO

70 Partie am Campo di S. Giacomo dell'Orio

71 PESCHERIA (r.) und Palazzo FONDACO DEI TEDESCHI, 1288 (l.). Im Hintergrund die Rialtobrücke ▷

72 Gentile Bellini (um 1429–1507), Madonna mit Kind und zwei Heiligen

73 Giovanni Bellini (um 1430-1516), Pietà. Im Hintergrund Vicenza und der Monte Berico. Nach
    1502

74   Giorgione (um 1478-1510) Der Sturm. Um 1505. 82 × 72 cm

75 Giovanni Bellini, Madonna mit dem Kind und roten Cherubinen. Nach 1488

78 Pietro Longhi (1702–1785), Der Zahnbrecher

76 Vittore Carpaccio, Engel. Ausschnitt aus ▷ ›Darstellung im Tempel‹. 1510

77 Vittore Carpaccio, Der Traum der Hl. Ursula. 1490–1500

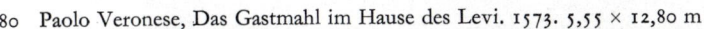

79 Vittore Carpaccio, Heilung eines Besessenen durch die Kreuzreliquie am Rialto. Um 1494

80 Paolo Veronese, Das Gastmahl im Hause des Levi. 1573. 5,55 × 12,80 m

81   Tizian, Pietà 1573 beg. und von Palma il Vecchio d. J. vollendet. 351 × 389 cm

82   Tintoretto, Der Hl. Markus befreit einen zur Marter verurteilten Sklaven. 1584

Über das Bauen in Venedig

»Mehr als 650 Kirchen und Paläste müssen renoviert werden.«
Unesco

Die Schwierigkeit und die Folgen

Denken Sie an irgendeine Stadt, München, Florenz, Hamburg, Rothenburg, Siena, gleichgültig welche und wo sie liegt. Überall werden Sie zwei Voraussetzungen finden, die unabdingbar notwendig sind, um eine Stadt zu errichten: das Fundament und den Raum. Beides fehlt in Venedig.

Das Fundament sind Pfähle, in Kies, Geröll, Schlamm eingerammt, inmitten einer Lagune, die in ständiger Bewegung ist. Diese Veränderungssucht machte auch den Turmbau in Venedig so schwierig: der Campanile stürzte vor 70 Jahren ein, vor 500 Jahren der Turm von San Angelo, der Turm von Madonna del Carmelo konnte nur mit hohen Kosten vor 300 Jahren gerettet werden, die Türme von San Giorgio dei Greci und San Stefano stehen erschreckend schief.

Die Venezianer mußten möglichst leicht bauen, möglichst schwerelos, möglichst luftig und den Stein auflösen, so viel es eben nur ging. Der Raum dieser Stadt war vom ersten Tag an gegeben. Man hatte keine Möglichkeit, ihn nennenswert zu erweitern. So war und wurde jeder Fußbreit Boden wertvoll. Dies ist der Grund, warum die Venezianer möglichst schmal bauten und so eng aneinander und so hoch es bei dem schwachen, schwankenden Fundament nur eben ging. Dadurch haben die Paläste nur eine Front. Und diese eine Front ist allein wichtig und ein Ding für sich. Man könnte sie abnehmen und durch eine andere ersetzen, dem Gebäude verschlüge dies nichts. Und sie ist tatsächlich oft durch eine andere ersetzt worden und oft auch von einem anderen Architekten als das übrige Bauwerk.

Die erste Bauperiode

Sie umschloß den Zeitraum der romanisch-byzantinischen Epoche, der Gotik und der Frührenaissance. Wir versuchen, das Gemeinsame dieser Epoche herauszukristallisieren: *Der Mensch*. Bis zur Hochrenaissance blieb der Mensch der gleiche. Der Venezianer war in erster Linie Kaufmann und sein Haus Kaufhaus und Warenlager. Die Einfahrt war noch offen. Der Venezianer wohnte noch nicht, er war als Kaufmann und als Krieger unterwegs. Reichtum und Macht waren noch nicht selbstverständlich. Beides mußte errungen und verteidigt werden.

Der Staat. Am politischen und am Handelsreich wurde noch gebaut. Alles war gefährdet und gefährlich.

Der Mensch und der Staat waren das gleiche. Gleich waren Interesse und Ziel. Das Ziel war Venedig. Bis zur Hochrenaissance war es nicht wichtig, daß der eine Nobile einen prächtigeren Palast hat als der andere, die eine Bruderschaft eine prächtigere Scuola als die andere, der eine Heilige eine prächtigere Kirche als die anderen. Wie der Nobile in seiner Gesamtheit zu der großen, alles überragenden Persönlichkeit wurde, nicht der einzelne, so sollte die Stadt in ihrer Gesamtheit zur Kostbarkeit werden; Palast, Scuola und Kirche hatten dieser Aufgabe zu dienen; und taten es. In ihrer Gesamtheit wurde die Stadt, die immer Künstliche, die auf so Künstlichem stand, Ersatz für alles, was andere Städte haben: Landschaft, Bäume, Parks. In ihrer Gesamtheit wurde sie aber auch Ersatz für alles, was die Phantasie dem einzelnen Bauherrn, dem einzelnen Baumeister, dem einzelnen Steinmetz auch immer vorgaukeln möchte an reizvollen architektonischen Bildern. Die Stadt war es, die den Drang nach Laune stillte, den der einzelne bis zur Hochrenaissance sich zu stillen versagte.

Bis zur Hochrenaissance ist der Venezianer der einzige gehorsame Mensch gewesen, den es – vielleicht – jemals gab. Gehorsam a) den geologischen Gesetzen seiner Stadt, die ihn zwangen, schmal, eng, luftig und hoch zu bauen. Gehorsam b) dem eigenen Geschmack, der das Dekorative liebte, und zwar in allem, in der Religion wie in der Architektur, in der Plastik wie im Ornament, in den Festen ebenso wie in den Fassaden. Gehorsam c) dem optischen Gesetz seiner Stadt. Genau wie er wußte, welches Gewicht der Palast, die Kirche, die Scuola haben durfte, damit das Fundament sie tragen konnte, so wußte er auch, welches Gesicht sie haben mußte, damit die Stadt sie tragen kann. Kein Gebäude durfte optisch der Stadt widersprechen, jedes mußte dem Spieltrieb der Natur (feuchte Luft, Wasserspiegelung) ein Spielzeug geben, es durften dem Zarten, Aufgelösten nicht der Block und die Masse entgegengestellt werden.

Bis zur Hochrenaissance ist darum auch die Einheitlichkeit, das Geschlossene, die Harmonie zwischen der Stadt und ihren Gebäuden so augenfällig. Die Stadt ist bewegt, musikalisch und heiter. Die Architektur ist es auch. Es ist kein Zufall, daß Venedig die Heimat der beiden größten italienischen Lustspieldichter wurde: Carlo Goldoni und Carlo Gozzi.

Doch trotz seines Gehorsams ist der Venezianer bis zur Hochrenaissance der einzige freie Mensch gewesen, den es vielleicht jemals gab, obwohl doch die harte Verfassung die Freiheit des einzelnen so sehr beschränkte. Er hat sich nie einer Diktatur unterstellt, nicht der eines Menschen, nicht der eines Baustils, aber auch nicht der des Geistes, der hinter den Baustilen steht und sie hervorgebracht hat. Der Venezianer war niemals ein byzantinischer Mensch, dessen Alltag von dogmatischen Kontroversen durchsetzt war. Der Venezianer war aber auch niemals ein gotischer Mensch und niemals ein

Mensch der Renaissance – wie etwa Machiavelli ihn zeichnet –, obwohl er dazu Begabung und gewiß auch Lust gehabt hätte. Das zarte Fundament und die strenge Verfassung verboten nicht nur, sondern verhinderten auch die individuelle, starke Persönlichkeit. So übernahmen die Venezianer bis zur Hochrenaissance keinen Baustil, sondern nur einzelne Elemente daraus und verwendeten sie so, wie es ihnen gefiel, und dort, wo es ihnen gefiel, und vor allem dann, wenn ihnen daraus die Möglichkeit erwuchs, noch köstlicher und noch spielerischer zu bauen; denn das Dekorative und Heitere blieben bis zur Hochrenaissance das Primäre.

Die Venezianer holten sich aus dem Osten in der romanisch-byzantinischen Bauepoche den Hufeisenbogen, den Eselsrückenbogen und den zierlichen, zarten Spitzbogen, die lange, schmale Säule und die gewundene Ecksäule, das bizarre Ornament und das System der offenen Loggien im Erd- und Obergeschoß, den Goldschmuck der Häuser und die farbige Inkrustation, die Bekleidung der Wände mit Stoffen oder Mosaiken, die Arkade wie die Kuppel wie auch den Zinnenrand des Daches.

Sie holten sich vom Westen – ohne auf ihren östlichen Besitz an Bauelementen zu verzichten – in der Gotik die Krabbe, die Kreuzblume und die durchbrochene Rosette. Sie holten sich vom Westen wie vom Osten die Kunst, den Stein in Filigran aufzulösen, und das nie sich wiederholende, keiner Gesetzmäßigkeit unterstellte Ornament. Sie mischten das aus Ost und West Geholte und machten es den geologischen und optischen Gesetzen ihrer Stadt und ihrem eigenen Geschmack untertan.

Während der Frührenaissance wandte der Venezianer – nicht zuletzt aus politischen Gründen – zwar sein Gesicht vom Osten ab, aber er verzichtete deshalb nicht auf seinen Besitz an östlichen Bauelementen, sondern fügte nur abermals neue aus dem Westen hinzu: den Rundbogen und die Girlande, die Behandlung der Pilaster als Rahmen mit vorspringenden Rändern und vertieften Feldern, die er mit zierlichem Rankenwerk ausfüllte, und die nicht immer unbedingt gestohlene, sondern auch nachgemachte antike Säule. Doch sah er nicht ein, warum man an einer Front nur die dorische oder die korinthische oder die jonische Säule hätte anbringen sollen. Er brachte alle drei an oder mindestens zwei; auch Sansovino (Libreria, Palazzo Corner della Ca' Grande), der Meister der Hochrenaissance, obwohl er in Rom die Werke Michelangelos und Bramantes hatte entstehen sehen, liebte diese unordentliche Säulenordnung, wie das Kolosseum in Rom sie besitzt. »Es muß ihm«, meinte Jacob Burckhardt, »bei großen Gaben des Geistes und des Herzens doch an wahrem Stolz gefehlt haben«, daß er in Venedig so schnell zum Venezianer wurde. Das ist aber nicht gesagt. Denn bis zur Hochrenaissance besaß Venedig die Lust und die Kraft zur Assimilation. Das heißt, Venedig assimilierte nicht nur jeden Künstler, nicht nur jedes Ornament, sondern auch jedes Element jedes Baustils, bis der typisch venezianische Baustil entstand, ein dekorativer, leichter, spielerischer Stil.

Man fragt sich oft, ob diese Gebilde, die sich im Wasser – insbesondere dem des Canal Grande – spiegeln, überhaupt noch der Architektur angehören oder ob sie nicht Schöpfungen der Bildhauerkunst sind. Jacob Burckhardt spricht von »Dekorateuren«. Wichtig war nicht, wer das Gebäude baute, sondern wer es ›dekorierte‹, wer es zu einem dekorativen Element der Stadt machte. Selten waren Bau und Dekoration in einer Hand, wie in dem kostbarsten Werk der Frührenaissance, der Kirche Santa Maria dei Miracoli (Pietro Lombardo).

Die romanisch-byzantinische Epoche

Venedigs Gesicht war ganz nach Osten gerichtet. Dort lag der Schwerpunkt seines Interesses, seines Handels, seines Reichs. Aus dem Osten holte sich der Nobile gern seine Frau. Der östliche Einfluß verstärkte sich durch die Eroberung von Byzanz. Die venezianische Architektur und Plastik war noch anonym. Das Gewicht der Plastik lag auf dem reinen Ornament, Bandmuster, Fruchtgebilde, Blätter, wie man sie an vielen Kapitellen und Brunnenrändern sehen kann. Die Kunst des Mosaiks blühte (Farbtafel 7).

Von den Gebäuden ist nicht viel, kaum etwas rein erhalten, so die Markuskirche, völlig dunkel gedacht und ohne den gotischen Zierat auf ihrer Höhe, und San Giacomo di Rialto (angeblich schon aus dem 6. Jahrhundert). An Palästen kann man den Palazzo Loredan-Farsetti aus dem 13. Jahrhundert nennen (Abb. 33), den Palazzo Dandolo aus dem 11. Jahrhundert, in dem der große Doge Enrico Dandolo, der Eroberer von Byzanz, wohnte, die Ca' da Mosto, in der der Entdeckungsreisende da Mosto wohnte, alle am Canal Grande, und am Campo SS. Apostoli den Palast des später hingerichteten Dogen Marin Falier.

Die Vorrenaissance oder italienische Gotik

Mit und durch den Maler Giotto (um 1266–1337) und den Bildhauer sowie Architekten Niccolò Pisano (um 1225–1278) begann die Kunst Italiens sich von Byzanz zu befreien.

Doch erst um die Mitte des 14. Jahrhunderts hat sich auch Venedig vom Osten, dem es so ganz verhaftet war, gelöst. Ein sehr typisches Merkmal: Jetzt wurden Fenster in die bis dahin völlig dunkle Markuskirche gebrochen, das heißt, die Venezianer konnten plötzlich die östliche mystische Lichtlosigkeit nicht mehr ertragen.

Eine eigene, nach Freiheit von Byzanz strebende Malerei begann in der Malschule von Murano mit den Vivarini und in Venedig mit Jacopo Bellini.

An Architekten und Bildhauern – noch war beides das gleiche – werden PHILIPPO CALENDARIO genannt, der wohl sicher der Erbauer des Dogenpalastes gewesen war, und BARTOLOMEO BON aus Bergamo (um 1410–1470), der mit seinem Vater GIOVANNI maßgebend am Bau der Ca' d'Oro, dem Juwel aller gotischen Paläste, beteiligt gewesen sein soll und der selbst den unvergleichlichen Brunnen im Hof der Ca' d'Oro schuf. Das Hauptwerk von Vater und Sohn ist die *Porta della Carta* am Dogenpalast (Abb. 25).

Bartolomeo Bon wird als Architekt der Kirche *Santa Maria della Carità* genannt (das Kloster dazu, heute die Accademia, hat Palladio gebaut), der Kirche *San Rocco*, die im 18. Jahrhundert umgebaut wurde, und der *Scuola di San Rocco*. Er war Miterbauer der *Alten Prokuratien,* und von ihm stammt die Hausteinspitze am *Campanile*. An bildhauerischen Arbeiten schuf Bartolomeo Bon schöne Dinge, wie links vom Portal der Abbazia S. Gregorio die ehemalige Türlünette *Mater Misericordia* und über dem Hauptportal von Madonna dell'Orto die *Verkündigung* und die Türlünette der Scuola di San Marco: *der Schutzheilige inmitten der knienden Bruderschaft.*

Den Brüdern JACOBELLO und PAOLO DALLE MASEGNE, tätig seit 1388, verdanken wir insbesondere den *Balkon* an der Süd-(Lagunen-)Seite des *Dogenpalastes* und drei Gräber in *SS. Giovanni e Paolo,* das Grab des Generals Cavalli in der zweiten Kapelle links vom Chor und in der *Frari* an der Eingangswand das Grab des Simone Dandolo (s. S. 154 f.).

Im allgemeinen jedoch trat immer noch der Architekt wie auch der Bildhauer hinter dem Bau zurück. Die schönsten dieser anonymen Bauten der Gotik sind: die zwei *Paläste Giustinian,* in dem einen komponierte Richard Wagner den 2. Akt zu ›Tristan und Isolde‹; die *Paläste Pisani* (Abb. 84), *Barbaro* und der *Palazzo Bembo,* in dem der Dichter, Humanist und Freund schöner Frauen – auch der von Lucrezia Borgia –, Kardinal Bembo, lebte; ferner die *Palazzi Sagredo, Morosini-Rombo, Cavalli-Franchetti* und das angebliche ›Haus der Desdemona‹, in dem sie von dem eifersüchtigen Othello ermordet worden sein soll (Abb. 35). Außerdem die gewaltige *Ca' Foscari,* in dem Venedigs einzige wirkliche Renaissancepersönlichkeit, der Doge Francesco Foscari, zerbrochen starb (Abb. 30).

Unter den gotischen Kirchen ragen vor allem die zwei Bettelordenskirchen hervor, *SS. Giovanni e Paolo* und *Santa Maria Gloriosa dei Frari,* dann *S. Stefano,* die beiden Abbazien, die von *San Gregorio* und die *della Misericordia,* und der Chor der *Kapelle di San Trovaso* mit ihren gotischen Altären, um einiges wenige zu nennen. Die Baufreudigkeit war in der nun sehr reichen Stadt ungeheuer.

Die Frührenaissance

In Florenz begann die Reaktion gegen den gotischen Stil. Leon Battista Alberti (um 1404–1472), der Erbauer des Palastes Rucellai in Florenz, stellte das Gesetz der Renaissance auf:

»Die Schönheit ist ein großer Zusammenklang der Harmonie aller einzelnen Teile und Glieder, so daß ohne Schaden nichts hinzugefügt, nichts weggenommen werden kann.«

Venedig entschloß sich schwer und spät zu dem neuen Stil: Mitte des 15. Jahrhunderts, während Brunelleschi die Kuppel des Florentiner Doms ohne jeden gotischen Anklang

errichtete, wurde die Ca' d'Oro am Canal Grande, die Porta della Carta am Dogenpalast gotisch fertiggestellt, der Palazzo Foscari am Canal Grande gotisch erweitert
und der Chorbau der Kirche San Zaccaria noch gotisch begonnen. Erst als 1483 die
Republik Venedig Antonio Rizzo aus Verona zum offiziellen Bildhauer und Architekten des Staates berief und ihm den Auftrag gab, die Hoffassade des Dogenpalastes zu
gestalten, trat die Frührenaissance ihre Herrschaft in Venedig an.

Doch bestimmend für den neuen Stil wurde in Venedig PIETRO LOMBARDO (etwa
1436–1515) und seine Mitarbeiter. Er wurde 1498 Rizzos Nachfolger als offizieller
Bildhauer und Architekt des Staates und führte die Hofarchitektur des Dogenpalastes
weiter.

Alle Architekten und Bildhauer der Frührenaissance haben mit ihm zusammen-
gearbeitet, wenn sie nicht überhaupt aus seiner Werkstatt hervorgingen. Es waren insbesondere: der Architekt MAURO CODUSSI (1430–1504), der Bildhauer und Steinmetz
GUGLIELMO BERGAMASCO aus Bergamo, der Bildhauer und Steinmetz BREGNO (fälsch-
lich mit Rizzo identifiziert), der Bronzegießer ALESSANDRO LEOPARDI und Pietro Lombardos Söhne, vornehmlich TULLIO, der Bildhauer.

Der Vater ragte als Steinmetz mit der Betonung des Ornamentalen hervor. Es ist
nicht immer klar und sicher festzustellen, wem von der Werkstatt in den verschiedenen
Gebäuden die erste Rolle zuerteilt wurde. Es ist aber auch gleichgültig, denn das Resultat
ist stets ein typisches und unverwechselbares Bauwerk dieser letzten und schönsten
architektonischen Blüte Venedigs. Durch Pietro Lombardo und seine Werkstatt wurde
die Frührenaissance dem Gesicht Venedigs angepaßt, doch auch das Gesicht Venedigs
der Frührenaissance. Durch ihn und seine Werkstatt trägt die venezianische Frührenaissance die Bezeichnung ›Architettura lombardesca‹. Ihr Charakteristikum: Sie ist
edel wie der griechische Stil, erhaben wie der römische, glänzend wie der orientalische.
Ihre Hauptcharakterzüge sind Leichtigkeit, Anmut und Heiterkeit. Ihre größte Lust ist
die, zu verzieren mit Pfeilern, Säulen, Arabesken, buntem Marmor, Ranken und Blättern. Ihr größtes Anliegen: dem Spiel der Phantasie freien Raum zu geben.

Auf den Bildern Carpaccios kann man die ›Architettura lombardesca‹ studieren
und in natura an den schönsten Gebäuden Venedigs. Es haben gebaut:

PIETRO LOMBARDO die *Scala dei Giganti* im Dogenpalast (entworfen von Antonio Rizzo,
s. S. 146 f.) und das *Portal* der Scuola di S. Giovanni Evangelista.

PIETRO mit TULLIO LOMBARDO die Kirchen *S. Maria dei Miracoli* (s. S. 153) und *S.
Fantin* (Chor von Sansovino) sowie die *Scuola Grande di San Marco* (von Codussi
vollendet).

PIETRO LOMBARDO mit ANTONIO GAMBELLO die Kirche *S. Giobbe*.

TULLIO LOMBARDO und GIORGIO SPAVENTO die Kirche *S. Salvatore* (Fassade von Sardi).

MAURO CODUSSI den *Uhrturm* auf der Piazza (von Pietro Lombardo vollendet), die
Kirche *S. Giovanni Crisostomo* mit einem Relieffretabel (Krönung Mariae) in der
Cappella Bernabò von Tullio Lombardo, die Kirche *S. Michele* auf der Insel San
Michele, die Kirche *S. Maria Formosa*, die Kirche *S. Zaccaria* (begonnen von Antonio

Gambello, s. S. 157), die *Corner Kapelle* in der Kirche SS. Apostoli und die *Palazzi Corner-Spinelli* und *Vendramin-Calergi* (von Pietro Lombardo beendet, Abb. 32).

Skulptur und Kunsthandwerk

Man begegnet ihnen auf Schritt und Tritt, findet sie in Hauswände eingelassen, über oder neben den Portalen, Türen, Durchgängen, als Kapitelle der Säulen usw.
Byzantinisch-romanische Kunst: in und an der Markuskirche.
Romanisch: Die Löwen neben dem Portal des Palazzo Marcello dei Leone am Canal Grande.
Frühgotisch: Manches in der Kapelle San Tarasio in der Kirche S. Zaccaria.
Skulpturenreste an der Fassade des Palazzo Balbi-Valier am Canal Grande.
Die Zisterne im Hof des Palazzo Corner-Ghelto.
Gotisch: Das Chorgestühl in S. Stefano.
Vieles in der Kapelle Sacro Chiodo der Kirche S. Pantaleone.
Die holzgeschnitzte Decke von S. Giacomo dell'Orio.
Das bemalte Holzrelief in der Sakristei von S. Maria della Salute.
Der silberne Altarvorsatz unter dem Hochaltar von S. Salvatore.
Ein Prozessionskruzifix in der Kirche S. Domenico auf der Insel Chioggia.
Spätgotisch: Das Chorgestühl in der Kapelle S. Atanasio (heute Sakristei II) von S. Zaccaria.
Das Portal zum Campo S. Zaccaria, Muttergottes zwischen zwei Heiligen.
Sehr vieles in der Frari, z. B. das geschnitzte Stuhlwerk.
Frührenaissance: Das von Pietro Lombardo bemalte Relief über dem Portal der Scuola di Caleghieri.
Vom Bildhauer Lombardo stammen ›Krönung der knienden Maria durch ihren Sohn‹ am zweiten Altar in der Kirche S. Giovanni Crisostomo, ›Abendmahl‹ und ›Verkündigung‹ in der Kirche S. Maria dei Miracoli.
›Die Taufe‹ und ›Die Heilung des Amianus‹ in der Scuola di San Marco, Nebentüre rechts.
Von Antonio Bregno am Dogenpalast der vor dem Löwen kniende Doge Francesco Foscari, Relief.
Das Grab Francesco Foscaris in der Frari, Mittelkapelle rechts.

Die zweite Bauperiode

Um die Mitte des 16. Jahrhunderts klagte ein Patrizier, vier schlechte Sitten hätten sich in Venedig eir geschlichen: Schmeichelei und Etikette, die lutherische Lehre und die Liederlichkeit. Der Nobile hätte hinzufügen können: die Hochrenaissance; denn für

Venedig war sie eine schlechte Sitte. Der Staat hatte wirtschaftlich und politisch seinen Höhepunkt überschritten. Die Folgen der Entdeckung Amerikas und der des Seewegs nach Indien machten sich jetzt bemerkbar, der Handel ging andere Wege. Nachdem die Türken Konstantinopel erobert hatten, begannen sie, das venezianische Reich zu zerstückeln. Venedig wußte, es hatte keine Zukunft mehr und resignierte. Die Resignation zeigt sich auch darin, daß der Nobile sein Gesicht weder mehr nach Osten noch nach Westen wandte, sondern es in die Maske steckte.

Der venezianische Nobile war kein Kaufmann mehr und nicht mehr in Geschäften unterwegs; die offene Pforte seines Hauses schloß sich, die Warenlieferungen hörten auf. Er war aber auch kein Krieger; es hatte keinen Sinn mehr, für den Staat zu kämpfen. Der Venezianer blieb zu Hause und genoß seinen Reichtum nicht nur, sondern wollte ihn auch zeigen. Die Fassade allein genügte nicht mehr, der ganze Bau sollte wirken. Venedig hatte keine Assimilationskraft mehr. Es übernahm die Baustile so, wie sie ihm angeboten wurden. Der Venezianer war auch nicht mehr frei, er fügte sich der Diktatur der Hochrenaissance ebenso wie jener des Barock. Damit wurde er der geologischen Struktur seiner Stadt ungehorsam und baute, als baue er auf Fels, als habe er Platz. Er hatte Geld, was machte es aus, daß die Kirche Santa Maria della Salute über eine Million Baumstämme als Fundament brauchte und der Palazzo Grimani am Canal Grande kaum weniger? Hauptsache war, etwas Monumentales entstand; nicht zufällig war ein Architekt der Renaissance, Michele Sanmicheli, Festungsbauingenieur. Damit wurde der Venezianer auch dem optischen Gesetz seiner Stadt untreu: Er baute, als stünde sein Palast in Florenz oder Rom. Wichtig war nicht mehr die ganze Stadt, sondern daß der einzelne Nobile, die einzelne Scuola, der einzige Heilige prächtiger behaust war als die anderen; man kennt dergleichen Ehrgeiz aus dem späten Rom und dem späten Abendland.

Der Nobile wurde aber auch seinem Geschmack ungehorsam und verzichtete auf alles, was er bis dahin geliebt, das Asymmetrische, das Ornament, das Dekorative, das Spielerische, das Schweifende, das Heitere, das Gesetzlose. »Elegantes mit zerbrechlichen Knöchelchen, Porzellanfigürchen, mit Baumwolle ausgestopft«, nennt Gasparo Gozzi die Nobili des 18. Jahrhunderts. Jetzt dominierte der Architekt, während es in der ersten Bauperiode der Steinmetz, der Dekorateur getan hatten. Die Plastik war nicht mehr Teil des Gebäudes, sondern Eigenzweck. Der Schatten Michelangelos wurde übermächtig.

Sansovino und seine Schüler Vittoria und Campagna

Der wichtigste Architekt der Renaissance wurde JACOPO SANSOVINO aus Florenz (1486–1570). Er kam – in Florenz und Rom als Bildhauer ausgebildet – mit vierzig Jahren nach Venedig und wurde unmittelbar darauf der offizielle Bildhauer und Architekt des Staates. Seinen entscheidenden Impuls hatte er von Michelangelo b kommen, doch auch die ›Architettura lombardesca‹ und besonders Tullio Lombardo hatten ihn stark beeinflußt. Durch seine Fähigkeit, sich anzupassen, milderte er den sonst allzu kraß gewordenen Übergang von dem spielerischen und leichten Stil der Lombardi zu der unerbittlichen Härte eines Palladio.

Unter Jacopo Sansovinos kaum zu zählenden und sehr unterschiedlichen Bauten sind die wichtigsten und schönsten:
Die *Zecca* und die *Libreria vecchia* (letztere von Scamozzi vollendet, s. S. 109 f.); die *Loggetta* auf dem Markusplatz (s. S. 100), von großem Einfluß auf die ganze zeitgenössische und spätere venezianische Architektur; die *Scala d'Oro* im Dogenpalast (s. S. 147), der *Palazzo Corner della Ca' Grande* am Canal Grande, die Kirchen *S. Martino* und *S. Salvatore* (letzte Bauphase). In dieser Kirche sind außerdem Skulpturarbeiten wie das Grabmahl des Dogen Francesco Venier (gest. 1556) von Sansovino. Ferner Chor und Fertigstellung der Kirche *S. Fantin* und die Fassaden der Kirchen *S. Maria Mater Domini* und *S. Giuliano* und die Fassade der *Scuola di S. Giorgio degli Schiavoni*.

Zwei Schüler Sansovinos erlangten Bedeutung nicht zuletzt, weil sie noch produktiver als ihr Lehrer waren: einmal ALESSANDRO VITTORIA aus Trient (1525–1608). Mit großer Freude an Bewegtheit, oft manieriert – was nicht als negative Kritik aufzufassen ist –, wirkte er in erster Linie als Plastiker. Einige Werke von ihm: in *S. Zaccaria*, über dem Portal, die Statue des Kirchenheiligen, in der Kirche selbst das Taufbecken mit der Figur des Täufers und am Ende des linken Seitenschiffs sein eigenes Grab; die Stuckarbeiten an der *Scala d'Oro* im Dogenpalast und an der Treppe der Bibliothek; in *S. Salvatore*, dritter Altar links, der Kirchenheilige; die Büste seines Lehrers Sansovino im *Seminario Patriarcale*, links vom Eingang. Vittoria baute jedoch auch zwei Paläste am Canal Grande: den *Palast Papadopoli* und den *Palast Balbi*, aus dessen Fenstern Napoleon auf die Festlichkeiten heruntersah, die ihm zu Ehren auf dem Canal veranstaltet wurden.

GIROLAMO CAMPAGNA aus Verona (um 1522 bis nach 1623), der andere Schüler Sansovinos, ebenso emsig wie sein Studiengenosse und wie sein Lehrer, war nur Bildhauer. Einige Dinge von ihm sind sehr schön: das ›Verkündigungsrelief‹ an der *Rialtobrücke;* die Madonna und ›Christus am Kreuz‹ in der Kirche *S. Salvatore,* zweiter Altar links; der Hochaltar in der *Redentore;* ferner in *S. Giorgio Maggiore* der Hochaltar: ›Gott auf der Weltkugel‹ und am zweiten Altar links die Madonna (s. S. 233).

Als reiner Architekt dagegen wirkte ANTONIO DA PONTE (um 1512–1597); er hieß eigentlich Contini und bekam seinen Künstlernamen durch die zwei schönen Brücken, die ihm ihr Entstehen verdanken, die *Rialtobrücke* (Farbtafel 22), die sich über den Canal Grande spannt, und die *Seufzerbrücke*, die an der Südseite, neben dem Dogenpalast, zu dem ebenfalls von ihm geschaffenen Gefängnis führt (Farbtafel 17). Sein größter Ruhm jedoch wird es immer bleiben, daß er in dem Wettbewerb um die Erneuerung oder Renovierung des Dogenpalastes Palladio besiegen konnte.

Andrea Palladio (1508–1580)

Zehn Jahre ehe Sansovino starb, kam ANDREA PALLADIO aus seiner Heimat Vicenza nach Venedig. Was er wollte, war in Venedig nicht zu verwirklichen: Von der Antike ganz und gar durchdrungen, von ihren Maßen, ihren Massen und ihren Gesetzen so erfüllt, daß er sogar ein Lehrbuch: ›Quattro libri dell'architettura‹ darüber schrieb und den Vitruv neu herausgab, wollte er ausgerechnet in Venedig die Antike wieder zum Leben erwecken, nicht bedenkend, daß hier die drei Voraussetzungen dafür fehlten: Tradition, Fundament und Raum. Er verabscheute Zierat, Farbe, Ornament und Schmuck und damit die Eigentümlichkeiten Venedigs.

Seine wichtigsten Arbeiten: Neubau der Kirche *S. Giorgio Maggiore* (vollendet von Scamozzi); *Il Redentore;* das Kloster *Santa Maria della Carità,* heute Sitz der Accademia und dort auch ein leider 1630 abgebranntes Theater, das ausschließlich dazu diente, italienische Übersetzungen griechischer Tragödien zu zeigen, bei deren Aufführungen oft Patrizier mitwirkten. Ferner die Fassade der Kirche *S. Francesco della Vigna.* In Venedig hat Palladio keinen Palast gebaut, wohl aber auf der Terra Ferma, wo er Platz und Fundament für seine voluminösen Ansprüche fand. Nach seinem Tode wurde das kostbarste aller Theater, das Teatro Olympico in Vicenza, nach seinem Plan gebaut.

Scamozzi, Longhena, Massari

Die Reaktion auf Palladio ist das Barock. Seine wichtigsten Architekten: VINCENZO SCAMOZZI (1552–1616) aus Vicenza, der Schöpfer des Doms von Salzburg. Er war noch sehr von Palladio abhängig, dessen Werke er herausgab. Wir finden bei ihm das gleiche wie bei Sansovino, das heißt, auch er bildete eine Brücke von der Härte des Palladio zu dem unbedingten Barock des Longhena. Er hatte viele Bauwerke zu vollenden, doch schuf er selbst verschiedene Paläste am Canal Grande, so einen der beiden *Palazzi Contarini degli Scrigni,* den *Palazzo Barbarigo della Rerazza,* in dem Tizian vorübergehend gelebt und gearbeitet haben soll, und den *Palazzo Corner-Mocenigo* am Campo San Polo. Er vollendete die *Libreria vecchia* und begann mit dem Bau der *Neuen Prokuratien.* Die Kirche *S. Lazzaro dei Mendicanti* wurde nach seinen Entwürfen gebaut.

BALDASSARE LONGHENA (1598–1682), in Venedig geboren, knüpfte eher bei den Lombardi wieder an als etwa an den römischen Barock der Bernini. Er hatte Sinn für Wirkung und bezog das Wasser als dekoratives Element mit ein. Aus der Kirche Il Redentore von Palladio entwickelte er – eigene Wege gehend – sein Hauptwerk: die Kirche *Santa Maria della Salute* (s. S. 152). Nicht die Kirche selbst, aber die sie krönenden Statuen aus istrischem Marmor sind vom Untergang bedroht. ›Eva‹ wurde 1966 vom Sturm ins Meer geschleudert; daraufhin legte man Eisenklammern um die anderen.

Canaletto (1697–1768), S. Maria della Salute. Öl a. Lwd. Louvre, Paris

Weitere Bauten von Longhena sind die *Palazzi Pesaro, Belloni-Battagia* und die
Ca' Rezzonico am Canal Grande. Unter Longhena wurde der Bau der *Neuen Prokura-*
tien vollendet, die Kirche *Santa Maria degli Scalzi* (Fassade von G. Sardi) und das
Seminario Patriarcale gebaut.

GIORGIO MASSARI (um 1696–1766), ebenfalls ein Venezianer, baute unter anderem
den *Palazzo Grassi* am Canal Grande und den *Palazzo Venier delle Toreselle*, der unvollendet blieb, denn es kam »ein Mensch, der für die Macht seines Willens keine
Grenzen gelten läßt und bei jedem Widerspruch blitzschnell zu Drohungen übergeht«,
wie man im Eilbericht des Mocenigo vom 29. Mai 1796 über Napoleon Bonaparte
lesen kann.

Die venezianische Malerei

Die Venezianer waren Genies der Nüchternheit. Wir finden bei ihnen keinen Grund
für ihr Tun, der dem der anderen ringsherum entspräche, keine romantischen Ideen,
wie bei den deutschen Kaisern, keine religiösen Ideen, wie bei den Kreuzfahrern, sie
wollten weder den Himmel stürmen noch das alte morsche Römische Reich erneuern
und nicht dem Stuhl eines Fischers eine breitere Basis geben.

Durch ihre Unlust, sich mit Ideen abzugeben oder sich gar dafür zu begeistern, haben
sie zwar keinen Mystiker, keinen Philosophen und – trotz ihrer Reliquiensucht – keinen
Heiligen hervorgebracht.

Nie sind sie der Versuchung erlegen, als Gesetz ihres Tuns irgend etwas anderes
aufzustellen als das Vernünftige, das Nützliche, das Zweckmäßige. Niemals wurden sie
als Narren angetroffen, außer im Karneval. Und es ist charakteristisch, daß Venedig
in seinem Greisenalter das ganze Jahr hindurch Karneval feierte.

Aber die Venezianer waren auch Genies der Phantasie, denn hätten sie nur das
Zweckmäßige getan, so würden sie nie auf den Gedanken gekommen sein, sich ausgerechnet hier niederzulassen. Es gab ja Platz genug im weiten Römischen Reich, nachdem
Pest und Germanen, Hunnen und Hunger darin gewütet hatten. Dank ihrer Phantasie
aber konnten sie sich das Ziel setzen, diesen verlorenen Winkel zum Brennpunkt der
Welt zu erheben. In der Phantasie malten sie sich alle Gefahren aus, die diesen Stadt-
staat treffen konnten, und gingen von vornherein darauf aus, diese Gefahren zu
bannen. Es war die Phantasie, die sie nach der Eroberung von Byzanz den kühnen
Plan erwägen ließ, Venedig zur offenen Stadt zu erklären und mit Mann und Maus,
Frauen und Kindern, Handelsbüchern und Katzen nach dem Bosporus zu übersiedeln.
Und nachdem die Portugiesen den Seeweg nach Indien gefunden hatten, gab ihre
Phantasie ihnen ein, den Suezkanal zu bauen, um so den Ost-West-Handel doch in der
Hand zu behalten; es war Phantasie, die diese Stadt zum Kunstwerk erhob und mit
Kunstwerken füllte, und nur aus ihrer Phantasie schufen sie sich eine Verfassung, die
zum Phantastischsten auf diesem Gebiet gehört.

Die Phantasie war immer das Primäre, sie gab den Schwung, die Konzeption, den
kühnen Flug. Die Nüchternheit war immer das Sekundäre, sie war die Kontrolle, sie
bändigte, ordnete, regulierte; sie war es, die das letzte Wort hatte. Und das war es,

was Venedig von allen anderen Staaten und Staatsgebilden ringsherum unterschied. Die Nüchternheit sagte ›Nein‹ zu dem Plan der Übersiedlung nach Byzanz und zum Bau des Suezkanals, aber ›Ja‹ zu der Stadt als Kunstwerk und zu dem Kunstwerk dieser Verfassung.

Als in der Politik dieser Dialog – sicher war es oft auch ein Duell – zu Ende ging und beide schwiegen, beide die Waffen streckten, ging das Wechselspiel, der wechselvolle Ernst trotzdem weiter zwischen dem Festen, Realen des Steins und dem Fluktuierenden der feuchten Luft: Die Malerei Venedigs beginnt und wird dieses Wechselspiel zeigen.

»Ich ärgere mich über die Niedertracht derer, die, ohne das Geld wirklich zu brauchen, ihre Gemälde veräußern und das Vaterland eines Schatzes berauben, der es früher einmal so berühmt gemacht hat.«

Rosalba Carriera (1675–1757)

Trotz dieses Verkaufs von Werken venezianischer Malerei besonders im 18. und 19. Jahrhundert und obwohl einige der Maler fast so rege für das Ausland gemalt haben wie für Venedig (z. B. Tizian), ist das, was von der großen Malerei in Venedig geblieben ist, immer noch eine schier unübersehbare Fülle.

Der byzantinische Anfang

Venedig, das in seinen ersten Jahrhunderten so ganz nach Osten ausgerichtet war, empfing nicht nur Heilige, Gewürze, den Spitzbogen und die Kuppel von dort, sondern auch die Anregungen zu seiner Malerei durch die Kartons byzantinischer Künstler, die zur Ausschmückung der Markuskirche mit Mosaiken berufen wurden (Farbtafel 7).

Noch jahrhundertelang stand die venezianische Malerei so im Bann von Byzanz, daß Giotto, der im ersten Jahrzehnt des 14. Jahrhunderts in Padua, direkt vor den Toren Venedigs, gemalt hatte, ohne Einfluß blieb.

Die Malschule von Murano und die frühe venezianische Malerei

Erst gegen die Mitte des 15. Jahrhunderts, also weit über hundert Jahre, nachdem mit Giotto die italienische Malerei begonnen hatte, und dies in völliger, fast feindseliger Abkehr von byzantinischer Art, Technik und Sicht zum Realismus, zum Individualismus und zur Farbe strebend, machte eine Gruppe Künstler auf der Insel Murano den Versuch, auch die venezianische Malerei von Byzanz zu lösen; es waren die VIVARINI, eine venezianische Malerfamilie. Die Brüder ANTONIO und BARTOLOMEO arbeiteten zeitweise in einer Werkstattgemeinschaft zusammen. ALVISE VIVARINI war der Sohn des Antonio und der Schüler von Bartolomeo. Sein Stil näherte sich dem des Giovanni Bellini.

Die frühe venezianische Malerei ist in Museen, Kirchen und Palästen reich vertreten. Die Vivarini, Giovanni d'Alemagna, Giovanni da Murano (Farbtafel 31), Jacobello del Fiore (Farbtafel 34) und Lorenzo malten nicht nur Tafelbilder für die Kirchen, sie schmückten auch den Palazzo Foscari und die Ca' d'Oro.

Wenige Jahrzehnte, ehe die Malschule von Murano zu wirken begann, holte sich – 1409 – der Staat Venedig ebenfalls Maler vom Festland, damit sie den Saal des Großen Rates des Dogenpalastes ausmalten, so Gentile da Fabriano und dessen Mitarbeiter Antonio Pisano, Pisanello genannt. Gentile da Fabriano stammte aus Umbrien, der Landschaft des Hl. Franziskus von Assisi. Es ist für die venezianische Malerei von einschneidender Bedeutung geworden, daß an ihrer Wiege die Unschuld, die Zartheit und die Süße standen und nicht etwa die Strenge der Toskana.

Unter den Schülern Gentile da Fabrianos ragten zwei hervor. Es war einmal MICHELE GIAMBONO, dank seiner großen Begabung (›Der Hl. Chrysigonus zu Pferd‹, Abb. 65), es war zum anderen JACOPO BELLINI, der Schwiegervater Mantegnas (Gall. Franchetti, ›Hl. Sebastian‹; Accademia, Madonnen), eines nicht in Venedig arbeitenden Malers, der aber großen Einfluß auf die Vivarini und Bellini haben sollte. Jacopo Bellini bildete seine zwei Söhne, Gentile und Giovanni, selbst zu Malern aus. Diese Brüder vollendeten, was die Vivarini begonnen hatten, nicht nur die Loslösung der venezianischen Malerei von byzantinischer Technik, Art und Sicht, sie wurden auch die Begründer der typischen, der unverwechselbaren venezianischen Malerei, von der Jacob Burckhardt sagt, sie sei die höchste Augenlust.

Es war einer der glücklichsten Zufälle, daß in dem Augenblick, in dem sich Venedig politisch wie architektonisch vom Osten abwandte, die Kunst, mit Öl zu malen, erfunden wurde und durch einen Schüler van Eycks – Antonello da Messina (um 1430–1479) – nach Venedig kam.

Eine Anekdote berichtet, daß Giovanni Bellini, des Jacopo jüngerer Sohn, als Edelmann verkleidet und unter anderem Namen in die Werkstatt Antonello da Messina kam, um sich von ihm porträtieren zu lassen, in Wirklichkeit aber nur, um die streng geheimgehaltene Kunst, mit Öl zu malen, abzuschauen und dann selbst zu üben.

Und nun, da die Venezianer das Material in die Hände bekamen, welches als einziges von allen Materialien keine Härte, keine Sprödigkeit besitzt, konnten sie beginnen, das typisch Venezianische in der Malerei herauszukristallisieren, das, was der byzantinischen Kunst ebenso widerspricht wie der florentinischen. Es ist das Gebrochene der Farbe, der Kontur, des Lichts, also die Nuance in ihrer Vollkommenheit bei dem für den Venezianer immer charakteristischen äußersten Realismus.

Es haben gemalt:

ALVISE VIVARINI (um 1446–1503/05)
Accademia   ›Thronende Madonna mit Kind‹

Jacopo Bellini (um 1400 – um 1470), Venezianischer Palast mit gotischem Balkon. Federzeichnung. Louvre, Paris

Museo Correr, Saal 17 ›Hl. Antonius‹
Frari, äußerste linke Chorkapelle ›Marienkrönung‹
SS. Giovanni e Paolo, rechter Querhausflügel ›Kreuztragender Christus‹
Il Redentore, Sakristei ›Madonna‹
S. Giovanni in Bragora, Presbyterium ›Auferstehung‹;
2. Kapelle ›Madonna mit sechs Heiligen‹

ANTONIO VIVARINI (um 1415–1476/84)

Accademia ›Vermählung der Hl. Monika‹; ›Madonna mit Kind‹
Sem. Patriarcale ›Die Hll. Ambrosius und Nikolaus‹
Gall. Franchetti (Ca' d'Oro) Szenen aus der ›Passion‹
S. Zaccaria, Kapelle San Tarasio Drei vergoldete Holzschnitzaltäre zusammen mit
G. d'Alemagna
S. Pantaleone, fünfte Kapelle ›Krönung Mariae‹ zusammen mit G. d'Alemagna
S. Francesco della Vigna, Sakristei ›Triptychon‹
S. Giobbe, Sakristei ›Triptychon‹

BARTOLOMEO VIVARINI (um 1432, tätig bis 1491)

Accademia ›Der Hl. Ambrosius‹ (Altarbild)
Frari, Corner-Kapelle ›Der Hl. Markus‹ (Triptychon)
SS. Giovanni e Paolo, linkes Seitenschiff Gemälde dreier Heiliger
S. Maria Formosa, erster Altar rechts ›Geburt Mariae‹ (Triptychon)
S. Giovanni in Bragora, linke Wand ›Madonna mit Heiligen‹
SS. Maria e Donato auf der Insel Murano Fresken aus der Schule der Vivarini

JACOBELLO DEL FIORE (um 1370–1439)

Accademia ›Krönung Mariae‹ (Farbtafel 34); ›Justitia auf dem Löwenthron zwischen
dem Hl. Michael und dem Erzengel Gabriel‹
Dogenpalast, Sala Erizzo ›Markuslöwe‹

LORENZO VENEZIANO (tätig 1356–1379)

Accademia ›Verkündigung‹, ›Vermählung der Hl. Katharina‹
Museo Correr ›Schlüsselübergabe an Petrus‹
Gall. Franchetti, Sala dei Bronzi ›Madonna‹

PAOLO VENEZIANO (tätig 1333 – um 1360)

Accademia ›Thronende Madonna‹; ›Krönung Mariae‹
S. Martino auf der Insel Chioggia ›Thronende Muttergottes, Heilige und Szenen aus
dem Leben des Hl. Martin‹ (Polyptychon)

83 Teatro LA FENICE 18. Jh. Hier wurden Verdis ›Rigoletto‹ (1831), ›La Traviata‹ (1853), ›Simone Boccanegra‹ (1857) uraufgeführt, in unserem Jahrhundert Strawinskys ›The Rake's Progress‹ (1951)

84 Hof im PALAZZO PISANI (18. Jh.), seit 1897 Konservatorium ▷

85 Max Ernst, Die Einkleidung der Braut. 1939.
130 × 96 cm

86 Yves Tanguy, Die Sonne in ihrem Schrein.
1939. 115 × 88 cm

87 In den Ausstellungsräumen

89 Blick von S. Giorgio Maggiore über das Kloster auf die Giudecca

◁ 88 Venedig von Westen, links der Markusplatz, rechts S. Giorgio Maggiore

90 S. GIORGIO MAGGIORE (von Scamozzi
vollendet). Innenraum

91 IL REDENTORE Blick zum Altar

92 Insel und Kirche S. GIORGIO MAGGIORE

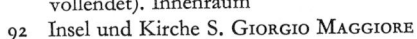

93   Il Redentore, 1577–92 von Palladio aus istrischem Marmor auf der Giudecca erbaut

94 Renaissanceportal zum ARSENAL (s. S. 266)

95 Auf der Fahrt nach Burano

96 Die Kirche S. Michele (15. Jh.) auf der gleichnamigen Friedhofsinsel

97 Murano, SS. Maria e Donato (12. Jh.)

98 und 99   TORCELLO   Marmorreliefs an der Ikonostasis in der Kirche S. Maria Assunta (11. Jh.)

100   TORCELLO   S. Maria Assunta (l.) und S. Fosca (r.)

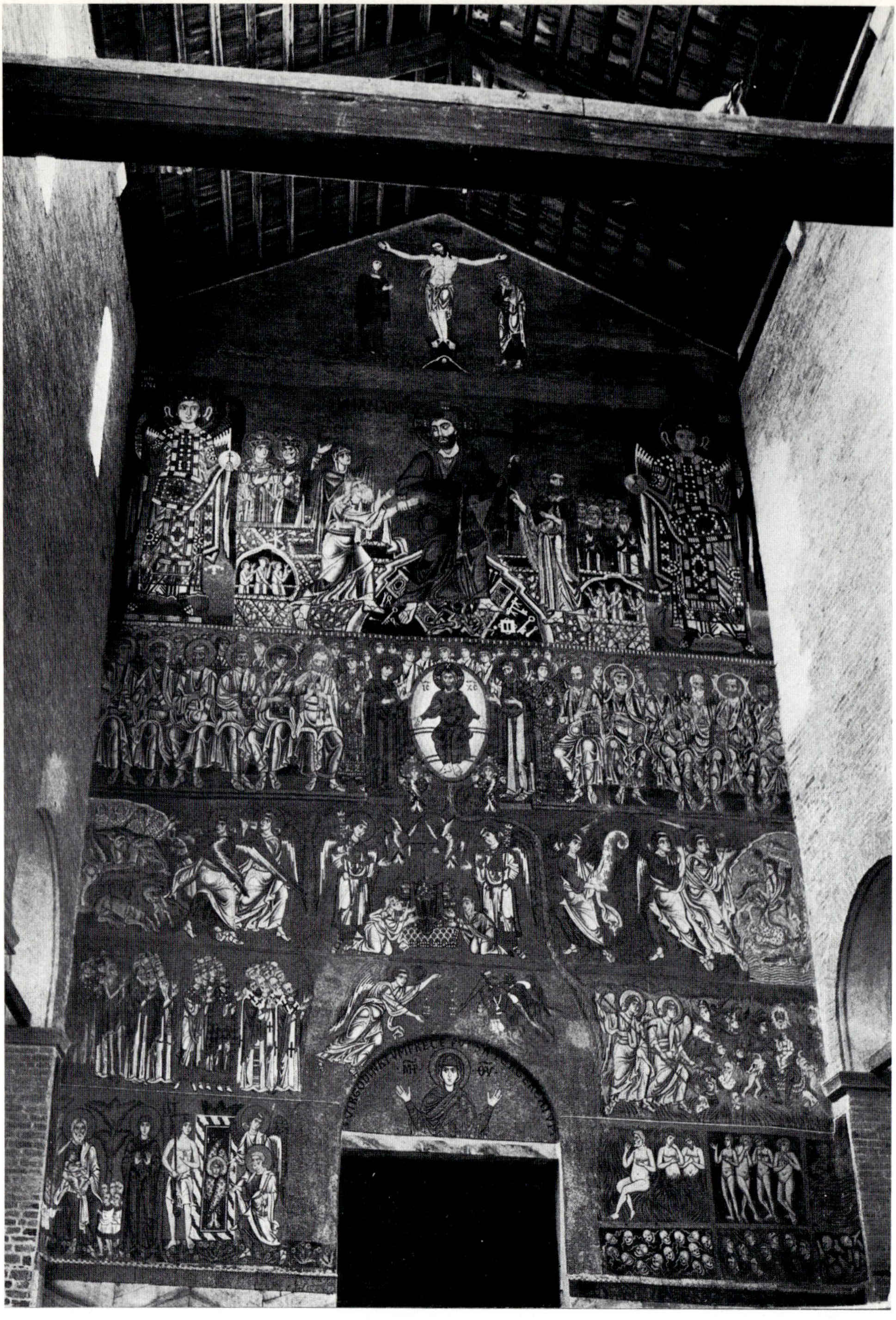

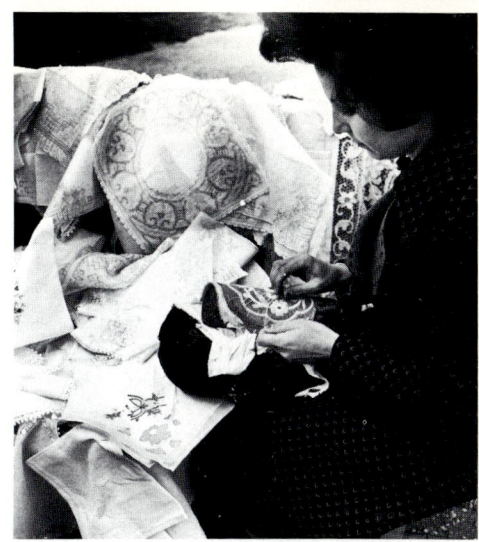

102   Der Jüdische Friedhof auf dem Lido   103   Typische Spitzenstickerei der Insel Burano

101   TORCELLO, S. Maria Assunta   Das Jüngste Gericht. Mosaik. 12.–13. Jh.

104   In der Lagune. Im Hintergrund Burano

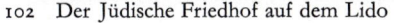

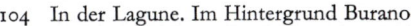

105   Auf der Insel Murano

106   Auf der Insel Chioggia

107　Gartenansicht der VILLA FOSCARI, der ›Malcontenta‹, 1560 von Palladio erbaut

108　Luftaufnahme der VILLA PISANI bei Strà ▷

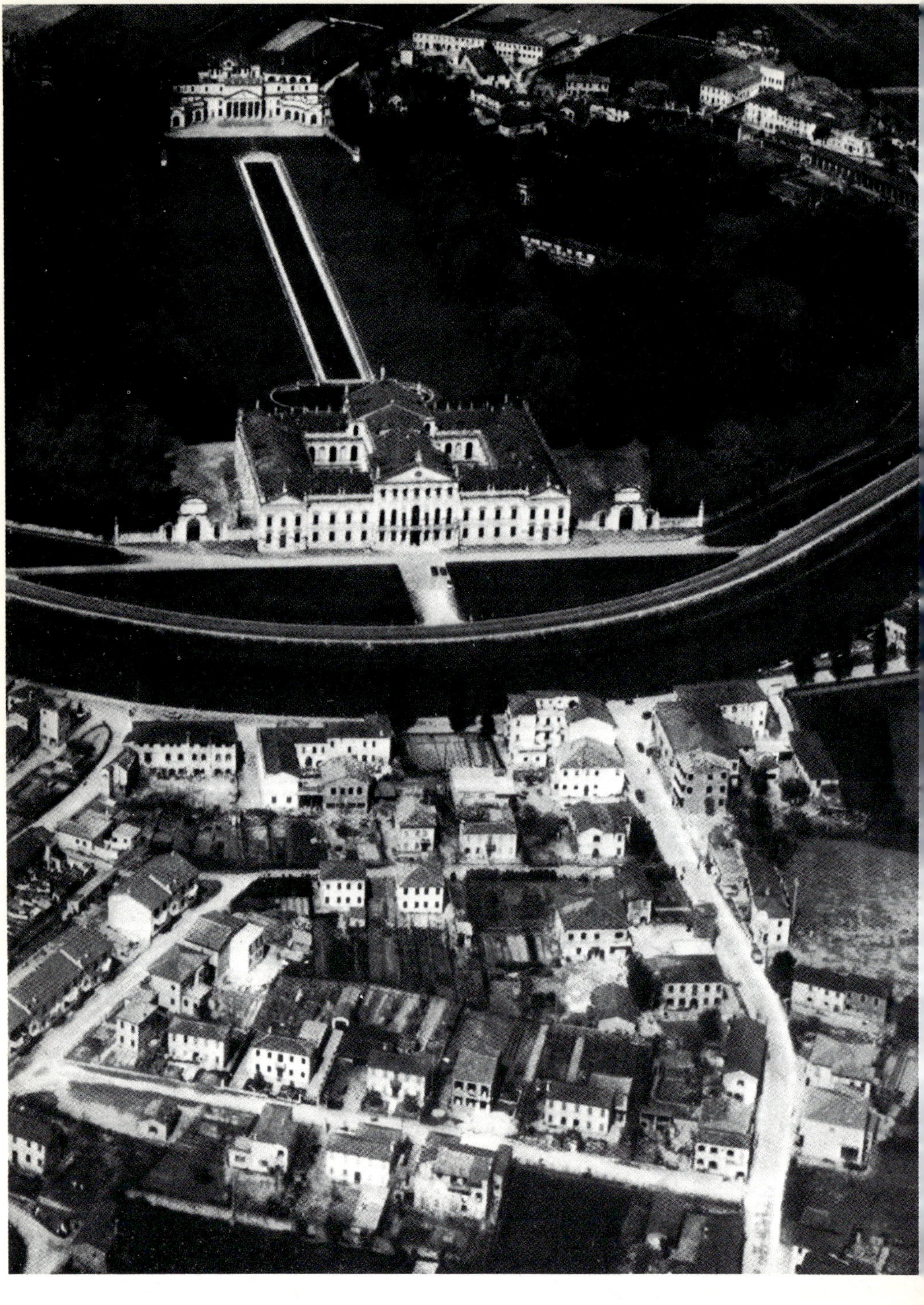

Die Brüder Bellini

Von des Jacopo Bellini älterem Sohn GENTILE (um 1429–1507) berichtet eine für ihn sehr charakteristische Anekdote, daß Mohammed II., der Eroberer von Byzanz, den Künstler, den er an seinen Hof geladen hatte, beauftragte, die Enthauptung Johannes des Täufers zu malen, und – um ihm ein Modell zu geben – einem Sklaven in seiner Gegenwart den Kopf abschlagen ließ. Für Gentile Bellini charakteristisch heißt: er brauchte das Modell, das Vorbild, die direkte Anregung zum Malen. So wurde er, der nahe dem Rialto wohnte, wo das Leben am buntesten, am wirbeligsten und am realsten war, der Begründer jenes Zweigs der venezianischen Malerei, die das tatsächliche, das reale, das bunte Leben bevorzugte, wie es sich in den Straßen und Gassen, in den Gäßchen und Höfen und Plätzen der Stadt dem Auge darbot.

Des Jacopo Bellini jüngerer Sohn GIOVANNI (um 1430–1516) wurde der Begründer der großen venezianischen Malerei, die über Giorgione, Tizian, Tintoretto, Veronese bis zu Tiepolo reicht. Auch sie alle brauchten Venedig, seine Farben, sein Licht, sein Leben, jedoch nicht als Modell, denn sie waren fähig zu übertragen, zu übersetzen, zu komprimieren. Giovanni Bellini, auch Gianbellin genannt, war ein Halbwüchsiger, als die ersten Vivarini das erste Datum auf eines ihrer Bilder setzten: 1440. Aber bald verdunkelte Giovannis Ruhm völlig den ihren; vergessen und verkannt starb der letzte: Luigi Vivarini. Doch als Giovanni Bellini starb, schloß er seine Augen im Schatten Tizians, der sein Schüler gewesen war und sein Rivale als offizieller Staatsmaler wurde.

Als Giovanni geboren wurde, hatte der Doge Mocenigo seine berühmte Sterberede gerade gehalten, in der er die Macht und den Reichtum Venedigs in Zahlen aufriß; und Giovannis Bilder sind der Ausdruck jener Zeit des Blühens, noch ohne die Glut und Farbenpracht des Tizianschen Sommers, in dessen Schoß aber dann doch bereits der Herbst mit Tintoretto beginnt.

Giovanni Bellini hat die Liebenswürdigkeit in die venezianische Malerei gebracht. Seine Madonnen – 40 besitzt allein Venedig – sind bezaubernd; man wird dergleichen nie wieder irgendwo begegnen.

Es haben gemalt:

GENTILE BELLINI (um 1429–1507)
Accademia ›Prozession der Reliquie des Hl. Kreuzes auf dem Markusplatz‹ (Farbtafel 15); ›Wunder der in den Kanal San Lorenzo gefallenen Reliquie‹; ›Lorenzo Giustinian‹, Madonna mit Kind und zwei Heiligen (Abb. 72)
Museo Correr ›Der Doge Giovanni Mocenigo‹; ›Der Doge Foscari‹ (vielfach auch Lazzaro Bastiani zugeschrieben, Abb. 23)
Museo di San Marco Orgeltüren

GIOVANNI BELLINI (um 1430–1516)
Accademia ›Pala di S. Giobbe‹; ›Madonna mit dem Kind und roten Cherubinen

(Abb. 75); ›Madonna mit dem Kind zwischen den Hll. Katharina und Magdalena‹; ›Pietà‹ (Abb. 73) sowie eine Reihe weiterer Madonnen
Museo Correr ›Verklärung Christi auf dem Berge Tabor‹; ›Christus am Kreuz zwischen Maria und Johannes Ev.‹; ›Engel zeigen den toten Christus‹; ›Transfiguration‹; ›Madonna mit Kind‹ (Abb. 24)
Palazzo Querini-Stampalia, Saal 8 ›Darstellung im Tempel‹ und ›Madonna‹
Frari, Sakristei ›Thronende Madonna mit Kind und vier Heiligen‹ (Farbtafel 32)
Madonna dell'Orto, zweite Kapelle ›Madonna‹
S. Maria degli Scalzi, hinter dem Hauptaltar ›Madonna‹
S. Francesco della Vigna, Cappella Santa ›Madonna mit dem Christuskind‹
S. Giovanni Crisostomo, erste Seitenkapelle rechts (gutes Licht vormittags) ›Der Hl. Hieronymus‹; Hauptwerk der Spätzeit
SS. Giovanni e Paolo, rechtes Seitenschiff, zweiter Altar Neunteiliges Altarbild, Giovanni Bellini zugeschrieben
Il Redentore, Sakristei Zwei Madonnenbilder
S. Pietro Martire auf der Insel Murano ›Madonna mit Heiligen‹; aus der Werkstatt Bellinis ›Himmelfahrt Mariae‹
S. Trovaso, rechte Kirchenwand ›Madonna‹
S. Zaccaria, linkes Seitenschiff ›Madonna mit Kind zwischen den Heiligen Petrus, Katharina, Luisa und Hieronymus (Abb. 66).

Vittore Carpaccio (um 1465–1526)

Gentile Bellinis großer Schüler und auch Vollender einiger seiner Bilder, Carpaccio, setzte in seinen Bildern die Art des Gentile Bellini fort, dabei eigene Wege gehend. Seine Bilder erzählen wie keine anderen vom Leben im Venedig seiner Zeit. Das Hauptwerk des in seiner Größe und Originalität immer noch nicht genug gewürdigten Malers birgt die Scuola di San Giorgio degli Schiavoni. In diesem gut ausgeleuchteten architektonisch herrlichen Raum findet man Bilder, die einen Besuch unbedingt lohnen.

Accademia Bilderzyklus der ›Ursula-Legende‹, ursprünglich für die Scuola di S. Orsola bei Zanipolo gemalt (vgl. Abb. 77); ›Heilung eines Besessenen durch die Kreuzreliquie‹ (Abb. 79); ›Darstellung im Tempel‹, für S. Giobbe gemalt (vgl. Abb. 76); ›Ankunft der Gesandten‹
Museo Correr ›Die Kurtisanen‹ (Abb. 29); ›Maria Heimsuchung‹; ›Bildnis eines jungen Mannes mit roter Mütze‹
Dogenpalast, Sala Grimani ›Der Löwe des Hl. Markus‹
Gall. Franchetti (Ca' d'Oro), Sala dei Bronzi ›Verkündigung‹ und ›Tod Mariae‹
Scuola di S. Giorgio degli Schiavoni Bilderzyklus aus dem Leben Jesu und der Hll. Georg und Hieronymus‹ (vgl. Abb. 49)
S. Vitale ›Der Hl. Vitale zu Pferd‹
S. Domenico auf der Insel Chioggia ›Der Hl. Paulus‹

Giovanni Bellinis große Schüler

Giovanni Bellini war alt, als sich zwei junge Männer bei ihm meldeten, um seine Schüler zu werden, Giorgione aus Castelfranco und Tizian aus Pieve di Cadore. Mit ihnen begann die venezianische Malerei ihre volle Üppigkeit, ihre volle Pracht, ihren Lebensgenuß zu entfalten. Die beiden Maler aber, die sie zu dieser Höhe hinaufführen sollten, mußten beide ausgerechnet an der Pest sterben. Giorgione starb 1510; Tizian überlebte den Freund um 66 Jahre.

Giotto hatte die italienische, die Bellini hatten die venezianische Malerei von Byzanz befreit. Die italienische Malerei trat sehr bald darauf in eine neue Knechtschaft ein; es war die der Antike. Sie wurde Modell, Maßstab und Wertmesser, Vorbild und Ziel.

»Wer nicht auserlesene antike Werke studiert, kann das Richtige nicht treffen, kann nicht verbessern, was nach dem Leben gezeichnet wird.«   Vasari

Giorgione (um 1478–1510)

Er gab der venezianischen Malerei die absolute Freiheit, und zwar ein für allemal. Nie wieder ist sie gebunden worden, nie wieder hat sie sich binden lassen. Die Venezianer malten nie mehr irgend etwas anderes, als was Phantasie und Leben ihnen diktierten.

Es ist kein Zufall, daß auf einem der knapp zwanzig Bilder, die Giorgione gemalt, ein Gewitter dargestellt ist (Abb. 74); Giorgione wollte keine Gesetze der Kunst, geschweige denn der Schönheit aufstellen, er wollte keine befolgen. Er wollte Phantasie. Er hatte sie und legte ihr keine Zügel an. Vasari schreibt, daß die Fresken, die er am Fondaco dei Tedeschi gemalt, unverständlich seien. Mag sein; sie existieren nicht mehr. Aber mit ihnen begann die profane Malerei Venedigs. Bilder von Giorgione befinden sich:

Accademia   ›Der Sturm‹ (Abb. 74), ›Alte Frau mit Schriftrolle‹
Scuola di San Rocco   ›Kreuztragender Christus‹
Palazzo Querini-Stampalia   ›Judith‹, mehrfach Giorgione zugeschrieben

Im *Dom von Castelfranco* bei Treviso (ca. 40 km), dem Geburtsort Giorgiones, befindet sich eines der Hauptwerke des Künstlers, die sogen. ›Madonna del Castelfranco‹. Das Altarbild zeigt die vor einer Landschaft thronende Madonna mit den Hll. Franziskus und Liberalis.

Tizian (um 1480–1576) und seine Zeit

Die Wirkung Giorgiones war enorm. Jeder malte wie er. Bald aber verblaßte sein Ruhm vor dem des Älplersohns. Tizian malte keine Gewitter. Auch in der Natur lagen ihm der Ausbruch, das Gefährliche und Gefährdende, die Unruhe, das Chaos Gebärende fern. Der etwa Achtundzwanzigjährige arbeitete noch unter Giorgione an den Fresken am Kaufhaus der Deutschen, aber schon wenige Jahre später wurde er vom Papst Leo X. aufgefordert, in seinen Dienst zu treten. Geschäftstüchtig, wie Tizian war, bat er den Staat Venedig um die gleichen Vergünstigungen wie Giovanni Bellini: zwei Gehilfen, Farbe und Werkstatt auf Staatskosten und die Stellung eines Maklers am Fondaco dei Tedeschi. (Die Deutschen durften in Venedig nur durch einen Makler ein- und verkaufen. Es gab 30 venezianische Makler zu diesem Zweck, und gelegentlich wurde das Amt auch ohne Verpflichtung und nur mit den Vergünstigungen vergeben.)

»Ich, Tizian von Cadore, der ich die Malerei von Kindheit an studiert, nicht sowohl aus Habgier, als um mir ein wenig Ruhm zu erwerben. Und obwohl ich zuvor und auch in der Gegenwart von seiner Heiligkeit dem Papst nachdrücklich aufgefordert worden bin, ich sollte in seine Dienste treten, hatte ich doch den Wunsch, in dieser berühmten Stadt ein Denkmal zu hinterlassen. Ich bitte um Verleihung des nächsten auf Lebenszeit gültigen Maklerpatents, das am Fondaco dei Tedeschi frei wird, und unter denselben Bedingungen, wie sie dem Juan Bellini zugestanden sind.«

Venedig erfüllte Tizians Wunsch. Nach Giovanni Bellinis Tod rückte Tizian als offizieller Staatsmaler der Republik in dessen Stellung. Er hatte die Ausführung der Bilder im Großen Saal des Dogenpalastes zu überwachen und den jeweils regierenden Dogen für 25 Dukaten zu malen.

Am 20. Mai 1518 schrieb der Chronist Marino Sanudo in sein Tagebuch: »Tag des heiligen Bernardin. Und gestern wurde die Tafel des Hauptaltars in der Minoritenkirche Santa Maria, gemalt von Tizian, aufgerichtet.« Mit der *Assunta* (Frari) wurde der Vierzigjährige zum gefeiertsten Maler Venedigs.

Fünf Könige und die Fürsten Italiens warben um ihn. Aretino, den alle fürchteten, war sein Freund. Kaiser Karl V., der ihn durch Pietro Aretino kennengelernt hatte, lud ihn zum Reichstag nach Augsburg, damit er die Großen dort male. Er verlieh ihm den Rang eines Pfalzgrafen und das Monopol, als einziger das kaiserliche Antlitz malen zu dürfen. Papst Paul III. holte Tizian nach Rom (hier begegnete er Michelangelo). Tizians Haus im Stadtteil Biri Grande, hinter der Kirche S. Maria dei Miracoli, seinen heimatlichen Bergen gegenüber, steht noch heute.

»In seinem Haus sah man alle Fürsten, Gelehrte und vorzügliche Personen, die zu seiner Zeit nach jener Stadt kamen oder dort lebten; denn nicht nur ist er trefflich in der Kunst, sondern auch sehr liebenswürdig, ist vorzüglich durch Sitten und zeichnet sich durch ein gefälliges Wesen und Betragen aus.« Vasari

Über Tizians Art zu arbeiten berichtet einer seiner vielen Schüler. Er habe nie improvisiert, denn ein Improvisator, so sagte er, könne keine guten Verse machen. Nachdem er ein Bild angelegt, habe er es gegen die Wand gelehnt, um es längere Zeit nicht zu sehen, dann wieder vorgenommen, wieder, aber als ob es sein Todfeind sei, angesehen und dann wieder daran gearbeitet, jedoch mehr mit den Fingern als mit dem Pinsel, bis es vollendet war. Einmal sah Tintoretto, heißt es, ein so gegen die Wand gestelltes

Bild, und es schien ihm genau das zu sein, was ihm als höchstes Ideal vorschwebte. Dieses Bild, das Tizian ihm schenkte, ist *Die Dornenkrönung* und gehört heute zu den größten Kostbarkeiten der Münchener Pinakothek.

Als nur noch zwei oder drei Jahre zu seinem hundertsten Geburtstag fehlten, begann Tizian an seinen Tod zu denken. Er bestellte sich in der Frari sein Grab (rechtes Seitenschiff neben dem ersten Altar) gegen die Lieferung einer *Pietà* (Accademia, Abb. 81). Doch ehe das Bild ganz vollendet war, schlug ihn die Pest mit 50 000 anderen Venezianern – mehr als einem Viertel der Bevölkerung – nieder.

Der Brand des Dogenpalastes 1577 zerstörte außer vielen Bildern der Bellini, Carpaccios und der frühen Meister auch welche von Tizian. Venedig besitzt noch etwa 45. Es sind nicht seine stärksten. Die wird man in München und Madrid finden.

Tizian hat sich selbst nicht überlebt, sonst aber alles und alle, nicht nur seine beiden Freunde, Sansovino und Aretino, sondern auch die höchste wirtschaftliche und politische Blüte seiner Stadt. Seine Farben verraten den Schmerz des Überlebenmüssens, sie verloren das Leuchtende, doch die Bilder gewannen an Tiefe und Tragik.

Hauptwerke Tizians in Venedig

Accademia ›Tempelgang Mariae‹; Pietà‹ (Abb. 81)

Dogenpalast, Sala delle Quattro Porte ›Der Glaube‹ und oberhalb der Türe, die zu der Privatkapelle des Dogen führt, ein Fresko ›Der Hl. Christophorus‹

Biblioteca Marciana in der Zecca, Deckengemälde des Vorraums zum goldenen Saal ›Allegorie der Weisheit‹

Gall. Franchetti (Ca' d'Oro), Saal 4 ›Venus vor dem Spiegel‹

Scuola di S. Rocco ›Verkündigung‹

S. Maria della Salute, in der Kirche und vor allem in der großen Sakristei sehr wichtige Werke (s. auch S. 113)

Frari, Mittelkapelle des Chors ›Assunta‹; linkes Seitenschiff ›Madonna des Hauses Pesaro‹ (Abb. 67)

S. Giovanni Elemosinario, Hochaltar ›Der Hl. Johannes gibt einem Armen ein Almosen‹

S. Lio, letzter Seitenaltar links ›Der Apostel Jakobus‹

S. Maria Assunta dei Gesuiti, erste Kapelle links ›Marter des Hl. Laurentius‹

S. Salvatore ›Verkündigung‹, Altarretabel in einem herrlichen Marmorrahmen von Sansovino; am Hochaltar Verkleidung des Altaraufsatzes (diese Tafel wird nur an hohen Festtagen und vom 3.–15. August gezeigt)

S. Sebastiano, rechtes Seitenschiff ›Hl. Nikolaus‹

S. Zaccaria, Hauptaltar ›Madonna‹

Alle Maler, die mit Tizian jung gewesen waren und wie er Schüler Giovanni Bellinis und unter Giorgiones Einfluß, hatten vor ihm die Augen für immer geschlossen. So

Cima da Conegliano und Jacopo Palma Vecchio, der es liebte, fette Frauen in süßen Farben zu malen. So Sebastiano Luciano del Piombo, ein ungewöhnlich begabter Maler, der später als päpstlicher Siegelbewahrer (daher sein Name) in Rom lebte. Auch Tizians Rivale Antonio da Pordenone, der behauptete, Tizians Neid so fürchten zu müssen, daß er niemals wage, ohne Degen auszugehen. So Rocco Marconi, Bonifazio Bissolo, Carlo Crivelli, der leider schon als Halbwüchsiger Venedig verließ, und viele andere, deren Namen aufzuzählen sich nicht verlohnt, da sie nichts so Eigenständiges hervorbrachten wie die eben Erwähnten. Doch Jacob Burckhardt schreibt mit Recht von diesen Künstlern: »Was sie aber entlehnten, jene Summe von Reizmitteln aus dem Gebiet der Farbe und des Lichts, das nimmt die Nachwelt auch aus zweiter Hand auf das dankbarste an. Florentiner und Römer hingegen entlehnen von ihren Meistern Einzelelemente der Schönheit und der Energie zu konventioneller Verwertung und legen sich auf das Ungeheure und Pathetische.«

Werke dieser Meister:

CIMA DA CONEGLIANO (um 1459–1517)
Accademia ›Madonna unter dem Orangenbaum‹; ›Der ungläubige Thomas‹; ›Der Hl. Bischof Magnus‹; ›Der Engel Raphael‹; ›Kreuzabnahme‹ sowie eine Reihe von Andachtsbildern
Sem. Patriarcale ›Madonna‹
Gall. Franchetti (Ca' d'Oro) ›Madonna zwischen den Hll. Hieronymus und Katharina‹
S. Giacomo dell'Orio, Cappella di San Lorenzo ›Lorenz segnet die Armen‹
S. Maria Formosa, erster Altar rechts ›Die Hl. Barbara zwischen den Hll. Sebastian und Antonius Eremita‹
S. Maria del Carmelo, rechtes Seitenschiff, zweiter Wandaltar ›Geburt Christi mit den Hll. Katharina und Helena‹
Madonna dell'Orto, rechtes Seitenschiff, erster Altar ›Johannes der Täufer‹
S. Giovanni in Bragora, hinter dem Hochaltar ›Taufe Christi‹; Pfeiler rechts ›Konstantin und Helena‹

SEBASTIANO LUCIANO DEL PIOMBO (um 1485–1547)
S. Giovanni Crisostomo, Hochaltar ›Der Heilige der Kirche‹

ROCCO MARCONI (1505 nachweisbar)
Gall. Franchetti (Ca' d'Oro) ›Muttergottes‹
SS. Giovanni e Paolo, rechtes Querschiff, letzter Altar ›Jesus zwischen zwei Jüngern‹

Lorenzo Lotto (um 1480–1556)

Kein Meister aus zweiter Hand, wenn auch selbstverständlich ganz ein Sohn seiner Zeit war der nervöse, kranke, einsame, sich selbst zerquälende, unruhig wandernde Wegbereiter des Manierismus, Lorenzo Lotto, der gerade unserer Zeit, wenn sie ihn endlich in seiner ganzen Größe entdecken würde, viel zu geben hätte. Mit zwanzig Jahren malte er den ›Hl. Hieronymus‹ (Louvre); es ist das erste europäische Gemälde, in dem die Natur wichtigster Faktor des Bildes wurde und nicht nur dekorativer Hintergrund. Lotto trat später als Laienbruder in das Kloster Casa zu Loreto ein.

Werke von Lorenzo Lotto
Accademia   ›Porträt eines Edelmanns‹
S. Giacomo dell'Orio, Presbyterium   ›Sacra Conversazione‹
SS. Giovanni e Paolo, rechtes Querschiff, rechter Altar   ›Almosenspende des Hl. Antonius‹
S. Maria del Carmelo (I Carmini)   ›Der Hl. Nikolaus‹

Jacopo Tintoretto (1518–1594)

Nach seinem Vater, einem Färber in Venedig, wurde Jacopo Tintoretto das kleine Färberlein genannt. Doch der Name war das einzig Kleine an ihm. Carlo Ridolfi erwähnt, Tizian habe Tintoretto die Tür aus Eifersucht gewiesen; glaubhafter ist es, daß er die Titanen erkannte, die in der Seele Tintorettos ihre Kämpfe austobten, und Tizian, der schon Gewitter nicht mochte, mußte Titanen fürchten.

»Als Tizian nach Hause kam und die Werkstatt betrat, erblickte er einige Papiere, und als er sah, daß einige Figuren darauf gezeichnet waren, fragte er, wer sie gemacht habe. Jacopo sagte schüchtern, sie stammten von seiner Hand. Tizian, der aus diesen ersten Zeichnungen bereits ersah, daß der Knabe ein sehr fähiger Künstler zu werden versprach, und befürchtete, dieser könnte ihm in seiner Kunst gefährlich werden, gab seinem ältesten Schüler den Auftrag, Jacopo unverzüglich aus dem Haus zu schicken.«
Carlo Ridolfi

Tintoretto wollte bei Tizian lernen, aber er wollte nicht ›Tizians‹ malen wie alle anderen. Das Schöne war es, was Tizian anzog, die Gesundheit, die Lebensfülle, die Frauen, die Großen, die Satten, aber all das reizte Tintoretto nicht. Er wollte nicht den Vordergrund aufzeigen, sondern das, was sich dahinter verbarg, die Leidenschaft, die innere und äußere Bewegtheit – darin ist er der legitime Nachfahre von Giorgione –, das Fieber der Seele, die Ekstase, ja, das Pathos, selbst wenn es sich lediglich in einem Gewand offenbarte. Er wußte, daß die menschliche Existenz drei Dimensionen hat, also auch die der Tiefe, des Unbewußten. Es ist kein Wunder, daß ihm wie Rembrandt und aus dem gleichen Grund die Bibel nahe war.

Seine Feinde unter den Malern nannten ihn ›Il Irato‹, und so zeigt ihn die holzgeschnitzte Karikatur von Francesco Pianta in der Scuola di San Rocco, Tintorettos
Lebenswerk. Er hatte viele Feinde unter den Malern, denn er erraffte sich alle Aufträge,
deren er habhaft werden konnte. Doch nicht, weil er geldgierig war – dies war Tizian
weit mehr –, sondern weil er besessen war. Er mußte malen, und so hat er in einem
kürzeren Leben zehnmal mehr Flächeninhalt ausgefüllt als Tizian, er wurde der pro-
duktivste Künstler nach Rubens. Nie schmeichelte er, weder künstlerisch noch persönlich. Er suchte keine Freundschaft und machte sich nicht angenehm. Er brauchte keine
Freundschaft, er brauchte Leinwand, Farbe und Pinsel. Es hätte ihn getötet, ohne Leinwand, Farbe und Pinsel zu sein.

Nur ein einziges Mal verließ er, als Sechzigjähriger, für kurze Zeit seine Stadt. Bis
dahin hatte er nie einen Wald gesehen, keine Wiese, kein Pferd – außer dem des Colleoni
und denen von San Marco; aber es hätte ihm auch nicht genügt. Was hätte die Natur
ihm geben können, was er nicht besaß? Er hatte seine Phantasie und Venedig. Er ist der
erste, der dieses Geheimnis Venedig genau begriff, die malerische Existenz dieser Stadt,
die nur auf Licht und Feuchtigkeit beruht. Darin bewies er sich als echter Sohn seiner Stadt:
Ehe er zu malen begann, studierte er in dem Raum, für welchen das Bild bestimmt war,
das Licht. Aber auch dann malte er noch nicht, sondern modellierte Wachsfiguren, die er
auf einer kleinen, eigens für diesen Zweck konstruierten Bühne so zusammenstellte und
so beleuchtete, wie es dem Raum des Bildes und seiner Phantasie entsprach. Erst dann
begann er sein Werk, gründlich in der Vorarbeit, aber allzu flüchtig in der Technik.
Seine Farben dunkelten rasch nach.

Tintoretto wohnte im Pfarrsprengel der Kirche Madonna dell'Orto (Abb. 45, s. S.
263); in der Kirche, die er mit Bildern geschmückt hat, liegt er auch begraben. Sein Sohn
DOMENICO (1560–1639) führte die Werkstatt fort. Ein junger Mann aus Kreta, El
Greco (1547–1614), der später in Spanien lebte und arbeitete, war Tintorettos Schüler
und wurde ihm als Künstler ebenbürtig.

Werke von Tintoretto:
Scuola di San Rocco   Wand- und Deckengemälde (›Christus vor Pilatus‹; ›Kreuztra-
gung‹ und ›Kreuzigung‹ in der Sala dell'Albergo; alt- und neutestamentliche Szenen
in den großen Sälen des Unter- und Obergeschosses)
S. Rocco   ›Verkündigung‹; ›Der Hl. Rochus vor dem Papst‹; ›Krankenpflege des Hl.
Rochus‹; ›Der Hl. Rochus im Gefängnis‹
Accademia   ›Wunder des Hl. Markus‹ (vgl. Abb. 82); ›Der Leichnam des Hl. Markus
wird aus Alexandrien entführt‹; ›Beweinung Christi unter dem Kreuz‹; ›Adam und
Eva‹; ›Kain und Abel‹; ›Madonna, von drei Kämmerern verehrt‹
Dogenpalast, Atrio Quadrato, Deckengemälde   ›Venezia und Justitia überreichen dem
Dogen Schwert und Waage‹
– Sala delle Quattro Porte, Deckengemälde   ›Jupiter verleiht Venedig die Herrschaft
der Meere‹

- Sala dell'Anticollegio   Die Wandgemälde (s. S. 148 u. Abb. 8)
- Sala del Collegio   ›Der Doge im Gebet‹; ›Der Doge mit der Madonna‹; ›Die Vermählung der Hl. Katharina‹
- Sala del Senato   ›Venedig als Königin der Meere‹ (Deckengemälde); ›Kreuzabnahme‹ (Thronwand); ›Der Doge Loredan bittet Maria um Hilfe‹ (Längswand)
- Saal des Großen Rates   ›Die Apotheose Venedigs‹ (Deckenbild); ›Das Paradies‹ (Thronwand)

Gall. Franchetti (Ca' d'Oro)   Bildnisse zweier Prokuratoren, eines von Tintorettos Sohn Domenico

Madonna dell'Orto, Chor   ›Das Jüngste Gericht‹; ›Die Anbetung des Goldenen Kalbes‹; Moses empfängt die Gesetzestafeln‹; linkes Seitenschiff   ›Tempelgang Mariae‹; vierte Kapelle ›Hl. Agnes‹

S. Cassiano, Presbyterium   ›Kreuzigung‹; ›Auferstehung Christi‹ (stark beschädigt); ›Christus in der Vorhölle‹

S. Giorgio Maggiore, Chorwand   ›Abendmahl‹; ›Mannaregen‹; ›Krönung Mariae‹; ›Marter des Hl. Stephanus‹

S. Lazzaro dei Mendicanti, zweiter Altar links   ›Die Hl. Ursula und die 11 000 Märtyrerjungfrauen‹

S. Maria del Rosario, dritte Kapelle links   ›Kreuzigung‹

S. Maria della Salute, Sakristei   ›Hochzeit zu Kana‹

S. Maria Zobenigo, Presbyterium   ›Christus, Hl. Justina‹ (schlecht erhalten)

S. Polo   ›Himmelfahrt Mariae‹; ›Abendmahl‹

S. Silvestro, erster Altar rechts   ›Taufe Christi‹

S. Stefano, Sakristei   ›Abendmahl‹; ›Fußwaschung‹; ›Christus auf dem Ölberg‹

S. Trovaso, Chor   ›Die Versuchung des Hl. Antonius‹; ›Anbetung der Könige‹ (Werkstatt Tintoretto); ›Joachim wird aus dem Tempel verwiesen‹ (Werkstatt Tintoretto); im linken Querschiff ›Abendmahl‹

S. Zaccaria   ›Die Geburt Johannes des Täufers‹

Scuola dei Carmini, großer Saal im ersten Stockwerk   Neun Deckenbilder

S. Domenico auf der Insel Chioggia   ›Christus und Thomas von Aquin‹

S. Pietro Martire auf der Insel Murano   ›Taufe Christi‹

Paolo Veronese (1528–1588)

Einmal kam es doch vor, daß ein Maler nicht bei Tizian die Kunst erlernen wollte. Es war Paolo Caliari aus Verona und darum nach seiner Heimatstadt benannt; denn er beherrschte diese Kunst, als er, fast ein Dreißiger, den Boden der Lagunenstadt betrat. Auch er kam in Berührung mit dem König unter den Malern, aber ihm wollte Tizian wohl. Bei dem Wettbewerb um die Ehre, die Sansovinosche Markusbibliothek mit aus-

malen zu dürfen, wurde Veronese von Tizian als Sieger mit einer goldenen Kette aus-
gezeichnet. In Veroneses Seele kämpften auch keine Titanen wie in jener Tintorettos, er
liebte das Leben. Er faßte mit Heiterkeit und einem überwältigenden Können die ganze
Fülle Venedigs zu einem reichen Gastmahl der Freude zusammen, denn er war dem
Glanz in jeder Form und Gestalt verfallen, dem Glanz eines Pokals, eines Gewandes,
eines Lächelns, einer Bewegung; und dem des Sieges. Als sei es für ihn geschehen, siegte
Venedig tatsächlich noch einmal (1571 bei Lepanto über die Türken).

Er leugnete den drohenden Untergang des Staates. Vielleicht sah er ihn nicht, vielleicht aber wollte er ihm begegnen, als er (im Saal des Großen Rates im Dogenpalast)
Venezia zur Göttin erhob und so dem irdischen Zugriff entzog. Der wunderbare alte
Palast, in dem er gewohnt, steht an dem Weg von S. Samuele zum Palazzo Grassi. In
der Kirche San Sebastiano liegt er begraben.

Accademia   ›Das Gastmahl im Hause des Levi‹ (Abb. 80); ›Mystische Vermählung der
Hl. Katharina‹; ›Verkündigung‹; ›Thronende Muttergottes und Heilige‹; ›Nikolaus,
verehrt von den Bewohnern der Stadt Mira‹; ›Stigmatisation des Hl. Franz‹
Dogenpalast, Sala dell'Anticollegio   ›Entführung der Europa‹
– Sala del Collegio   Die Deckengemälde; ›Der Doge Venier als Sieger der Schlacht
von Lepanto‹ (Wandbild über dem Dogenthron);
– Sala del Consiglio dei Dieci   Die Deckengemälde. Das Hauptbild ›Jupiter schleudert
seine Blitze nach den stürzenden Lastern‹ ist eine Kopie (Original heute im Louvre)
– Saal des Großen Rates   ›Das triumphierende Venedig‹ (Decke über dem Thron,
Abb. 10)
Biblioteca Marciana   Die Deckengemälde im Goldenen Saal
S. Francesco della Vigna, Cappella Giustinian   ›Thronende Muttergottes, Hll. Katha-
rina und Antonius‹
S. Giacomo dell'Orio, Neue Sakristei   ›Pala Malipiero‹ (schlecht erhaltenes Wandbild)
und das Deckengemälde
SS. Giovanni e Paolo, Cappella del Rosario   Das Deckengemälde; ›Anbetung der Hir-
ten‹ (erste Kapelle links vom Chor)
S. Giuliano, erster Seitenaltar rechts   ›Der tote Christus wird von Engeln gen Himmel
getragen‹
S. Pantaleone, zweite rechte Seitenkapelle   Altarbild; ›Hl. Bernhard‹
S. Pietro di Castello, linkes Seitenschiff   ›Die Hll. Johannes Ev., Petrus und Paulus‹
S. Sebastiano   Die Kirche enthält fast nur Gemälde von Veronese. Man beachte vor
allem die Decke, ›Die Geschichte der Esther‹; in der Sakristei (Eingang unter der Orgel)
›Marienkrönung‹, in den vier Trabantenbildern die Evangelisten
San Pietro Martire auf der Insel Murano   ›Der Hl. Hieronymus in der Wüste‹; ›Die
Hll. Agathe und Petrus‹

Die Bassanos

JACOPO BASSANO (eigentlich da Ponte, um 1515–1592) malte religiöse Bilder in satten Farben. Seine Söhne FRANCESCO (1549–1592) und LEANDRO (1557–1632) setzten die Kunst des Vaters fort. Die Bassanos haben die venezianische Malerei um ein Thema erweitert, als sei es Zeit sich zu erinnern, daß der Herr – ehe er den venezianischen Nobile erschuf – die Kuh, das Pferd und die Ziege erschaffen und sie in die Landschaft gestellt hatte. Obwohl keiner der Bassanos Schüler von Tintoretto gewesen war, ist sein Einfluß augenfällig. Stark ist bei ihnen die Bedeutung des Lichts, doch die Ekstase, das Pathos, sind gebändigter. Sie sind große Künstler; Giganten sind sie nicht.

Die Bassanos weisen schon hinüber auf ein Thema, das von nun an die Aristokratie mehr beschäftigte als das Thema Venedig: es war das Leben auf dem Land. Die Villen auf der Terra Ferma entstanden. Die Politik interessierte nicht mehr. Der Handel hatte durch die Entdeckung des Seeweges nach Indien andere Häfen gefunden. Die Zeit des Glanzes war vorbei.

Es haben gemalt:

JACOPO BASSANO (um 1515–1592)
Accademia ›Der Hl. Hieronymus‹; ›Anbetung der Hirten‹
Dogenpalast, Sala dell'Anticollegio ›Jakob kehrt aus Kanaan zurück‹
S. Giorgio Maggiore, rechtes Seitenschiff, erster Altar ›Geburt Christi‹

FRANCESCO BASSANO (1549–1592)
Dogenpalast, Sala dello Scrutinio ›Die Einnahme von Padua 1504‹ (Deckengemälde)
– Saal des Großen Rates ›Papst Alexander III. überreicht dem Dogen das Schwert‹
Il Redentore, erste Kapelle rechts ›Geburt Christi‹; zweite Kapelle links ›Auferstehung‹; Sakristei ›Abendmahl‹

LEANDRO BASSANO (1557–1623)
Museo Correr ›Der Hl. Dominikus‹
Dogenpalast, Saal des Großen Rates ›Papst Alexander III. stiftet in S. Marco das heilige Wachs‹
– Sala del Consiglio dei Dieci ›Papst Alexander III. segnet den Dogen Ziani‹
S. Cassiano, dritter Altar ›Heimsuchung‹
S. Giacomo di Rialto ›Geburt Christi‹
S. Giorgio Maggiore, linkes Seitenschiff, dritter Altar ›Martyrium der Hl. Lucia‹
SS. Giovanni e Paolo, Cappella della Pace ›Das Wunder des Hl. Hyazinth‹; Trinitätskapelle im Chor Altarbild
S. Maria Formosa, rechtes Querschiff, zweiter Altar ›Abendmahl‹
S. Zaccaria, Sakristei II ›Begräbnis der Hl. Lucia‹

Rosalba Carriera (1675–1757)

Venedig gab seinen Künstlern kein großes Thema mehr. Da entdeckten die Künstler das kleine Thema und das kleine Format. Rosalba Carriera, eine Spitzennäherin, wurde die große Meisterin des Porträts in den zarten und sanften Farben des Pastells. Ihr Ruhm war nur mit dem Tizians zu vergleichen. Auch um sie warben Kaiser, Könige und Fürsten. Wien und Paris rechneten es sich zur Ehre an, daß Rosalba zu überreden war, dort die Großen zu malen, »und wer weiß«, schrieben die Brüder Goncourt, »ob nicht der Aufenthalt der Rosalba in Paris auf das Schaffen des Pastellmalers La Tour eingewirkt hat?« Rosalba Carriera wurde die große Künderin von dem besonderen Zauber der Venezianerin, die, wie wir im ›Diario Veneto‹ nachlesen können, in zwei Monaten sieben Paar Halbschuhe und zwei Paar Stiefelchen abzunützen vermochte, ohne auf dem Land gewesen zu sein. Rosalba wurde mit Ehrungen und Aufträgen überschüttet. Es wurde Mode, sich von ihr malen zu lassen, es wurde zum Ehrgeiz, Bilder von ihrer Hand zu besitzen: verständlich, die Bilder sind reizend. In Venedig kann man leider nur wenige sehen.

Accademia   Pastellbilder
S. Trovaso, Sakristei   ›Madonna‹
Ca' Rezzonico   Pastellbilder, Miniaturporträts und eine Madonna

Canaletto, Francesco Guardi und Pietro Longhi

Ein Chronist mit dem Zeichenstift war Antonio Canal, genannt CANALETTO (1697–1768). Er hat die Gassen und Plätze der Stadt, ihre Kanäle und Gebäude mit so großer Präzision und Genauigkeit aufgenommen, daß man heute durch den Vergleich mit seinen Bildern – auf den Zentimeter genau – das Absinken Venedigs (in einem Jahrhundert ungefähr 12,5 cm) messen kann. Canalettos Bilder sind in den Museen der ganzen Welt zu finden, in Venedig sind nur ganz wenige.

Canalettos Neffe und Schüler BERNARDO BELOTTO (1720–1780) verließ Venedig in sehr jungen Jahren. Er lebte und malte in Warschau, Wien und Dresden. So kann er in der Reihe venezianischer Maler nur erwähnt werden.

Im Gegensatz zu Canaletto – nicht präzis, sondern ganz impressionistisch, die Linie wie sein späterer Zeitgenosse William Turner fast völlig auflösend – malte FRANCESCO GUARDI (1712–1793), der andere Schüler des Canaletto. Seine hingetupften, hingehauchten Farben geben die Schönheit, das Einmalige Venedigs so wieder, daß man den Komödiendichter Goldoni verstehen kann, der einmal äußerte, »ein einziger Pinselstrich Guardis lasse einen den Niedergang der Republik vergessen«.

Obwohl er als Maler nicht bedeutend war, darf doch an PIETRO LONGHI (1702–1785) nicht vorübergegangen werden, dem ›Goldoni der Malerei‹, wie er genannt wurde, der so unermüdlich und naiv die Sitten und Unsitten des heitersten Jahrhunderts beobachtet und abkonterfeit hat.

CANALETTO (1697–1768)
Accademia ›Scuola di San Marco‹ (Abb. S. 258); ›Blick in eine Kolonnade und einen Hof‹

FRANCESCO GUARDI (1712–1793)
Accademia ›S. Giorgio Maggiore‹ sowie weitere venezianische Stadtansichten
Gall. Franchetti (Ca'd'Oro) Veduten
Ca' Rezzonico, zweiter Stock ›Triumph der Diana‹ (Deckenbild); Guardi-Saal ›Minerva‹; ›Apollo‹; ›Venezia‹
– Sala del Ridotto ›Karnevalsgesellschaft im Redoutensaal‹; ›Sprechzimmer der Nonnen von S. Zaccaria‹
S. Raffaele ›Fünf Szenen aus der Geschichte des Tobias‹ (Orgelbrüstung)

PIETRO LONGHI (1702–1785)
Accademia ›Das Konzert‹; ›Die Tanzstunde‹; ›Der Zahnbrecher: (Abb. 78)
Museo Correr ›Der Doge bei der Audienz‹
Ca' Rezzonico, Longhi-Saal 34 Bilder (Abb. 37)
Palazzo Querini-Stampalia, Saal II Kabinettbilder
Palazzo Grassi Treppenhausfresken (Abb. 38)
Palazzo Nani Treppenhausfresken
Palazzo Sagredo ›Gigantensturz‹ (Deckengemälde)

Gianbattista Piazzetta und die Tiepolos

Noch einmal erhob sich in drei Künstlern die venezianische Malerei zu ihrer alten Höhe. In GIANBATTISTA PIAZZETTA (1682–1754), der – wenige Jahre vor Rosalba Carriera geboren – zum eigentlichen Wegbereiter des Rokoko wurde. Und in Piazzettas Schüler GIANBATTISTA TIEPOLO (1696–1770), der am vollkommensten das ergriffen und begriffen hat, was dieses Jahrhundert vor allen anderen vorher und nachher auszeichnete: das Schwerelose, das Schwingende, das Musikalische. Tiepolos Verwandtschaft mit Veronese ist augenfällig, doch übertrifft er ihn an Leichtigkeit, die er nicht zuletzt dadurch erreicht, daß er – auf Perspektive souverän verzichtend – viel freien Raum zwischen den Figurengruppen läßt, ohne daß dieser Raum deswegen etwa tot oder leer bliebe. Seinen Menschen haftet nichts mehr von der Erdenschwere an, auch darin verkörpert er so ganz sein Jahrhundert in seiner Stadt, in der langsam alles geduldet wurde, außer dem Ernst, der Tiefe und der Langeweile. Auch Tiepolo verabscheute das erste und das letzte, nicht aber die Tiefe, doch nahm er sie nicht geistig, sondern optisch und zeigte sie so; der Raum besitzt Unendliches davon, wenn Tiepolo ihn ausgemalt hat.
Die Venezianer, die ihre reizenden Frauen und Töchter von Rosalba Carriera abkonterfeien ließen, rissen sich darum, daß Tiepolo die Wände und Decken ihrer Schlösser, Kirchen und Scuole bemale, und er bemalte sie. Dazwischen schmückte der Vierund-

fünfzigjährige in Windeseile das Würzburger Schloß, um dann als Fünfundsechzigjähriger den Ruf als Hofmaler nach Madrid anzunehmen, wo er neun Jahre später starb.

Von seiner Frau, Guardis Schwester, besitzen wir ein typisches venezianisches Settecento-Testament, in dem unter anderem bestimmt wird: »Ich hinterlasse meiner Tochter alle meine Hemden, mein neues Kleid und das Dunkelblaue mit den gelben Schleifen.«

Von seinen neun Kindern wurde GIAN DOMENICO (1727–1804) sein ebenbürtiger Mitarbeiter. Er hatte nicht die Leichtigkeit seines Vaters, dafür aber enorm viel Witz, wie zum Beispiel die Fresken in der Ca' Rezzonico beweisen. In seinen Bildern aber gab es auch Dunkelheiten und Dämonen, die dem Vater fremd waren (Kreuzwegstationen in S. Polo).

Des großen Kupferstechers PIRANESI muß noch gedacht werden, der 1721 in Venedig geboren wurde, doch hauptsächlich in Rom lebte und wirkte.

Dann kam kein Maler mehr, sondern Napoleon, und er befahl: »Ihr müßt aus dem venezianischen Land herausziehen, soviel ihr nur eben könnt.« Das geschah. Und auch Napoleon selbst, der Venedig liebte, plünderte die Kunstschätze und schickte sie nach Paris. Der Initiative eines einzigen Mannes, des Bildhauers Canova aus Possagno bei Treviso (1757–1822), ist es zu danken, daß fast alles wieder nach Venedig zurückkehrte. Für diese Tat kann man ihm seine bildhauerischen Arbeiten nachsehen – sogar sein eigenes Grabmal in der Frari.

Es haben gemalt:

GIANBATTISTA PIAZZETTA (1682–1754)

Accademia ›Die Wahrsagerin‹; ›Christus am Kreuz‹
Ca' Rezzonico ›Tod des Darius‹; ›Selbstbildnis‹
Scuola dei Carmini ›Judith und Holofernes‹
SS. Giovanni e Paolo, Cappella della Pace ›Glorie des Hl. Dominikus‹ (Deckengemälde)
S. Maria della Fava, zweiter Seitenaltar links ›Der Hl. Filippo Neri bittet vor der Immakulata für die Armen‹
S. Maria del Rosario (Gesuati), zweiter Altar ›Der Hl. Dominikus‹ (schlecht erhalten)

GIANBATTISTA TIEPOLO (1696–1770)

Accademia ›Gestalten im Gebet‹; ›Auffindung des Kreuzes durch die Hl. Helena‹; vier Mythologien
Dogenpalast, Sala delle Quattro Porte ›Neptun bietet Venezia die Schätze des Meeres dar‹ (Abb. 9)
Ca' Rezzonico Deckenfresken und Bilder in fast jedem Raum
Scuola dei Carmini, erster Stock Neun Deckenbilder
S. Alvise ›Geißelung‹; ›Dornenkrönung‹; ›Christus auf dem Weg zum Kalvarienberg‹
SS. Apostoli, Cappella Corner ›Kommunion der Hl. Lucia‹

S. Francesco della Vigna, Cappella Sagredo   Monochrome Deckenbilder der Evange-
listen
S. Maria della Fava   ›Anna, Joachim und Maria‹
S. Maria della Pietà   ›Triumph des Glaubens‹ (Deckengemälde)
S. Maria del Rosario (Gesuati)   Deckengemälde; erster Altar rechts   ›Madonna mit
drei Dominikanerinnen‹
S. Polo, zweiter Seitenaltar links   ›Die Muttergottes und der Hl. Johannes von Nepo-
muk‹
S. Stae, rechts   ›Martyrium des Hl. Bartholomäus‹
Palazzo Labia   Fresken (Farbtafeln 24, 25)
Palazzo Querini-Stampalia   ›Bildnis des Prokurators Giovanni Querini‹
Villa Pisani an der Brenta   Deckengemälde im großen Ballsaal
Das Deckenfresko in der *Scalzi*-Kirche wurde zerstört

GIAN DOMENICO TIEPOLO (1724–1804)
Dogenpalast, Sala del Senato   ›Antike Szenen‹ (Grisaille-Bilder)
Gall. Franchetti (Ca' d'Oro)   ›Kommunion der Hl. Lucia‹
Ca' Rezzonico, Sala del Tiepolo   ›Vier Charakterköpfe‹; Fresken in der sog. ›Villa
dei Tiepolo‹
S. Lio   ›Glorie des Titelheiligen und Ruhm des Kreuzes‹ (Deckenbild)
S. Polo, Apsis   ›Kreuzwegstationen‹
Palazzo Coccina-Tiepolo   ›Scharlatan‹; ›Menuett‹

Die venezianische Musik

Welch große Rolle die Musik in dieser »unermeßlichen Symphonie aus Stein« (Victor Hugo) gespielt haben muß, wird jedem auffallen, der die venezianische Malerei auch einmal auf ihre Thematik hin betrachtet. Ich erinnere nur an ein paar Bilder, an das *Ländliche Konzert* von Giorgione, der selbst einer der größten Lautenspieler und Sänger Venedigs gewesen sein soll, an das *Konzert* von Guardi, an Veroneses *Hochzeit zu Kana*, wo er sich selbst, Tizian, Tintoretto und Bassano als Musikanten darstellte. Ich erinnere an Carpaccios Zyklus in der Scuola degli Schiavoni, dort ist ein Notenblatt fast wie ein Kupferstich präzise abkonterfeit.

Wir wissen, daß das ländliche Leben der Venezianer erfüllt war mit Musik; und auch die Paläste der Nobili wie die Säle der Klöster hallten von ihr wider. Man sagt, daß das Triumvirat – wie die Freunde Tizian, Sansovino und Aretino seinerzeit hießen – seine Abende mit Frauen, Wein und Musik verbrachte. Und schon früher, 1365, veranstaltete der Doge Lorenzo Celsi mit dem Dichter Petrarca ein musikalisches Turnier unter den besten Musikern Italiens auf den Pfählen dieser Lagunenstadt; es dürfte wohl der erste musikalische Wettbewerb in Europa gewesen sein.

Wie Venedig dem Farblosen der Lagune die Farbe entgegenstellte, im Gold, im bunten Marmor ihrer Paläste – man kann es heute kaum mehr ahnen, wie bunt die Stadt sich einst geschmückt –, wie Venedig dem Flachen der Lagune die Kuppel und den Turm entgegenstellt – auch das kann man heute nicht mehr ganz ermessen, dafür wurden zu viele Kuppeln seither abgetragen, zu viele Türme stürzten ein –, so diente auch die Musik zur Überwindung des sonst so Unerträglichen, Grauen, Flachen, Stagnierenden, Unfruchtbaren rings um die Stadt herum; diente natürlich auch, dem immerwährenden Ernst, der ständigen Gefährlichkeit ihrer politisch-geologischen Lage das Unbeschwerte entgegenzusetzen.

»Man singt auf den Plätzen, auf den Straßen und auf den Kanälen. Die Kaufleute singen, wenn sie ihre Waren anpreisen, die Arbeiter singen, wenn sie die Werkstätten verlassen, die Gondoliere singen, wenn sie auf ihre Kundschaft warten.«

Goldoni

Dieses Bedürfnis des Gegensatzes ging so weit, daß man sich manchmal fragen könnte, ob die Venezianer sich nicht nur darum einen so dunklen, magischen, so mystischen

Raum wie die Markuskirche hinsetzten, damit das Lebensfrohe, das Lebensbejahende der venezianischen Musik in ihm doppelt wirken und doppelt wirksam werden mußte.

Für die Markuskirche und damit er dort Kapellmeister werde, rief der Staat in jener Stunde, die ihn, seinen Reichtum, seine Macht und seinen repräsentativsten Maler, Tizian, auf der höchsten Höhe traf, aus dem Land Flandern, aus der Stadt Brügge, von wo auch die Kunst, mit Öl zu malen, nach Venedig gekommen war, ADRIAN WILLAERT (um 1480–1562).

Er wurde Gründer und Haupt der ältesten venezianischen Schule und entwickelte in den 35 Jahren seiner Tätigkeit an der Markuskirche die Technik der Doppelchöre, die, getrennt voneinander aufgestellt, fast immer in kontrapunktierender Polyphonie sangen. Zu dieser Art der Technik des geistlichen Konzertierens war Willaert dadurch angeregt worden, daß die Orgeln in der Markuskirche einander gegenüberlagen.

Die durch Willaert gegründete Tradition riß nicht ab. Ihm folgte sein Schüler, ein gebürtiger Venezianer, ANDREA GABRIELI (um 1510–1586), der, sechsundvierzigjährig, Organist an San Marco wurde. Er war es, der jenen zwölfstimmigen Dialog zwischen zwei Chören zu Ehren von König Heinrich III. komponierte, der am 18. Juli 1574 auf dem beleuchteten Canal Grande dem französischen König von zwei Barken aus dargebracht wurde.

Andrea Gabrieli wurde der Lehrer seines Neffen GIOVANNI GABRIELI (1557–1612), der schon mit 18 Jahren als bedeutender Komponist und als einer der größten Orgel-virtuosen seiner Zeit galt und ebenfalls in San Marco wirkte. Durch Gabrieli wurde das Charakteristische der venezianischen Musik in Deutschland heimisch: es war genau das, was Johann Sebastian Bach veranlaßte, immer wieder die venezianischen Meister, besonders Vivaldi, zu spielen und zu studieren.

Giovanni Gabrieli wurde der Lehrer des Komponisten Heinrich Schütz, des späteren Hofkapellmeisters von Dresden, der die für seine Zeit ungewöhnliche Kühnheit besaß, eine Oper in deutscher Sprache zu schreiben (›Daphne‹).

Ein Jahr nach dem Tod des »Tizian der Musik« – wie Giovanni Gabrieli genannt wurde – kam CLAUDIO MONTEVERDI (1567–1643) aus Mantua, wo er als Kapellmeister gewirkt, in der gleichen Eigenschaft an die Markuskirche. Auch er sollte in Venedig bleiben und wurde, gleich Tizian, in der Santa Maria Gloriosa dei Frari begraben. Und mit ihm, dem Schöpfer des ›Orfeo‹, begann die Epoche der Oper.

1637 wurde in San Cassiano von dem Sänger, Lautenspieler, Komponisten und Dichter Benedetto Ferrari das erste Operntheater eröffnet. Andere folgten, bis mit dem Theater S. Giovanni Crisostomo, das noch Goethe besucht hat, die Zahl sieben im Jahre 1678 erreicht wurde. Eine erstaunlich hohe Zahl für eine Stadt von knapp 200 000 Einwohnern, zumal es ja auch noch etwa elf Schauspieltheater gab, in denen Abend für Abend gespielt wurde.

Doch das erstaunlichste ist nicht die Fülle, sondern das Einmalige der venezianischen Oper; einmalig als Erfindung, als architektonische Konstruktion – die Welt verdankt

Venedig das Opernhaus –, einmalig aber auch darin, daß die venezianische Oper von vornherein Volkstheater war.

Die Regierung war in Venedig ausschließlich Domäne der Aristokratie; es hätte nahegelegen, daß auch die Oper – wie überall sonst – der Regierungsschicht allein vorbehalten worden wäre; sie wurde es nicht. Sie war nicht exklusiv, sondern für ein weites und breites Publikum geöffnet, und dieses bestimmte die Spielzeit; es war nicht der Nachmittag, sondern der Abend, der allen gehörte. Noch heute tragen viele der Manuskripte Wachsflecken auf den Seiten und verraten die Art der Beleuchtung. Das Volk begnügte sich im Parkett mit harten Bänken. Die Nobili mieteten die Logen und finanzierten so die Opernhäuser. Das bunt aus allen Schichten und Ständen zusammengesetzte Publikum bestimmte aber auch mit der Zeit die Thematik der Oper: Lust und Neigung, die Antike wieder zum Leben zu erwecken, die sonst überall der Oper ihre Thematik anwies, fehlten hier fast gänzlich. Die Venezianer hatten mit der Antike nichts im Sinn; ihre Neigung galt nicht den Toten, sondern den Lebenden.

Monteverdi hatte die Arie zu einem wesentlichen Bestandteil seiner Opern gemacht; zwei seiner Schüler gingen noch weiter: FRANCESCO CAVALLI (1602–1676) und MARC ANTONIO CESTI (1623–1669) lösten die Arie aus ihrer reinen Opernbezogenheit und komponierten sie als Kunstwerk an sich. Dieses immer stärker Dominierende des Gesangs veränderte die soziale Struktur der Sänger. Wohl selten sind sie so hoch geehrt, so reich dotiert worden wie in Venedig im 17. und beginnenden 18. Jahrhundert.

Cavalli und Cesti haben die venezianische Oper weit über die Grenzen des Lagunenstaates hinaus berühmt gemacht. Von den 50 Opern Cavallis wurde ›Jason‹ überall gespielt, und der Komponist selbst dadurch geehrt, daß Ludwig XIV. von Frankreich ihm den Auftrag gab, die Festoper zu seiner Vermählung zu schreiben, während Cesti, von dessen Opern ›La Dori‹ die berühmteste wurde, die Festoper zur Vermählung Kaiser Leopolds I., in dessen Diensten er vorübergehend stand, komponierte.

Die Ausdruckslockerungen und die Individualisierungsreize, die durch die Bevorzugung des Sologesangs in die Welt der Musik gebracht wurden, wirkten natürlich zurück auf die instrumentale Musik. Dies zeigt der große Meister des Geigenspiels und des Streichorchesters ANTONIO VIVALDI (um 1669–1741), der, in Venedig als Sohn eines Geigers geboren, zum Priester geweiht, erst Kapellmeister in Mantua gewesen war, ehe er, 43jährig, in der gleichen Eigenschaft an die Markuskirche berufen wurde.

Das Gerücht sagt, es sei vorgekommen, daß er – ›il prete rosso‹, der rothaarige Priester – plötzlich, während er die Heilige Messe las, alles habe stehen und liegen lassen, wenn ihn eine Melodie übermannt hätte. Wegen dieser Unaufmerksamkeit Gott gegenüber bekam er öfter Schwierigkeiten mit Gottes Stellvertretern. Unter seinen zahlreichen und in ihrer Form bis heute noch gültigen Konzerten für Violine und Orchester dürften die ›Vier Jahreszeiten‹ am populärsten geworden sein.

Sechzehn Jahre jünger als Vivaldi war BENEDETTO MARCELLO (1686–1739), ebenfalls ein Venezianer, der die Musik so sehr liebte, daß er, obgleich er ein Nobile war, seine

Hand und seinen Namen einem ganz einfachen Mädchen gab, nur weil sie eine so schöne, sein Herz bewegende Stimme besaß. Marcello war ein guter Jurist – er war Advokat in Venedig – und ein hervorragender Politiker, er wurde Provveditore von Pola und später Schatzmeister von Brescia. Er galt als ein überdurchschnittlich guter Dichter und Musikwissenschaftler, sein berühmtestes Werk ›Il teatro alla moda‹ wurde 1720 in Venedig gedruckt. Daß er aber auch komponierte, trotz aller Anlehnung an Vivaldi doch mit einer gewissen Eigenwilligkeit, wurde erst offenbar, als mitten im Karnevalstreiben seine 50 Psalmen für eine Einzelstimme erschienen. Nach ihm versiegte die Quelle des musikalischen Schaffens Venedigs.

Das 20. Jahrhundert kennt Gian Francesco Malipiero, Bruno Maderna und Luigi Nono, doch knüpfen diese drei prominentesten unter den venezianischen Komponisten nicht mehr an die alte Tradition an.

Venezianische Spezialitäten

Die Glasindustrie

Über die Anfänge der venezianischen Glasindustrie weiß man wenig. Es sieht fast so aus, als hätten Mönche des Benediktinerordens sie eingeführt. Als sie in den Chroniken Ende des 12. Jahrhunderts auftauchte, war sie bereits ein solch großer Erwerbszweig geworden, daß Venedig Ende des 13. Jahrhunderts die Hütten vom Rialto weg und auf die einsame Insel Murano verlegte; angeblich wegen der Feuergefahr, in Wirklichkeit gewiß, um die Glasfabrikation den Blicken der neugierigen Fremden zu entziehen. Die Angst vor Verrat war so immens, daß dem Verräter das Gefängnis gewiß war und – wurde er auf der Flucht ertappt – der Tod.

Die sozialen Einrichtungen waren erstaunlich modern. Alle sechs Stunden war Schichtwechsel, und lange arbeitsfreie Monate zur Erhaltung der Gesundheit wurden eingelegt; es gab besonderen Schutz für jugendliche Arbeiter und für jeden Alten eine Rente von 70 Dukaten. Kündigungsfrist, Kündigungsschutz und gewisse Urlaubszeiten erstaunen da nicht weiter. Die Glasbläser hatten alles, eigene Schulen und einen Vorsitzenden, der – fast zu gleichen Teilen von Hüttenbesitzern und Arbeitern gewählt – die Arbeiten in den einzelnen Hütten zu überwachen hatte. Die Glasbläser besaßen alles, einen eigenen Kanzler, einen Nuntius beim Großen Rat und wie die Aristokratie ihr Goldenes Buch, in das die Namen der alten und zur Glasfabrikation berechtigten Familien eingetragen wurden. Nur eines besaßen sie nicht: Freiheit. Wer Glasbläser war, durfte nicht auswandern.

»Ein Glasbläser, wenn er zum Schaden der Republik eine Fertigkeit in ein anderes Land bringt, soll aufgefordert werden, heimzukehren; weigert er sich, sollen seine nächsten Verwandten ins Gefängnis geworfen werden, damit sein Familiensinn ihn zur Rückkehr bewege; verharrt er in seinem Ungehorsam, sind heimliche Maßnahmen zu ergreifen, um ihn, wo immer er sich aufhält, aus dem Weg zu räumen.«

Verordnung des Rates der Zehn, 1454

Dieses Gesetz aus dem 15. Jahrhundert wurde im 18. Jahrhundert erneuert, aber trotz Verbot und Lebensgefahr wanderten immer mehr Glasbläser aus und gründeten überall in Europa Hütten. Im 19. Jahrhundert konnte man nur noch die kleinen, spielerischen Glasperlen kaufen, die auch heute an allen Straßenecken feilgeboten werden. Nichts mehr war übriggeblieben von der hohen Kunst, die einst den Namen Venedigs ebenso zum Ruhm gereichte wie ein Tizian. Die Ironie des Schicksals wollte es, daß die Entdecker Amerikas – also die Urheber des venezianischen Untergangs – mit gläsernen Steinen aus Murano den Eingeborenen Gold und Edelsteine von unermeßlichem Wert entlockten.

Heute hat die Glasindustrie wieder eine beachtliche Bedeutung erlangt, wenn sie auch die alte künstlerische Höhe nicht mehr erreicht hat. Wer sich besonders für dieses Thema interessiert, sollte auf Murano das Museo Vetrario besuchen (s. S. 237).

Die Gondel

Die *Gondel* ist 10,15 m lang, 1,40 m breit und 700 kg schwer. Sie ist asymmetrisch: die rechte Seite ist 24 cm kürzer als die linke. Die Gondel war nicht immer schwarz; sie war früher mit Gold, Silber und wertvollen Stoffen geziert. Dieser Luxus mißfiel der Regierung, und so erließ sie gegen Ende des 16. Jahrhunderts ein Gesetz, das die Gondel verurteilte, ein schwarzes Grab zu sein; doch deswegen keineswegs ein Grab der Trauer, wie man nicht nur in den Erinnerungen von Casanova feststellen kann.

Die Gondel wird schon bei der Wahl des ersten Dogen 697 erwähnt. Im 16. Jahrhundert gab es 10000 Gondeln, heute kaum mehr als 400. Das Wort ›Gondel‹ kommt zum erstenmal kurz vor dem Jahre 1100 vor. Stammt es vom griechischen Kondu, die Tasse, oder vom lateinischen Cymbula, das kleine Boot?

Der Gondoliere (s. a. S. 246) war zur Zeit der Republik mehr als nur ein Fahrzeuglenker, er hatte das Vorrecht und die Ehre, einer Partei anzugehören, in diesem Staat, in dem es niemals Parteien gegeben hat. Er war entweder Castellani oder Nicolotti, das heißt, er gehörte entweder zum Stadtteil östlich des Canal Grande, wo die Insel Castelo, der Markusplatz und die Riva degli Schiavoni liegen, oder er gehörte zum Stadtteil westlich des Canal Grande, wo die Insel S. Nicolo liegt und der Rialto. Am letzten Tag des Karnevals fand auf der Piazzetta zwischen den beiden Parteien in Anwesenheit des Dogen und der hohen Würdenträger ein Wettschweineschlachten statt. Die Köpfe der Schweine mußten auf einen einzigen Hieb fallen, ohne daß das Schwert den Boden berühren durfte. Während dieses Blutbades schwebte ein Matrose, als Merkur (oder Engel) gekleidet, vom Glockenturm auf einem Seil hinüber zum Dogenpalast und streute Sonette auf das Volk, um dann dem Dogen einen Blumenstrauß zu überreichen. Man sieht, Venedig ließ keine Gelegenheit vorübergehen, ein Fest zu feiern.

Auch sie waren typische Venezianer

Carlo Goldoni (1707–1793)

Auf dem Campo San Bartolomeo, nahe dem Rialto, steht, von Dall Zotto geschaffen, das Denkmal eines schmunzelnden Mannes. Er war erblich belastet. Schon sein Großvater hatte auf dem Lido ein eigenes Theater. Mit 8 Jahren schrieb Carlo Goldoni seine erste Komödie, etwa 150 sollten folgen. Die genaue Zahl, sagte Goldoni, wisse er nicht, oft waren es 15 im Jahr, die bald überall, in Deutschland, Italien, Frankreich aufgeführt wurden.

Goldoni studierte Philosophie und die Rechte, von 1744–48 war er Rechtsanwalt in Padua. Aber das Theater ließ ihn nicht los. Der Einundvierzigjährige verschrieb sich ihm mit allen Sinnen. Er wies der italienischen Komödie neue Wege, das heißt, er verbannte die ›commedia dell'arte‹, die Stegreifkomödie mit ihren stereotypen Figuren, dem Pantalone, dem Brighella und wie sie alle heißen. Ihn störte die platte Handlung, die plumpen Hanswurstspäße und der Mangel an sittlichem Gehalt. Schrittweise fand Goldoni seine eigene Form. So entstand die ›commedia nuova‹.

»Meine Helden waren Menschen und nicht Halbgötter, sie äußerten ihre Leidenschaften, so wie wir es im Leben beobachten können, und zeichneten sich nicht durch Tugenden und Fehler aus, die allein in der Phantasie existieren.«

Er brauchte nur zu schreiben, was er um sich erlebte und sah. Das tat er mit unbedingter Wahrhaftigkeit. Er beschönigte nichts, doch er lachte, wenn er die Wahrheit sagte. Nichts vermochte seinen Schlaf, seine Laune, seinen Appetit zu beeinträchtigen; auch nicht, als er fliehen mußte. Die letzten 32 Jahre lebte er in Paris und starb, durch die Revolution vergessen und verarmt, über dem nie realisierten Traum seiner Kindheit: ein venezianisches Wörterbuch zu schreiben.

In der Nähe von S. Polo, in der Calle di Nomboli, steht der Palazzo Centami, Goldonis Geburtshaus, dessen Inneres mit malerischem Hof und Freitreppe zu einem kleinen Museum Goldoni ausgestaltet wurde.

Carlo Gozzi (1720–1806)

Er verteidigte die ›commedia dell'arte‹ gegen Goldonis Reformbestrebungen. So floh er in eine Traumwelt, in der es auf jeden Fall anders und besser war als in der Wirklichkeit. Er geißelt, er ist unheilbar traurig, und trotzdem sind seine ›Fiabe‹ (Märchenkomödien) unterhaltsam und amüsant und eroberten die Bühne mühelos. Sie zwangen und sie trieben Gozzis Rivalen Goldoni dazu, den Ruf nach Paris anzunehmen. Die Gegnerschaft zwischen den beiden strahlendsten Figuren, die Italiens Theater je hervorgebracht hat, teilte die Stadt in zwei Heerlager; bewaffnete die Damen, die Kavaliere, die Bürgerinnen, die Bürger, die Handwerker, die Gondoliere, die Aristokraten. Goldoni floh. Gozzi blieb. Doch trotz aller Märchen siegte die Realität. Sie war bitter genug. Sie war das Ende Venedigs. Gozzi, nicht Goldoni, mußte es überleben.

Sein Bruder Gasparo Gozzi (1713–1786) war der erste italienische Journalist. Er gründete die ›Gazetta Veneta‹, die nur ein Jahr erschien, doch Witz und Geist eines Jahrhunderts aufspeicherte und bewahrte.

Marco Polo (1254–1323)

Zwei Städte streiten sich um die Ehre, Marco Polos Geburtsstadt zu sein, Venedig und Corcula. Marco Polo lebte, als die Erde noch eine runde Scheibe war. Als Halbwüchsiger zog er mit Vater und Onkel 1271 über Bagdad, Persien, Afghanistan nach China, an den Hof des mongolenbeherrschenden Khan Kubilai, des Enkels von Dschingis Khan.

17 Jahre blieb Marco am Hof des Herrschers, wurde Statthalter der Provinz Kiangnan und mit den wichtigsten und offiziellsten Regierungsaufträgen betraut, die ihn überall in den weiten asiatischen Raum hinführten, zum Iran, nach Burma, Java, Sumatra, Ceylon, bis Indien. Er war der erste, der von Japan berichtet, der erste, der die Welt mit China bekannt gemacht hat.

Als er nach 25jähriger Abwesenheit nach Venedig zurückkehrte, lauschten nur die Kinder gläubig seinen Erzählungen, die Erwachsenen lachten. So wäre seine fundamentale Kenntnis des ganzen asiatischen Raums verlorengegangen, wenn Marco nicht bei einem Zusammenstoß zwischen genuesischen und venezianischen Schiffen in Gefangenschaft geraten wäre. In den Kerkern zu Genua diktierte er einem Mitgefangenen seinen Reisebericht. Dieser wurde sehr bald in die italienische und lateinische Sprache übersetzt.

Vielleicht hat kaum ein Buch, die Bibel ausgenommen, eine so immense Wirkung gehabt und dies bis an die Schwelle unserer Zeit: Folgenreicher, als daß Marco Polo Missionaren und Kaufleuten den Weg nach Asien wies, daß er chinesisches Porzellan mitbrachte und dadurch seiner Stadt die Anregung zu einer eigenen Manufaktur gab, war ein einziges Exemplar dadurch, daß es in die Hände von Columbus fiel. Mit seinen Randbemerkungen versehen, hütet es noch heute die Bibliothek von Sevilla. Dieses

Buch hatte Columbus angeregt, zu glauben, daß die Erde rund sei und daß man sie umschiffen könne.

Venedig hat keinerlei Erinnerung mehr an seinen großen Sohn. Man vermutet, daß er in der Pfarrei von San Crisostomo wohnte, aber das Haus verbrannte. Irgendwo um das Theater Malibran, an irgendeinem der Gäßchen und Durchgänge, hat es gestanden (s. S. 257). Marco Polo wurde in San Lorenzo begraben; aber als im 16. Jahrhundert die Kirche umgebaut wurde, verschwand sein Grab.

Giacomo Girolamo Casanova (1725–1798)

wurde in der Nähe des Theaters San Samuele geboren. Sein Vater war Tänzer, die Mutter Schauspielerin und Goldonis Star. Von unersättlichem Lebenshunger von Ort zu Ort getrieben, zog er ruhelos durch Europa: Tagedieb, Frauenheld, Glücksspieler, Alchimist, Philosoph, Freund eines Kardinals, Liebling eines Senators, Soldat, Vagabund, vom Rat der Zehn Verurteilter und Spitzel für den Rat der Zehn, unfreiwilliger Gast verschiedener Gefängnisse. Er übersetzte die ›Ilias‹ ins Italienische, schrieb ebenso rasch eine Geschichte der Revolution in Polen, verfaßte in 42 Tagen ein dreibändiges Werk, in dem er die Irrtümer berichtigte, die einem französischen Historiker bei dessen Geschichte Venedigs unterlaufen waren; außerdem verfaßte er einen Roman in fünf Bänden, ganz zu schweigen davon, daß er ein eifriger Tagebuchschreiber war.

Nach diesem unsteten Wanderleben, das ihn mit fast allen großen Persönlichkeiten der Politik und Literatur seiner Zeit in Verbindung brachte, lebte er ab 1785 in Böhmen als Bibliothekar des Grafen Waldstein auf dessen Schloß in Dux. Dort schrieb er am Ende seines wirbeligen Lebens mit bestechender Offenheit und größter Genauigkeit seine Memoiren. Casanova war ein hinreißender Schreiber, ein wirklich großes Erzählertalent, und seine Erinnerungen gehören zu den kulturgeschichtlich bedeutendsten Quellenwerken der zweiten Hälfte des 18. Jahrhunderts.

Die Inseln

Die Zahl der Inseln ist Legion. Die bedeutendsten seien kurz gestreift: die Giudecca; San Giorgio Maggiore; Murano, Burano, San Francesco del Deserto, San Michele und Torcello, das Juwel.

Die Giudecca, eine Gruppe von acht Inseln, war früher, wie ihr Name schon besagt, Sitz der Juden, dann des Adels und heute der Arbeiter, doch ist sie jetzt auch in den Sog der Touristik geraten und hat durch einen Hotelbau eines der bezauberndsten Gärtchen verloren.

Als die Pest 1576 in Venedig hauste, gelobte die Stadt, eine Kirche zu bauen, wenn sie erlösche. Sie erlosch, und Palladio bekam den Auftrag, IL REDENTORE zu errichten (s. S. 155).

In der Nacht vor dem dritten Julisonntag feiert Venedig das Redentorefest; eine Schiffsbrücke wird vom Zattere hinübergeschlagen. Nahe der Kirche liegt das Kloster LE ZITELLE, ebenfalls von Palladio erbaut.

San Giorgio Maggiore war erst Saline, dann Weingarten, bis die Benediktiner sich hier niederließen, von hier aus Ungarn christianisierten und im 10. Jahrhundert die erste Kirche bauten. Im 16. Jahrhundert begann Palladio den Neubau, Scamozzi vollendete ihn. Goethe, der Palladio bewunderte, spricht von »Ungeschicklichkeiten«, die ihm hier zu »auffallend« scheinen. Doch ist SAN GIORGIO MAGGIORE aus der charakteristischen Silhouette Venedigs nicht mehr wegzudenken (Abb. 92). Der besonders schöne Blick vom Turm wurde bereits erwähnt (Abb. 89). Das Innere sollte man wegen der Kunstwerke besuchen (Abb. 90).

Im rechten Seitenschiff, erster Altar, *Geburt Christi* von Jacopo Bassano, 1592 hier aufgestellt. Auf dem dritten Altar aus der Werkstatt Tintorettos zwei Heilige, *Cosmas und Damian,* deren Reliquien die Mönche des Klosters vor 1594 erworben hatten. Im rechten Querschiff *Krönung Mariae* von Tintoretto. Im Chor zwei große Bilder *Mannaregen* und *Abendmahl,* ebenfalls von Tintoretto. Auf dem Hochaltar anstelle eines Tabernakels die vier Evangelisten als Träger der Weltkugel mit der Statue des segnenden Heilands, 1591–93 von Girolamo Campagna ausgeführt. Hinter dem Hochaltar *Chorgestühl* mit Reliefs aus dem Leben des Hl. Benedikt, 1598. Sehenswert als

Francesco Guardi (1712–1793), Blick auf S. Giorgio Maggiore. Federzeichnung.
Wallraf-Richartz-Museum und Museum Ludwig, Köln

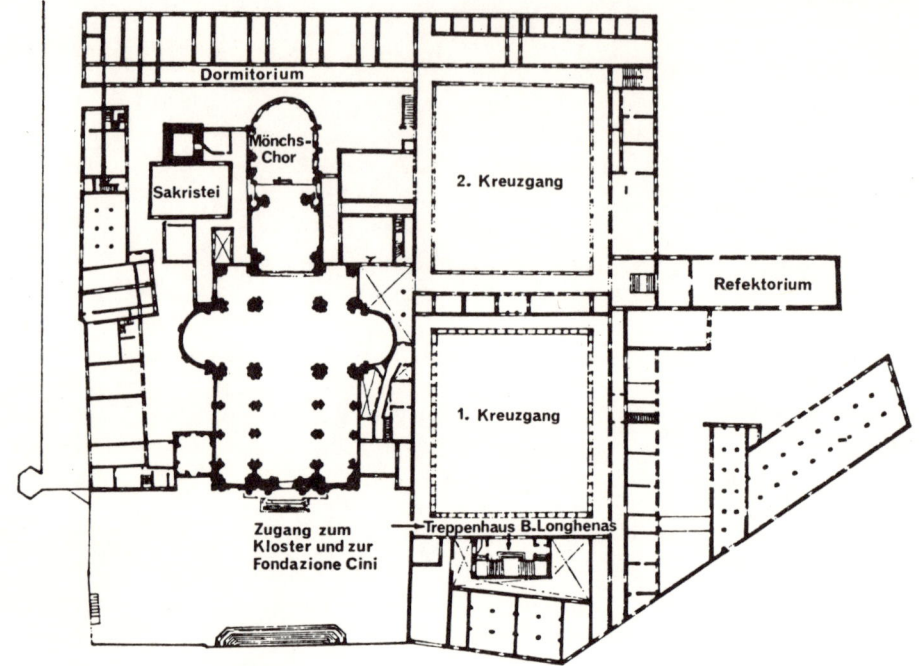

S. Giorgio Maggiore (Grundriß)

Innenraum ist die Sakristei. Im linken Querschiff von Tintoretto *Marter des Hl. Stephanus* und auf dem dritten Altar des linken Seitenschiffs *Martyrium der Hl. Lucia* von Leandro Bassano.

In den ersten Jahrzehnten des 20. Jahrhunderts schien San Giorgio Maggiore zu zerfallen. 1951 rettete die Stiftung ›Giorgio Cini‹ die Baulichkeiten. Sie ließ die Gebäude, die einzufallen drohten, restaurieren (s. S. 261).

Von San Francesco del Deserto weiß eine liebenswürdige Legende, daß der Hl. Franziskus von Assisi dort gelandet sei, um sich von einem Seesturm zu erholen. Er steckte seinen Wanderstab in die Erde. Der Stab fing an zu grünen. Die zypressenreiche Insel wird von Franziskanermönchen gehütet. Die Mauer des Klostergartens birgt einen Stein mit dem Markuslöwen und dem Verbot des Rats der Zehn, auf dieser Insel zu fluchen, zu schwören und zu spielen. Man erreicht die Insel mit dem Boot in ca. 20 Minuten.

San Michele (auf halbem Seeweg nach Murano) ist heute Friedhof. Viele alte Venezianer von Rang und Würden sind auf ihm begraben. Kunstreiche Inschriften zieren die alten Steinplatten. Berühmte Künstler wie Diaghilew und Strawinsky fanden hier ihre letzte Ruhestätte. Man sollte hinüberfahren, um die sechseckige kuppelbedeckte CAPPELLA EMILIANA von Bergamasco, einem Mitarbeiter von Pietro Lombardo, anzuschauen. »Ein geistlicher Pavillon«, sagt Jacob Burckhardt und rühmt die Reliefs. Diese Kapelle ist das letzte Werk der Frührenaissance im Bereich Venedigs; als sie fertig war, wurde Sansovino oberster Architekt und Bildhauer des Staates. Neben der Kapelle steht die Kirche SAN MICHELE von Mauro Codussi (1469–1478), dem großen Architekten aus der Werkstatt Pietro Lombardos (Abb. 96).

Zur Insel **Murano** gelangt man mit dem Motorboot oder Dampfer, die von der Fondamenta Nuove ablegen. Auf Murano hatten viele Nobili ihre Villen, und wie überall in und bei Venedig blühte auch hier das kirchliche und klösterliche Leben. Hier in Murano wurde der erste botanische Garten Italiens angelegt, und von hier aus nahm – mit der Familie Vivarini – die venezianische Kunst Mitte des 15. Jahrhunderts ihren Ausgang.

Das Glasfenster von S. Polo, *das* Glasgemälde Venedigs, etwas Einzigartiges, wurde hier hergestellt, denn Murano war seit Mitte des 13. Jahrhunderts eine bedeutende Glasbläserstadt, und seine 30 000 Einwohner – heute mögen es 5000 sein – lebten von der Glasfabrikation. 1861 wurde im früheren Palast Giustinian das Glasmuseum (MUSEO VETRARIO) eingerichtet, das die bedeutendste Sammlung von Glasbläserarbeiten von der Antike bis heute enthält und außerdem auch noch Wandteppiche und Bilder aus dem 15. und 16. Jahrhundert. Die Glasfabriken können besucht und die Glasbläser bei ihrer Arbeit betrachtet werden.

Der Dom SS. MARIA E DONATO (Abb. 97), im 7. Jahrhundert errichtet, im 9. und 12. Jahrhundert umgebaut, venezianisch-byzantinischer Stil, eines der schönsten Bauwerke im Raum Venedigs, birgt *Fußbodenmosaiken* aus der Mitte des 12. Jahrhunderts und Fresken aus der Schule der Vivarini. Bemerkenswert ist eine Reliefikone des *Hl. Donatus,* bemalt und vergoldet, um 1310. Werfen Sie einen Blick auf Lorenzo Venezianos Altargemälde und auf den romanischen *Campanile.* Die andere Kirche, SAN PIETRO MARTIRE aus dem 14. Jahrhundert, hütet eine schöne Bellini-Madonna, eine Himmelfahrt (Bellini und Werkstatt) und zwei Bilder Veroneses (s. S. 218).

Burano ein Fischerstädtchen, ist reizend – man glaubt den Malern, daß sie gern dort leben – und berühmt durch seine Frauen, die mit Nadel und Faden ohne ein als Unterlage dienendes Gewebe Spitzen zu zaubern vermögen (Abb. 103). Im PALAZZO DEL PODESTA, Piazza B. Galluppi 4, befindet sich eine besuchenswerte Klöppelspitzenschule. Im 15. und 16. Jahrhundert waren die Klöppelspitzen bedeutendster Ausfuhrartikel und Einnahmequelle. Alben mit venezianischen Spitzenmustern kursierten in Europa und brachten die venezianische Spitze überall in Mode, bis Frankreich unter Luwig XIV.

die Einfuhr verbot und eigene Manufakturen gründete, hauptsächlich mit venezianischen Spitzenstickerinnen, die zur Auswanderung verlockt wurden.

Erst nach 1870 blühte diese Kunst, und zwar nur in Burano, wieder auf. Eine einzige alte Frau kannte die Technik noch und lehrte sie. Die SCUOLA DEI MERLETTI wurde gegründet; wer sich für Spitzen interessiert, sollte sie (im Palazzo Communale) besuchen.

Der Vaporetto der Linie Venedig-Burano fährt weiter nach **Torcello,** einer kleinen, früher bedeutenden Lagunenstadt. Der erste Eindruck ist der einer großen Stille und Einsamkeit. Ernest Hemingway, der Venedig sehr liebte und häufig in Torcello weilte, sagte einmal, daß er sich hier demütig fühle. Und doch stehen hier nur noch zwei Päläste und zwei Kirchen, Santa Fosca und Santa Maria Assunta, sowie eine Handvoll kleiner Häuser. Ähnliche Kirchen gibt es in Ravenna, ähnliche Paläste und Häuser in Venedig. Nicht sie ergreifen den Besucher, sondern das Unerbittliche des Schicksals, das hier gewaltet hat.

Als Altino, die Stadt Venetiens, im 7. Jahrhundert von den Langobarden zerstört worden war, flohen die Bewohner mit ihrem Bischof an der Spitze hierher; es heißt, Stimmen aus den Lüften hätten ihnen den Weg gewiesen. Die Stadt wurde 639 gegründet. Eine Inschrift in der Kathedrale Santa Maria Assunta weist darauf hin; sie ist das älteste Zeugnis der venezianischen Geschichte. Im 8. und 9. Jahrhundert war Torcello bereits die wichtigste Hafenstadt Seevenetiens. Der oströmische Kaiser Konstantin VII. (945–959) nennt sie in seiner Reisebeschreibung ›De thematibus‹ sogar »eine mächtige Handelsstadt«.

Ein Kaufmann aus Torcello rettete im Jahre 828 den Leib des Heiligen Markus aus den Händen der Ungläubigen. Im 12. Jahrhundert noch war Torcello eine selbständige Gemeinde, dicht besiedelt mit Kirchen, Klöstern und Palästen. Das 15. Jahrhundert fand Torcello entvölkert, versumpft, versinkend; ein Steinbruch, aus dem Venedig kostbares Material für seine eigenen Kirchen und Paläste holte. Wir wissen nicht genau, was passiert ist. Der Krieg jedenfalls ist unschuldig am Ende von Torcello. Ein kleines Flüßchen, die Sile – so heißt es – brachte der Stadt den Untergang, doch ist es möglich, daß noch andere Naturkatastrophen den Verfall beschleunigten. Heute hat Torcello kaum 100 Einwohner. Nichts ist geblieben von all der Pracht und dem Reichtum, nur die zwei Paläste auf der Piazza – der PALAZZO DEL CONSIGLIO und der PALAZZO DEL ARCHIVIO –, die heute das Museum bergen, der Dom und die Kirche S. Fosca sowie ein steinerner Thron, auf dem einst Attila gesessen haben soll.

Der Dom, SANTA MARIA ASSUNTA, wurde 639 gebaut, erhielt aber erst im 11. Jahrhundert das heutige Aussehen (Abb. 100). Die Vorhalle stammt aus dem 14. und 15. Jahrhundert. Die Hauptsehenswürdigkeiten des Doms sind seine *Mosaiken,* deren Erhaltungszustand sehr ungleich und deren Datierung noch umstritten ist. Die ältesten befinden sich in der rechten Seitenkapelle, das in der Apsiswölbung stammt aus dem 7. Jahrhundert: Vier Engel tragen ein bekränztes Medaillon mit dem Lamm Gottes.

Die Mosaiken im unteren Teil – die Heiligen Ambrosius, Augustinus, Martin und Gregor – sind nicht genau zu datieren, wahrscheinlich stammen sie aus dem 12. Jahrhundert. Grandios ist die Madonna mit dem Kind in der Apsiskonche der Kirche aus dem Anfang des 13. Jahrhundert. Ihr gegenüber ›Das Jüngste Gericht‹ (Abb. 101), eine Bildergeschichte aus dem 12. und 13. Jahrhundert, von einem byzantinischen Meister geschaffen.

Zu den Kostbarkeiten dieser Kirche gehören die Chorschranken aus dem 11. Jahrhundert und ein Bischofsstuhl.

Einer Märtyrerin aus Ravenna, der HL. FOSCA, ist die andere Kirche – ein byzantinischer Zentralbau aus dem 6. Jahrhundert, im 11. Jahrhundert erneuert – geweiht (Abb. 100).

Torcello teilt das Schicksal von Constantia, das im sechsten Jahrhundert 40 000 Einwohner hatte und irgendwann versank, teilt das Schicksal von Centranica, von San Pietro, von Ammiano; doch von ihnen blieb wenigstens der Name. Von anderen Städten Seevenetiens weiß man sogar ihn nicht mehr.

Der Lido und die angrenzen Inseln

Die 12 km lange, bemerkenswert baumreiche Insel, mit Hotels und Villen bespickt, war 1202 der Treffpunkt jener Kreuzfahrer, mit denen Dandolo Byzanz einnahm. Neben dem Hafen und weit bis aufs Meer hinaus sichtbar steht die alte Kirche San Niccolò di Lido. Ein Stück die Straße hinunter liegt großzügig wieder hergerichtet der Friedhof der venezianischen Juden, ein schattiger stiller Platz (Abb. 102).

Der 5 km lange Strand, vom allerfeinsten, goldgelben Sand, war noch zu Goethes Zeiten so einsam, daß der deutsche Dichter stundenlang ungestört die Bewegungen der Taschenkrebse beobachten und der englische Dichter Byron ebenso ungestört und ebensolange dort reiten konnte. Heute ist der Strand unterteilt, eingeteilt, abgeschlossen, verstellt von Gattern, Mauern, Schildern, Tausenden von Badehütten, Hunderten von Bars, Restaurants, Cafés, von Radiomusik sanft überrieselt.

Wer viel Zeit und Geld hat, sollte trotzdem auf dem Lido wohnen, da die tägliche Hinüberfahrt nach Venedig zu den größten Genüssen gehört.

Gegen das südliche Ende des Lido hin liegt das Städtchen MALAMOCCO. Wir erinnern uns, daß der vierte Doge, Deodato Ipato, den Regierungssitz von Seevenetien im 8. Jahrhundert hierher verlegte, ehe Venedig die Hauptstadt wurde. Doch dies ist auch das einzige Interessante an Malamocco. Von der ehemals blühenden reichen Handelsstadt ist kaum noch eine Spur geblieben; eine Springflut vernichtete sie.

Südlich des Lido, nur durch die Porta di Malamocco getrennt, zieht sich abermals ein 11 km langer Lido hin. Dort liegt das Städtchen PELLESTRINA noch in wohltuender Verschlafenheit; dort auch findet man die ›Murazzi‹, gewaltige, mehrere Meter hohe Felsbrocken, welche die Lagune und damit Venedig vor dem Überfall des Meeres schützen sollen, was sie bisher auch taten. Diese zyklopische Arbeit war das letzte, was die Republik tat (1757), ehe sie für den Rest ihrer Tage in den Freuden des Karnevals versank.

Jenseits dieser Murazzi liegt, ganz im Süden der Lagune und durch eine Brücke mit dem Festland verbunden, auf mehreren Inseln und durch unzählige Kanäle unterteilt, das reizende CHIOGGIA, berühmt durch die Niederlage der Genuesen 1379. Mit dieser Niederlage begann die höchste Blüte Venedigs. Einiges ist hier sehenswert, wie der *Dom* von Longhena, Mitte des 17. Jahrhundert erbaut, mit Wandmalereien, die Tiepolo und dessen Lehrer Piazzetta zugeschrieben werden, wie die gotische Kirche *S. Martino* mit dem Altarbild, das dem Paolo Veneziano zugeschrieben wird, wie die alte Kirche *S. Domenico* mit Altarbildern von Tintoretto und von Carpaccio und einem gotischen Kruzifix von großer Seltenheit.

Gegenüber der kleinen Kirche *San Francesco* steht das Haus der Malerin Rosalba Carriera. Auch Goldoni hielt sich in ihm wiederholt auf, um Eindrücke für seine Komödie ›Le Baruffe Chiozzote‹ zu sammeln, deren Uraufführung Goethe am 10. Oktober 1786 im Theater S. Lukas in Venedig entzückte. Von der Piazzetta Vigo nach links führt eine Brücke über den Canale della Vena, und durch die Calle Santa Croce gelangt man geradeaus auf eine zweite Brücke, die den Canale San Domenico überquert und zur gleichnamigen Kirche führt. Von der Brücke überblickt man den breiten Kanal mit seinen Schiffswerften und den gelb, braun und orange gefärbten Segeln der Fischerboote.

Dschossa, wie die Venezianer diese Insel nennen, ist noch ein wenig so, wie einst Venedig war. Man sollte sie besuchen, ehe der Tourismus auch hier ausbricht; noch ist es still und romantisch (Abb. 106).

Praktische Reisehinweise

von Friedhelm Gröteke

Vorbemerkung

Alle Angaben beziehen sich auf die Neuauflage des Buches 1979. Preisangaben wurden mit Rücksicht auf die Inflation in Italien nicht gemacht. Wegen der großen Auswahl an guten Hotels, Pensionen und Restaurants konnte auf Namen verzichtet werden. Der Tourist besorgt sich am besten sofort nach der Ankunft bei den staatlichen Büros für die Förderung des Fremdenverkehrs (Ente Provinciale 22373 Turismo) in der Südwestecke des Markusplatzes (∅ 26356, 22373), am Bahnhof (∅ 715016), am Piazzale Roma (während der Saison), am Lido (Gran Viale 6) oder am Endpunkt der Autobahn vor Mestre die neuesten Hotelverzeichnisse sowie das ebenfalls unentgeltlich verteilte Wochenheft ›Un Ospite di Venezia‹ (Ein Gast in Venedig) mit allen wissenswerten Angaben samt Veranstaltungsvorschau.

Für Fahrten mit den *städtischen Verkehrsmitteln* geben die Stadtwerke ein verbilligtes Tagesabonnement für Touristen aus, das sich vor allem bei Vaporettofahrten in Venedig und der Lagune bezahlt macht. Bei Gepäckträgern, Gondelführern und Wassertaxis empfiehlt es sich, vorher nach dem Preis und eventuellen Zuschlägen (Nachtbeförderung usw.) zu fragen.

Ist Venedig überfüllt, dann versuche man es mit den *Motels* in Mestre. Von hier aus führen schnelle und häufige Bus- und Bahnverbindungen nach Inselvenedig. In Mestre kauft man auch Boutique-Moden, Schuhe, Handtaschen und andere Lederwaren vielfach günstiger ein als in Venedig, das für Qualitätsware meist nicht billig ist.

Die *Öffnungszeiten* der Museen und Kirchen sind sehr verschieden und wechseln häufig. Deshalb wurde auf Einzelangaben verzichtet. Staatliche Institute haben meist nur bis 13 oder 14 Uhr geöffnet. Die Kirchen schließen fast alle über Mittag, und das heißt im Sommer bis 16 Uhr.

Reisezeit

Ein Besuch Venedigs ist wegen der ausgeglichenen Temperaturen zu allen Jahreszeiten schön. Selbst im Hochsommer ist die Hitze etwas abgemildert. Allerdings ist die Stadt gerade dann von Fremden überfüllt. Deshalb sollte man – wenn es irgend geht – die Monate Juli und August sowie die erste Septemberhälfte vermeiden. Leider fallen die beiden volkstümlichsten Feste, nämlich das Fest des Redentore (Erlösers) am dritten Sonntag im Juli und die historische Regatta am ersten Sonntag im September in diese Periode. Nach der Statistik regnet es im Oktober am meisten. Der geringste Niederschlag wird im Februar verzeichnet. Venedig hat durchschnittlich nur zehn Frosttage im Jahr und nur sieben Tage, an denen Schnee fällt – und die können besonders stimmungsvoll sein.

Anreise

a) mit dem Auto

Außerhalb der Saison stellt man den Wagen am besten in einer der beiden Hochgaragen am Piazzale Roma ab. Die AGIP-Garage dort hat 2500 Parkplätze und 200 Boxen, die Garage San Marco 550 Parkplätze. Vom Piazzale Roma gehen auch die Busverbindungen zum Festland. Hier sind Taxistände, Anlegestellen für Motorboot-Taxis und Gondeln sowie die Vaporetto-Haltestellen für den Schiffsverkehr von Venedig. Findet sich für das Auto kein Platz, so muß man auf die Parkinsel ›Tronchetto‹ ausweichen, zu der man, vom Festland gesehen, bereits einige hundert Meter vor dem Piazzale Roma rechts abbiegt. Vom Tronchetto gibt es regelmäßige Vaporetto-Verbindung (Linie 3) zur Anlegestelle Giardinetti beim Markusplatz sowie Fährverbindung mit Pkw-Beförderung (Linie 17) zum Lido. Es besteht auch ein Bus-Pendelverkehr zwischen Tronchetto und Piazzale Roma, der jedoch gegen 22.30 Uhr eingestellt wird. Vom Piazzale Roma zum Markusplatz

kann man dann die Vaporettolinie 1 (accelerato) durch den Canal Grande nach San Marco – Lido benutzen oder die schnellere Linie 2 (diretto) über den Rio Nuovo nach San Marco – Lido.

Zu Fuß gelangt man vom Piazzale Roma über die Giardini Papadopoli – Campo dei Frari – Campo San Polo – Rialto und Mercerie zum Markusplatz (gute Beschilderung).

In der Hochsaison fassen zuweilen weder die Garagen am Piazzale Roma noch der Tronchetto die Automassen. Dann empfiehlt es sich, den Wagen auf dem Festland entweder auf Parkplätzen in Mestre stehenzulassen oder die Parkplätze in Fusina (Brentakanalmündung) und San Giuliano (östlich von Mestre) zu benutzen, die beide Vaporettoverbindung nach Venedig haben. Von Fusina legt das Boot der Linie 16 an der Riva degli Schiavoni (Nähe Markusplatz) an, von San Giuliano die Linie 24 an den Fondamenta Nuove (dem Friedhof von San Michele gegenüber).

Auf dem Lido kann man das Auto benutzen. Fährdienst dorthin für Personenwagen außer vom Tronchetto aus auch über Chioggia und die Uferstraße des Lido von Pellestrina (umständlich).

b) mit der Eisenbahn

Endstation Venedig – Santa Lucia. Vom Bahnhofsvorplatz Abfahrt der Linie 1 (accelerato) über den Canal Grande nach San Marco und Lido und mit der schnelleren Linie 2 über Rio Nuovo – San Marco – Lido. Zu Fuß gelangt man vom Bahnhofsvorplatz nach links über die Lista di Spagna – Via 28 Aprile – Campo

S. Bartolomeo – Rialto – Mercerie zum Markusplatz (gute Beschilderung).

c) mit dem Flugzeug
landet man auf dem Flugplatz ›Marco Polo‹ östlich von Mestre und erreicht dann mit Motorbooten in ca. 30 Minuten den Markusplatz oder nimmt den Autobus bis Piazzale Roma (siehe a).

d) mit Überseeschiffen
legt man an der Stazione Marittima (S. Basilio) oder seltener an der Riva degli Schiavoni an. Von der Stazione Marittima nimmt man die Vaporetto-Linie 5 zum Markusplatz (circolare destra) oder zum Piazzale Roma (circolare sinistra).

Ankunft in Venedig

Endlich: Es riecht nach Salzwasser. Da ist die Lagune. Wir sind fast am Ziel. Noch liegt endlos lang die Auto- und Eisenbahnbrücke vor uns, die Venedig mit dem Festland verbindet. Obwohl die ›Freiheitsbrücke‹ (Ponte della Libertà) mit ihren 3,6 Kilometern die ganze laguna morta überquert, ist sie doch ein beträchtliches Stück kürzer als der Canal Grande, Venedigs Haupt-(Wasser-)Straße. Selbst der Schnellzug fährt nun viel zu langsam. Denn wer ist nicht von dieser seltsamen Mischung aus Ungeduld und Begeisterung gepackt, wenn sich die Inselstadt immer deutlicher aus dem Dunst der Lagune abhebt, je mehr die Häßlichkeit der Industriezone von Porto Marghera zurückbleibt?

Aus der Bahnhofshalle von Santa Lucia tritt man in eine andere Welt hinaus. Paläste, Kirchen, Brücken mit Treppen und vielen Menschen darauf, Gondeln und Boote, die sich an spiralig bemalte Pfähle reihen, dazu klatscht das Wasser des Canal Grande an die Ufermauern.

Da steht man nun mit seinem Gepäck. Träger bieten ihre Dienste an. Betreßte Uniformierte empfehlen Hotels und versprechen kundige Stadtführung; andere winken in ein bereitstehendes Motorboot. Wer dies zum erstenmal erlebt, verliert wohl zunächst ein wenig den Boden unter den Füßen. Hier ist kein Taxi, in das man sich verkriechen, keine Metro, in die man steigen kann. Kein Straßenschild und keine Allee weisen die Richtung. Und an den Pontons vorbei tuckert eine verwirrende Zahl von Dampfern und Booten nach rechts und links.

Etwas leichter haben es da die Autofahrer mit ihren ersten Schritten in der Inselstadt. Am Piazzale Roma gibt es noch Verkehrsschilder und Tankstellen, riecht es noch nach Benzin. Allerdings: Die Welt auf Rädern ist auch hier zu Ende.

Zugegeben: Der moderne Reisende betritt Venedig durch die Hintertür, ob er nun mit dem Zug, dem Auto oder dem Flugzeug ankommt. Nur die Passagiere von Mittelmeer-Schiffsreisen erleben beim Anlegen in Venedig noch die großartige Einfahrt durch das Hafenbecken von San Marco, wie sie für jeden aus der Fremde heimkehrenden Venezianer früher selbstverständlich war. Wer gegen Sonnenuntergang vom Baden am Lido zurück in die Stadt fährt, erhält vielleicht einen Begriff von dem, was ein Wiedersehen mit Venezia durch dieses Prachtportal bedeutete.

Allerdings, uns Venedig-Novizen interessiert zunächst einmal etwas anderes: Wie finden wir uns in dem Gewimmel von Gassen und Kanälen zurecht? Unter Leuten, die offensichtlich nicht einmal richtig italienisch sprechen, sondern in einem weichen, klangvollen und reichlich unverständlichen Dialekt aufeinander und meist auch auf den Fremden einreden! Selbst für Italiener aus anderen Regionen ist Venezianisch fast eine Fremdsprache. Darum brauchen wir uns unserer Unwissenheit nicht zu schämen. Aber ein paar Worte und Begriffe sollten wir bereits bei der Ankunft kennen, dann fällt uns der Aufenthalt in dieser Inselmetropole bedeutend leichter.

Einige Begriffe

Schon beim Einfachsten fangen die Mißverständnisse oft an. In Venedig heißt Straße nicht einfach Straße. Was im Italienischen eine strada oder via ist, wird im Venezianischen zur *calle*. Nennen wir es Gasse. Hunderte von großen und kleinen Gassen oder calli durchziehen die Stadt in einem eigenwilligen, oft gar nicht mit den Kanälen im Zusammenhang stehenden Labyrinth. Gäßchen heißen übrigens *callette* oder *calleselle*, und einige sind so eng, daß zwei Wohlbeleibte kaum aneinander vorbeikommen. Weniger als ein halbes Dutzend ganz breite Gassen, die zudem meist in neuerer Zeit ihren Namen erhalten haben, werden auch als *via* bezeichnet. Aber das sind Ausnahmen. Häufiger treffen wir auf das Wort *salizzada*. Das hat nichts mit Salz

zu tun, sondern mit salizo, dem venezianischen Begriff für selce, das heißt Feuerstein. Es handelt sich um nichts anderes als gepflasterte Straßen, entsprechend dem italienischen Wort selciato für Pflaster. Erst gegen Ende des 17. Jahrhunderts wurden die Straßen nicht mehr mit kleinen Flußsteinen gepflastert, sondern mit Trachytplatten aus den nahegelegenen euganeischen Hügeln belegt. Der Widerhall der Fußtritte, vor allem der Absätze von Damenschuhen, in den engen Gassen Venedigs gehört zu den akustischen Eindrücken besonderer Art, welche diese Stadt bietet. Venedigs Gassen lassen oft nur einen kleinen Schlitz Himmel sehen, denn Platz war kostbar und deshalb hat man oft die Häuserfront ab dem ersten Stock auf Stützbalken vorgeschoben. Diese zuweilen verzierten Balken nennt man barbacani (Hundebärte). Manchmal stehen wir vor einer Gasse mit der altitalienischen Bezeichnung *ruga*. Solche rughe (Mehrzahl), in denen das französische ›rue‹ anklingt, bezeichneten früher einmal Wege, die von Häuserzeilen und Werkstätten flankiert waren. Meist handelt es sich um breite Gassen. Die belebten Geschäftsgassen zwischen Rialto und Markusplatz heißen *mercerie* (von merce = Ware). Ein *ramo* (italienisch: Zweig) ist ganz einfach eine kurze Seitengasse. Ist sie eng, dann kann sie auch *stretto* heißen. Führt die Gasse sogar unter einem Haus, einer Kirche oder einem Palast durch, dann wird sie zum *sottoportego*. Seltsam kommt uns die Bezeichnung *piscina* (italienisch: Schwimmbecken oder Fischbecken) vor. Wir entnehmen daraus, daß an dieser Stelle ein Kanalbecken zugeschüttet worden ist. Ganz eindeutig ist auch ein *rio terra* nichts anderes als ein zugeschütteter Kanal (›rio interrato‹ in italienisch). *Fondamenta* heißen dagegen Straßen, die längs der Kanäle laufen und damit das Fundament für die anliegenden Häuser abgeben. Wenn wir uns nun noch merken, daß die Uferstraßen vom Markusplatz aus Richtung Lido als *riva* (deutsch: Ufer) bezeichnet werden und daß sie im Dorsoduro-Stadtteil entlang dem Giudecca-Kanal *zattere* heißen – nach den Holzflößen, die dort früher anlegten –, dann haben wir das Kapitel ›Straßen in Venedig‹ beinahe abgeschlossen. Beinahe, denn gleich die erste Gasse, die wir vom Bahnhof Santa Lucia aus nach links zum Markusplatz gehen, heißt weder calle noch ruga oder salizzada, sondern *lista*. Und so wurde im alten Venedig ein Straßenstück benannt, an dem der Palast eines Botschafters lag. Weiße Steine am Boden zeigen noch heute an, wie weit auf dieser Gasse die Immunität reichte.

Durch die Gassen und Gäßchen und über die verwirrend vielgestaltigen Brücken (es sind insgesamt über 400) erreichen wir so manchen schönen Platz. Vom Piazzale Roma, dem ›großen Platz‹ war schon die Rede. Aber da fuhren ja noch Autos, und damit handelt es sich für das Gefühl der Venezianer um eine Verlängerung des Festlandes. In Venedig gibt es sonst außer der Piazza San Marco, die ganz einfach ›La Piazza‹ (der Platz) genannt wird, keine piazza. Und nur der kleine Platz, der rechtwinklig von der Piazza San Marco zur Lagune führt, sowie der kleine Platz mit den beiden Löwen seitlich der Markuskirche dürfen sich *piazzetta* nennen, das heißt Plätzchen. Alle anderen Plätze in Venedig heißen *campo*

(Feld), und wenn sie kleiner sind, *campiello*. Ein Innenhof wird *corte* genannt.

Konnte man früher von Gasse zu Gasse und von campo zu campo über gerade Holzbrücken reiten, so bauten die Venezianer seit der Renaissance immer mehr Bogenbrücken aus Stein über die Kanäle, bei denen die Stufen das Reiten allmählich zum Geschicklichkeitssport werden ließen. Den vielen Stufen verdanken nach Ansicht mancher Venezianer die Venezianerinnen ihre schöne gerade Haltung und den eleganten Gang. Die gesamte Menschheit verdankt den Stufen zudem, daß in Venedig weder Autos noch Motorräder durch die calli und über die campi jagen.

Ganz ohne Motorlärm geht es dennoch nicht ab. Motorboote ersetzen nämlich den Venezianern sämtliche Transportmittel zu Lande. Feuerwehr und Müllabfuhr, Unfalldienst und Polizeistreife kommen auf dem Wasserweg daher. Sogar Trauerboote bewegen sich in feierlichem schwarzen Geleitzug von den Fontamenta Nuove zur Friedhofsinsel San Michele. Obgleich der Venezianer mehr als alle anderen Städter dieser Welt zu Fuß geht, ist er eben doch von der Wiege bis zur Bahre auch auf die Kanäle angewiesen. Allerdings wird ein Kanal in Venedig zum *rio*. Ein kleiner Kanal ist ein *riello*. Nur ganz große und breite Durchfahrten heißen ausnahmsweise *canale*, wie der Canale della Giudecca oder der Canale di San Marco, das große Becken zwischen Markusplatz und der Insel San Giorgio. Der größte unter den 100 Kanälen der Hauptinsel Venedig ist der wie ein Fragezeichen gebogene und mehr als vier Kilometer lange *Canal Grande*, die schönste Straße der Welt. Auch sprachlich bildet er unter den Ausnahmen wieder eine Ausnahme: Dieser Canal hat nämlich aus Gründen des Wohllauts kein Endungs-e. Italiener haben das im Blut. Ausländer müssen es erfahren. Je nachdem, ob jemand grammatikalisch richtig, aber dennoch falsch ›Canale Grande‹ oder eben wie es Brauch ist ›Canal Grande‹ sagt, kann man den Grad seiner Vertrautheit mit Venedig abschätzen.

Nach dieser letzten Hürde wollen wir unseren kleinen Plausch über Land- und Wasserwege in Venedig abschließen. Was die Lagune betrifft, so lassen wir es hier mit drei Sätzen bewenden, obwohl die Sache viel komplizierter ist, als man es dem glatten Wasserspiegel auf den ersten Blick ansieht. Denn auch in der Lagune laufen überall Kanäle, sozusagen unter Wasser. Ebbe und Flut dringen durch diese Kanäle vom Meer her bis in die feinsten Verästelungen. Soweit diese Bewegung kräftig und reinigend ist, nämlich zwischen Venedig und dem Meer, heißt das große Brackwasserbecken *laguna vita* (lebendige Lagune), während das träge und fast unbewegte Wasser zwischen Venedig und dem Festland *laguna morta* (tote Lagune) genannt wird.

Gondola, Gondola ...

Die Gondolieri sind selbstbewußt. Sie zweifeln nicht daran, daß ihr Ruf ›Gondola! Gondola!‹ irgendwann einmal bei jedem Fremden seine Zauberwirkung tut. Schließlich ist es soweit: Auch wir steigen in die Gondel – nicht ohne vorher den Fahrpreis zu erfragen und nach der

Vergewisserung, daß der Mann mit dem weißblauen Ringelhemd auch der ›Ente per la Conservazione della Gondola e la Tutela del Gondoliere‹ (einer Art Zunftvereinigung) angehört, weil nur so feste Tarife garantiert sind. Als Festländer tun wir außerdem gut daran, uns sofort einen Platz in dem ständig schwankenden Gefährt zu suchen. Sind die Passagiere und Lasten erst einmal verteilt, dann besteht allerdings keine Gefahr: Die Gondel ist ein sehr stabiles Fahrzeug, auch wenn es uns nicht so scheint.

Der Gondoliere stellt sich nun auf den erhöhten Platz am Heck und bewegt mit einem drei Meter langen Holzruder das ungewöhnliche Gefährt vorwärts, indem er damit abwechselnd das Wasser wegdrückt und die Fahrtrichtung korrigiert. Das Ruder liegt bei diesem Hin und Her frei auf einem seltsam gedrehten Stück Holz mit zwei Einkerbungen, das sich *forcola* nennt. Und ebenso wie es in Venedig nur noch zwei Gondelwerften gibt (bei San Trovaso), wissen auch nur noch ein paar Handwerker, wie die Rudergabel für eine Gondel geschnitzt wird.

Das über zehn Meter lange und nur anderthalb Meter breite asymmetrische Boot hat eine uralte Tradition. So wird das Wort Gondel schon 697 bei der Wahl des ersten Dogen erwähnt. In einem Dekret aus dem Jahre 1094 forderte ein Doge die Bewohner des Lagunenstädtchens Loreo auf, geschmückte Gondeln für einen Staatsakt bereitzustellen. In der Renaissance gab es zeitweise 10 000 Gondeln in Venedig; heute sind es weniger als 500.

In den engen und gewundenen Kanälen Venedigs ist ein Boot mit außerordentlicher Bewegungsfähigkeit notwendig.

Die Gondel erhält diese Eigenschaft vor allem durch zwei Besonderheiten: Ihr Kiel liegt nur zu drei Vierteln im Wasser, und damit sind bei jedem Ruderschlag weite Ausschläge von Bug und Heck möglich; außerdem ist die rechte Seite 24 Zentimeter kürzer als die linke und der Rumpf des Bootes ist 12 Zentimeter mehr nach rechts geneigt, wenn das Boot auf dem Lande liegt. Im Wasser vergrößert sich diese Schräglage noch mehr. Dadurch kann die Gondel seitlich vorwärtsgleiten und auch mit einem einzigen Ruderschlag nach links gedreht werden.

Der Gondoliere braucht nicht nur starke Arme zum Rudern und gelenkige Füße, mit denen er sich und sein Boot ab und zu an den Grundmauern eines Palastes abstößt. Er hat auch eine kräftige Stimme nötig. An unübersichtlichen Kanalbiegungen kündigt er seine Durchfahrt mit einem langgezogenen »Oee« an. Ertönt ein anderes »Oee« hinter der Ecke, verständigen sich die beiden aufeinander zufahrenden Gondolieri über die weiteren Manöver. »Stai« – (scharf rechts fahren) ruft der erste, und der andere antwortet: »Premi« (links halten). Kommt ein Motorboot entgegen, so hat die Gondel immer Vorfahrt. Am Ende der Gondelfahrt zieht meist ein alter, ausgedienter Gondoliere das Boot ans Ufer, reicht den Aussteigenden behilflich die Hand – und erwartet dafür ein kleines Trinkgeld.

Wer kein Geld für eine Gondelfahrt ausgeben will, aber dennoch einmal den schwankenden Gondelboden unter den Füßen spüren möchte, dem ist eine Überfahrt über den Canal Grande mit den größeren Fährgondeln zu empfehlen, die an einem Dutzend Übergangsstellen langwierige Umwege ersparen. Ein kleines Fährgeld legt man an den Bootsrand.

Venezianische Leckereien

Die ersten Lagunenfischer und Salzhändler mögen sich einfach ernährt haben. Immerhin waren der Wein der Veneter und einige gesalzene Fischsorten auch bei den Römern bekannt. Je mehr und je länger Venedig später mit dem Orient Handel trieb, um so stärker wurde der Einfluß orientalischer Gewürze und später auch türkischer Spezialitäten. Aus ganz Europa kamen Kaufleute, um die ›sacchettis venetis‹, die venezianischen Gewürzsäckchen, zu erwerben. Venedig führte als erste mitteleuropäische Stadt 996 den Zucker ein, der anfänglich nur in der Apotheke zur Herstellung bestimmter Medikamente benutzt, aber bald auch zu Konfekt verarbeitet wurde. Noch heute wird brauner Rohrzucker, wie er ehedem aus der venezianischen Besitzung Candia (Kreta) kam, als Kandiszucker bezeichnet. Auch der Kaffee erreichte Venedig zuerst als Medizin. Das erste Kaffeegeschäft entstand 1683 auf dem Markusplatz.

In vielen venezianischen Süßspeisen lebt die arabisch-byzantinische und später türkische Tradition fort. Süßer Milchreis mit Rosinen, Pfannkuchen, Kartoffelklößchen, die mit Zimt und Zucker in gebräunter Buttersoße gebacken werden, persegade (Pfirsichkuchen) und cotognate (Quittenkuchen), die bei bestimmten Volksfesten in eßbare Ikonen verwandelt und mit silberglänzendem Konfekt verziert werden, sind typisch venezianische Leckereien.

Mit Mandeln und Pinienkernen werden die ›fave dei morti‹ (Totenbohnen) zubereitet. Wer hätte nicht schon zabaione geschlürft, der früher mit Wein von der venezianischen Insel Zypern geschlagen wurde und den man warm – mit Eis und mit Schlagsahne vermischt – serviert. Die kurze österreichische Besatzungszeit hat khifelini (Kipfel) und Strudel hinterlassen.

Eine Schleckerei verdankt Venedig sogar den Bettlern, die meist im Stadtteil San Nicolò wohnten und aus dem zusammengeschnorrten Brot einen süßen Brotpudding zubereiteten, den man noch heute unter dem Namen ›nicolotti‹ beim Bäcker kaufen kann. Am volkstümlichsten ist aber in Venedig ein kleiner Zwieback, der nach dem Namen eines Fischleins ›baicolo‹ heißt und beim gemütlichen Familientratsch in den süßen Wein getunkt wird.

Aber der Venezianer lebt nicht nur von Süßigkeiten. Vor allem Fisch und Seegetier (frutti di mare) fehlen auf keiner Speisenkarte. Da gibt es Seebarsch, Scholle (sogliola), Goldbrassen, den soaso (eine Art Steinbutt) und den wohlschmeckenden, wenn auch fürchterlich aussehenden coda di rospo (Krötenschwanz). Auch Aale aus den Brackwasserseen und gó (ein Fisch aus der Lagune) werden schmackhaft zubereitet. Scampi, Krebse, rosige Krabben, graue schille und saletti, die hauchzart schmeckende cancreola (Meerspinne), die mit Kräutern gekochten und zu Spaghetti servierten vongole und die vor allem im Spätherbst vortreffliche canocia (Messermuschel) sind nur eine kleine Auswahl aus dem unzähligen Seegetier, das tagtäglich frisch aus der Adria

kommt und am ausgiebigsten am RIALTO-FISCHMARKT bewundert werden kann (Abb. 71).

Der frische Fisch wird gesotten, gegrillt, gebraten und gebacken und mit den passenden Soßen serviert. Daß die Venezianer außerdem auch für baccalà (getrockneten Dorsch) und stoccafisso (Stockfisch) schwärmen, muß eine Erinnerung an Salzhändlerzeiten sein. Häufig werden die gebratenen Fische in eine Marinade aus Essig, Wein und weichgeschmorten Zwiebeln gelegt, dazu werden zuweilen noch Rosinen und Pinienkerne gegeben. Gegrillter Fisch wird mit Öl beträufelt, mit gehackter Petersilie, Knoblauch und Sardellenfilets überstreut. Davon bildet sich eine Tunke, in die man die Polenta stippt. Historiker der Kochkunst behaupten, daß diese Soße als direkte Nachfahrin der römischen ›garums‹ die älteste am Mittelmeer sei. Wem sie zu deftig ist, der probiere einmal Tintenfisch auf venezianisch in der eigenen Tintensoße!

Zu den weltbekannten Gerichten der Lagunenstadt gehört die auf einer Lage geschmorter süßer Zwiebeln angerichtete Kalbsleber (fegato alla veneziana) und risi bisi, ein Gemisch aus Reis und jungen Erbsen, in das geschmorte Schinken- oder Speckwürfel gegeben werden. Nur in Venedig und Umgebung bekommt man die Leber ›in tortiera‹: Leber in dünne Scheiben geschnitten, in Semmelbröseln gewendet, in Butter geschmort, mit Zitrone überträufelt, mit Staubzucker bestäubt und leicht im Backrohr überbacken!

Nicht umsonst kommen beim Fleisch die Eingeweide zuerst, der Venezianer liebt Lungenhaschee, Hühner- und Gänseklein, trippa (Pansen) und dergleichen. Frikassees waren früher beliebt, sind aber etwas aus der Mode gekommen. Beim Braten werden in den Küchen die Soßen gesondert angerichtet, so daß man die Bissen hineintunken kann.

Sehr gutes Obst und Gemüse kommt aus der Umgebung der Lagune und aus den Lagunengärten selbst: Zichorien und Salat aus Chioggia und Treviso, kleine Artischocken, Fenchel, Melonen, Pfirsiche und Aprikosen.

Spitzenweine wachsen nicht in Venedigs Umgebung, aber dafür erhält man fast überall gute, unverfälschte Landweine, von denen der rote Merlot, trockener weißer Pinot und Tokaiersorten zu den Fleisch- und Fischspezialitäten am besten schmecken.

Eine Fahrt auf dem Canal Grande

(Die bei den Palästen angegebenen Zahlen verweisen auf die Erklärungen auf der Innenseite des Rückumschlags)

Venedigs ›corso‹ ist eine viereinhalb Kilometer lange, 30 bis 70 Meter breite und bis zu fünf Meter tiefe Wasserstraße. Deshalb wird der erste ›Rundgang‹ zu einer Dampferfahrt auf diesem fragezeichenförmig gewundenen Canal Grande. Man fährt mit dem Vaporetto der Linie 1, der an allen Anlegeplätzen auf beiden Kanalseiten hält. Inmitten von Lastkähnen und Gondeln, den Barkassen der Hotels und schnellen Taxibooten, geschickt vorangestoßenen sandali (flachen Barken) und den von einem Ufer zum anderen kreuzenden Fährgondeln wandert der Blick

immer wieder zwischen den reichverzierten Palastfassaden, den Kirchtürmen, dem Gewühl in den Ufergassen und der nicht minder lebhaften Bewegung auf dem Wasser hin und her. Zu Schiff ziehen Hochzeitsgesellschaften und Kranke, Möbeltransporte und Gemüseladungen, Müllund Weinfuhren an uns vorüber. Da diese schnell wechselnden Szenen alle Sinne (ja, auch den Geruchsinn!) beschäftigen, hat es wohl noch niemand fertiggebracht, gleich bei der ersten Fahrt durch den Canal Grande alle Paläste und Kirchen zur Kenntnis zu nehmen. Deshalb sollte man sie öfter in beiden Richtungen machen.

Steigen wir am Piazzale Roma oder am Bahnhof über einen pontile (schwimmende Anlegestelle) ins Schiff. Auch wenn bereits eine größere Menschenmenge an der Anlegestelle wartet, sollte man nicht verzweifeln: So ein Vaporetto faßt offiziell 243 Personen! Am Ende des Bahnhofsvorplatzes (seinen schönen Namen hat der Bahnhof Santa Lucia übrigens von einer 1863 hier abgerissenen Kirche) steht die barocke Scalzi-Kirche (Barfüßerkirche), deren berühmte Deckenfresken des Gianbattista Tiepolo 1915 durch eine österreichische Bombe zerstört wurden. Diese Kirche wurde von dem gleichen Baldassare Longhena erbaut, der am entgegengesetzten Ende des Canal Grande – und auf der anderen Seite – die Kirche Santa Maria della Salute als sein Meisterwerk errichtete (s. S. 186).

Noch bevor das Schiff unter der erst 1934 an Stelle einer häßlichen Eisenkonstruktion errichteten Scalzi-Brücke durchfährt, werfen wir rechts einen Blick auf das klassizistische Kirchlein San Simeone Piccolo mit der charakteristischen grünen

Francesco Guardi, Rialtobrücke mit Fondaco dei Tedeschi. Öl a. Lwd. Privatbesitz

Kuppel. Dieser Teil des Canal Grande lag früher am Rande der Stadt. Deshalb sehen wir ein paar hundert Meter lang keine außergewöhnlichen Gebäude, bis links hinter der Abzweigung des Canale di Cannaregio der barocke PALAZZO LABIA auftaucht (Abb. 59), heute Sitz des italienischen Staatsrundfunks RAI. Die Familie, die diesen Palast im 18. Jh. errichten und den Festsaal von Gianbattista Tiepolo ausmalen ließ (Farbtafeln 24, 25), war sprichwörtlich reich und großtuerisch. Als die Labia einmal 40 Edelleute zum Essen geladen hatten, warf der Gastgeber nach Beendigung des Festmahls die goldenen Schüsseln und Bestecke in den Kanal mit den Worten: »L'abbia o non l'abbia, sarò sempre un Labia« (Ob ich das habe oder nicht, ich bleibe immer ein Labia). Allerdings soll der gerissene Vene-

zianer vorher dafür gesorgt haben, daß unter Wasser ein Netz ausgebreitet war...

Gleich nach der Kirche San Marcuola folgt der große Renaissancepalast VENDRAMIN-CALERGI (Abb. 32), Wintersitz des Spielkasinos (2). Auf der anderen Kanalseite kommt der venezianisch-byzantinische, aber im 19. Jh. stark restaurierte FONDACO DEI TURCHI (1) ins Blickfeld, der zwei Jahrhunderte lang den Türken als Warenlager diente (Abb. 36). Von hier aus öffnet sich eine großartige Perspektive: Bis kurz vor der Rialtobrücke erscheint ein Palast nach dem andern, wechseln Barock, Renaissance, Gotik und Romanik mit einem Rankenwerk von Bögen, Balkonen, Loggien und Portalen. Der PALAZZO BARBARIGO, auf der linken Kanalseite gleich hinter dem Rio Maddalena, ist Sitz des Deutschen Studienzentrums Venedig. Nach einem Platz auf der rechten Kanalseite, dessen Abschluß die lebhafte, mit Statuen bevölkerte Barockfassade von San Stae bildet, schiebt sich der aufdringliche Block der CA' PESARO (3) in den Vordergrund (Abb. 31). Gleich darauf legt der Vaporetto auf der linken Kanalseite vor der CA' D'ORO an (4), dem schönsten Palast am Canal Grande (Farbtafel 21). Seine Frontseite war einstmals vergoldet. Während sich nun auf der rechten Seite vor dem malerischen Hintergrund des Fisch- und Gemüsemarktes die drei Renaissancebauten FABBRICCHE NUOVE, FABBRICCHE VECCHIE und PALAZZO DEI CAMERLENGHI hintereinanderreihen, ist auf der linken Seite die schöne, wenn auch restaurierte venezianisch-byzantinische Fassade der CA' DA MOSTO (5) bemerkenswert. Zwischen dem 16. und 18. Jh. war dieser Palast als ›Leon Bianco‹ (Weißer Löwe) das berühmteste Hotel Venedigs, in dem Kaiser und Könige abstiegen.

Etwas dahinter an der Kanalbiegung liegt der FONDACO DEI TEDESCHI (6), ein massiges Gebäude, in dem die deutschen Kaufleute ihr Warenlager unterhielten (Abb. 71). Von den allegorischen Fassadenfresken, die Giorgione und Tizian geschaffen hatten, künden außer einem Fragment in der Accademia nur noch klägliche Zeichnungen. Heute dient das Gebäude als Hauptpost. Nun fährt das Schiff unter der RIALTOBRÜCKE (Farbtafel 22) durch, einem majestätischen Bauwerk, das den Canal Grande an seiner schmalsten Stelle mit einem 48 Meter weiten Brückenbogen überspannt. Der Architekt Antonio da Ponte hatte 1588 den Auftrag für die Brücke gegen die Konkurrenz von Palladio und Michelangelo er-

halten. Vorher stand hier eine Holzbrücke, deren Mittelteil bei der Durchfahrt hochmastiger Schiffe emporgezogen wurde. Auf Carpaccios großem Gemälde vom ›Wunder der Kreuzesreliquie‹ (Accademia, Abb. 79) ist diese Holzbrücke zu sehen. Auch manche der seltsamen runden Kamine und Altane, die auf diesem Bild wiedergegeben sind, sind hier und da noch zu finden. Altane dienen noch heute den Familien als luftiger Platz für einen abendlichen Schwatz. Früher setzten die jungen Venezianerinnen auf diesen Holzterrassen ihr Haar der Sonne aus. Sie benutzten dabei große Strohhüte, die statt der inneren Wölbung für den Kopf ein großes Loch hatten. Da hindurch wurden die Haare gesteckt, so daß sie in der Sonne ausgebreitet die begehrte gelbrote Farbe erhielten, die wir auf den Bildern von Tizian und Palma il Vecchio als ›tizianrot‹ bewundern.

Inzwischen ist unser Vaporetto unter der Rialtobrücke hindurchgefahren, hat am gleichnamigen Pontile gehalten und passiert nun den PALAZZO DOLFIN-MANIN (7), in dem der letzte Doge wohnte, ein rechter Hasenfuß. Heute residiert in diesem Palast die italienische Notenbank. Die nächsten beiden großen Paläste LOREDAN-FARSETTI mit den byzantinischen Fassaden (8) dienen als Rathaus von Venedig (Abb. 33). Nun folgen bis zur Kanalbiegung auf beiden Seiten eine Reihe schöner Renaissancepaläste, von denen linkerhand der PALAZZO GRIMANI (9) am bemerkenswertesten ist. An der Kanalbiegung steht als eleganter Wegweiser die spätgotische CA' FOSCARI (14), heute Universität von Venedig (Abb. 30). Daneben bilden zwei gotische Zwillingsbauten den PALAZZO GIU-

STINIAN. Im ersten Haus komponierte Richard Wagner den zweiten Akt von ›Tristan und Isolde‹. Wenig weiter steht an der nächsten Kanaleinmündung der PALAZZO REZZONICO (15), der samt seiner Einrichtung ein lehrreiches und prächtiges Museum des 17. Jahrhunderts bildet. Hier starb 1889 der englische Dichter Robert Browning, nachdem er den Palast ein Jahr zuvor gekauft hatte. Genau gegenüber liegt neben dem klassischen PALAZZO GRASSI (16) ein idyllischer kleiner Platz, dem der Glockenturm von San Samuele mit seinem altvenezianischen Bleidach das Gepräge gibt. Ganz in der Nähe wurde Giacomo Casanova geboren. Schon erscheint in der Kanalbeuge die Holzbrücke der ACCADEMIA. Die berühmten Kunstsammlungen befinden sich rechts in den Räumen des ehemaligen Misericordia-Klosters (Abb. 72–82). Der Überlieferung nach arbeitete hier 1177 Papst Alexander III. ein halbes Jahr lang versteckt als Küchenhelfer, um dem Zorn des Barbarossa zu entgehen, der ihn überall und mit keineswegs guten Absichten suchte. Links hinter der Brücke ziehen sich die gotischen Arkaden des PALAZZO CAVALLI FRANCHETTI hin. Bevor der mächtige Bau des PALAZZO CORNER oder Ca' Grande (17) auftaucht, zieht das CASINO DELLE ROSE mit dem schönen Vorgarten die Blicke auf sich. Er gehörte einst dem Prinzen Hohenlohe, war das erste Studio des Bildhauers Antonio Canova und diente ein Jahrhundert später Gabriele d'Annunzio als Wohnung. Auf der anderen Seite sieht man das Erdgeschoß eines großangelegten Palastes, der CA' VENIER DEI LEONI genannt wird (anscheinend hielt sich die Familie Venier in dem Garten ein paar Löwen), der aber aus Geldmangel nie fertig wurde und heute die Sammlung Peggy Guggenheim beherbergt (Abb. 85–87). Ein schmalbrüstiger spätgotischer Palast auf dem linken Kanalufer (PALAZZO CONTARINI-FASAN, 19) heißt ›Casa della Desdemona‹ und wird von den Venezianern als das Haus betrachtet, in dem sich die Shakespearesche Tragödie abspielte (Abb. 35). Auf der rechten Seite bricht die Zeile der Paläste nunmehr an einer Kanaleinmündung ab und die Salute-Kirche mit ihren riesigen Volutenschnecken setzt einen majestätischen Schlußpunkt. In einer der Lagune zugewandten Spitze läuft dann das alte Seezollamt der Republik (Dogana del Mar) aus (Abb. 88 links). Die vergoldete Statue der Fortuna dreht sich in der frischen Brise, die meist aus dem Seebecken von San Marco herüberweht. Der Dampfer legt an der Mole von San Marco an.

Rundgänge

1. Rundgang: Markusplatz mit Markuskirche und Dogenpalast

Wer die auf den Seiten 80–151 beschriebenen Kunstschätze rund um den Markusplatz und die Piazzetta besichtigt, will sich sicher auch einmal ausruhen. Kinder steigen zu diesem Zweck gern auf die beiden Löwen, die rechts vom Uhrturm auf der PIAZZETTA DEI LEONCINI (dem Plätzchen der kleinen Löwen) Wache halten. Auf dem Steinsockel vor der Loggetta sitzen die Kunstfreunde, die den Blick nicht von San Marco und der Fassade des Dogen-

Schule des Canaletto, Der Dogenpalast in Venedig. Gemäldegalerie Kassel

palastes wenden wollen. Wer abends die Fassade der Seitenfront von San Marco hinaufschaut, entdeckt das Mosaik einer byzantinischen Madonna von zwei kleinen Lampen beleuchtet. Diese Madonna war der letzte Trost für die Verbrecher, die zwischen den beiden Säulen der Piazzetta hingerichtet wurden. Das venezianische Volk aber nennt das Bild ›die Madonna des armen Bäckers‹. Der junge Bäkker Pietro Faziol wurde 1507 aufgrund eines Indizienprozesses zum Tode verurteilt und hingerichtet. Er hatte frühmorgens auf dem Weg von der Arbeit nach Hause einen Ermordeten auf der Gasse liegen sehen und unglücklicherweise ein danebenliegendes blutiges Messer mit heimgenommen. Dieses Messer und ein paar falsche Zeugenaussagen lieferten ihn dem

Henker aus. Nach seiner Hinrichtung legte der wahre Mörder ein Geständnis ab. Von dieser Zeit an wurden die Richter vor dem Ausspruch eines Todesurteils jedesmal an den Justizirrtum mit den Worten erinnert: »Gedenket des armen Bäckers«.

Um in die Gegenwart zurückzukehren: Die beiden Kaffeehäuser QUADRI und FLORIAN unter den Arkaden der Prokuratien, vor denen die Stehgeiger wild um die Wette fiedeln, sind ein allerdings nicht ganz billiger Rastplatz für Fremde. Das beste Eis gibt es in der Gelateria vorn an der Piazzetta, direkt neben der Säule des Heiligen Theodor.

Romantischer als die jeden Tag um 9 und 14 Uhr veranstaltete Fütterung der Tauben ist das abendliche Blaskonzert der

Maria mit dem Kind, gen. ›Die Unüberwindliche‹ (Aniketos). Byzantinisches Relief.
13. Jh. San Marco, Cappella S. Zeno

Banda Comunale – das Programm wird am Fuß des Campanile angeschlagen, neben der Wettervorhersage. Bevor man Rundgänge unternimmt, lohnt es sich, den CAMPANILE zu besteigen. Von dort oben liegt uns tatsächlich ganz Venedig in seiner Schönheit zu Füßen. Und von hier aus lassen sich auch die Entfernungen der nächsten Rundgänge am besten abschätzen.

2. Rundgang: Die Stadtmitte vom Markusplatz über La Fenice, Campo Morosini – Rialto – Zanipolo und die Mercerie

Wir verlassen den Markusplatz beim Durchgang unter dem ›Napoleonischen Flügel‹ (an der Ecke des Durchgangs befindet sich links das ENIT-Büro für touristische Informationen) und gelangen durch die Salizzada San Moisè zur gleichnamigen Kirche mit der schweren, überladenen Fassade (Abb. 40), die neuerdings von einer amerikanischen Stiftung restauriert wurde (s. S. 76). Der phantasielose Travertin des Hotels Bauer Grünwald auf diesem Campo stellt eine der wenigen modernen Verschandelungen Venedigs dar. Nach der Brücke (Gondelstation) folgt die Calle XXII Marzo. Von hier geradeaus weitergehend (und ›geradeaus‹ bedeutet in Venedig nur die Hauptrichtung, während es in Wirklichkeit um Ecken und über Brücken geht) über die Campi Zobenigo und Feltrina bis zum Campo Maurizio reihen sich Antiquitätenläden und Galerien. Wer dagegen Venedigs klassizistisches Opernhaus LA FENICE sehen will, macht bei der Börse, in der Mitte der Calle XXII Marzo, nach rechts einen Ab-

stecher in die Calle delle Veste und auf den Campo San Fantin. Der Zuschauerraum mit drei Logenrängen und zwei Galerien faßt 1500 Personen (Abb. 83). Nach dem Campo San Maurizio mit seinen schönen Palastfassaden geht man durch eine enge Gasse (man braucht nur dem Strom der Passanten zu folgen, ein Grundgesetz in Venedig, um sich nicht zu verirren) zum CAMPO MOROSINI, der auch Campo Santo Stefano genannt wird. Er ist einer der größten und auch schönsten Plätze Venedigs. Rechts, auf der Nordseite des Platzes, steht die große Kirche S. STEFANO mit einem gefährlich schiefen Campanile, den man allerdings besser vom CAMPO SANT'ANGELO sehen kann, zu dem wir an dem schönen gotischen Portal von S. Stefano vorbei weitergehen. Übrigens führt ein Kanal unter dieser Kirche hindurch, die wegen ihrer zahlreichen guten Gemälde einen Besuch lohnt. Quer über den großen unregelmäßigen Campo Sant'Angelo kommt man durch die lange Calle della Mandola zum Ponte della Cortesia (Brücke der Höflichkeit). Venedigs Gassen und Brücken haben oft sehr sonderbare Namen. So gibt es einen ›Ponte della Donna Onesta‹ (Brücke der ehrlichen Frau), eine ›Calle dell'Amor degli Amici‹ (Gasse der Freundesliebe), eine ›Brücke der Viergeteilten‹, den ›zugeschütteten Kanal der Mörder‹ und den ›zugeschütteten Kanal der Gedanken‹ (Rio Terra dei Pensieri).

Nun suchen wir an der rechten Seite des Campo Manin die enge, aber gut beschilderte Gasse, die zum PALAZZO CONTARINI mit der berühmten Wendeltreppe (Scala del Bovolo) an der Außenfront führt (Farbtafel 23). Die Treppe mit der fortlaufenden Loggia aus dem 15. Jahrhundert kann man von einem idyllischen kleinen Hof aus in Muße betrachten. Sie erinnert etwas an den Turm von Pisa.

Wir gehen zurück auf den Campo Manin, passieren längs der dem Platz zugewandten, von Fremden und Venezianern mit gleichem Kopfschütteln betrachteten modernen Fassade der Sparkasse und gelangen rechts um die Ecke auf den Campo San Luca. Wenig weiter stellt die kahle Fassade mit den drei vergitterten ›Garagentüren‹ das traurige Ergebnis eines Versuches dar, das TEATRO GOLDONI zeitgemäß zu erneuern. Nun öffnet sich der intime kleine Campo San Salvatore mit der gleichnamigen Kirche, dem Kloster (heute Sitz der Telefonverwaltung) und der SCUOLA SAN TEODORO, die einem der zahlreichen venezianischen Wohltätigkeitsvereine gehörte und heute wechselnden Ausstellungen dient. Das zunehmende Menschengewühl kündigt die Nähe von RIALTO an (Farbtafel 22), und gleich sehen wir auch schon vom Campo San Bartolomeo nach links die Treppe zur Brücke vor uns. Auf beiden Seiten der Brücke reihen sich die Geschäfte (Abb. 53). Wir überqueren die Brücke, bewundern die Aussicht auf beiden Kanalseiten und bummeln jenseits der Brücke ein wenig über den Fisch- und Gemüsemarkt. Die verwinkelte kleine Kirche rechts neben der Brücke, SAN GIACOMO DI RIALTO, gilt nach der Tradition als älteste Kirche Venedigs, doch stammt das, was wir heute sehen, aus dem 11. Jh. Gegenüber der Kirchenfassade steht am Rande des Marktplätzchens eine Treppe mit fünf Stufen. Darunter kauert der ›Gobbo di Rialto‹ (Der Gebeugte von Rialto), ein Werk des

Pietro da Salò aus dem 16. Jh. (Abb. 48). Der Gobbo war ebenso wie der ›Pasquino‹ in Rom eine Figur, die dem Volk und der Opposition als Blitzableiter gegen Amtswillkür, Machtmißbrauch und allgemeine Unzufriedenheit mit der Obrigkeit diente. Ihm wurden anonyme Schmähschriften zugesteckt. In einer venezianischen Schmähschrift des 17. Jahrhunderts halten der Gobbo und sein römischer Kollege Pasquino saftige Abrechnung mit allen europäischen Potentaten. Vorsichtshalber versah man allerdings das in Venedig erschienene Buch mit dem Herkunftsvermerk ›stampato in Germania‹. Neben der Treppe ein Säulenstumpf aus ägyptischem Granit, von dem herab der bandador die Gesetze der Republik bekanntmachte, Ankunft und Abfahrt von Schiffen ankündigte und auch sonst jedes Ereignis von öffentlichem und besonderem kaufmännischen Interesse.

Wir gehen über die Rialtobrücke zurück und links entlang dem Fondaco dei Tedeschi (dem deutschen Warenlager) über den Ponte de l'Olio. An der Wand links von der Brücke kündigt eine Tafel an, daß hier mit der Hausnummer 5562 das ›sestiere‹ (Sechstel) von San Marco abschließt. Venedigs Häuser sind fortlaufend numeriert und zwar nicht nach Stadtvierteln, sondern den sechs Bezirken entsprechend nach Sechsteln. Gleich zu Beginn des neuen sestiere Cannaregio besuchen wir die Renaissancekirche SAN GIOVANNI CRISOSTOMO mit ihrem edlen Innenraum. Sie war das letzte Werk des Mauro Codussi, der die Kirche zwischen 1497 und 1504 baute. Am ersten Altar rechts das große Alterswerk Giovanni Bellinis: ›Die Heiligen Christophorus,

Markuslöwe und Wegweiser

Hieronymus und Augustinus‹. Rechts hinter der Kirche zeigen der ›Corte prima del Milion‹ sowie der ›Sottoportego‹ (Durchgang) und der ›Corte del Milion‹ die Gegend an, in der nach der Volksmeinung das Haus des Weltreisenden Marco Polo gestanden hat. Durch die Salizzada di San Giacomo und über den Campo Santa Maria Nuova erreichen wir die Kirche SANTA MARIA DEI MIRACOLI (s. S. 153, Abb. 39, 42). Alle Mädchen Venedigs träumen davon, in diesem Wunderwerk der Frührenaissance getraut zu werden. Beim edlen Wettstreit der Nationen um die Rettung von Venedigs Kunstschätzen übernahm der Stifterverband für die Deutsche Wissenschaft die Restaurierung der Kirche.

Die Calle Giacinto Gallina führt uns zum großen Campo SS. GIOVANNI E PAOLO, im Volksmund ›Zanipolo‹ genannt. Die wuchtige, unvollendete Fassade der gleichnamigen Kirche, die eleganten Bögen der SCUOLA DI SAN MARCO (auch heute noch Krankenhaus), das Reiterstandbild des Colleoni und der Durchblick über den Rio dei Mendicanti zur Lagune machen diesen Platz zu einem venezianischen Genrebild, das schon Canaletto und andere Maler begeistert hat (s. S. 258, Abb. 55, 60, 62).

Nun geht es durch die Calle Bressana und die Calle Lunga zu dem stets von Obst- und Gemüseständen belebten CAMPO S. MARIA FORMOSA, einst Schauplatz der in Venedig beliebten Stierkämpfe. Die

257

Canaletto, Blick über den Rio dei Mendicanti auf die Scuola di San Marco. Accademia, Venedig

Kuppel der Kirche gleichen Namens wurde 1916 durch eine österreichische Bombe zerstört und 1921 wieder aufgebaut. Da in dieser Gegend von 1501–1797 die Zunft der Geschützgießer residierte, deren Schutzpatron die Heilige Barbara ist, birgt die Kirche in der Kapelle der Scuola dei Bombardieri ein schönes Polyptychon von Palma il Vecchio mit dieser Heiligen. Hinter der Kirche erstreckt sich der CAMPIELLO QUERINI-STAMPALIA mit dem dazugehörigen Palast (Pinakothek und Bibliothek, s. S. 160). Daneben führen die Calle delle Bande und die Calle della Guerra in die MERCERIA, die größte Einkaufsgasse Venedigs. In dieser Gasse und der kurz vor dem Durchgang zum Markusplatz nach links führenden Calle Larga San Marco findet sich immer ein Rast- und Eßplatz in den Bars, Trattorien und Pizzerien.

3. Rundgang: Accademia – Guggenheim – Salute – Zattere (I Gesuati) – Giudecca (Redentore) – San Giorgio

Man fährt mit dem Vaporetto (Linie 1) bis zum Pontile (Haltestelle) Accademia. Für die Besichtigung der Gemäldegalerie (s. S. 157 f., Farbtafeln 15, 34; Abb. 72 bis 82) braucht man mehrere Stunden, selbst wenn man nur eine Auswahl dieser bedeutendsten venezianischen Bildersammlung eingehender betrachtet. Hinter der Galerie führt eine lauschige Gasse nach links an der Rückfront der Paläste, die am Canal Grande stehen, entlang. Liebhaber moderner Kunst wird die Sammlung Guggenheim interessieren (Abb. 85–87). Nach Kirche und Kloster

von SAN GREGORIO (sehenswert der Klosterhof, läuten, Trinkgeld) gelangt man über eine Brücke auf den Vorplatz von SANTA MARIA DELLA SALUTE (s. S. 152, Farbtafeln 11, 12). Frankreich hat sich der Restaurierung dieser Kirche angenommen, nachdem bereits von den Außenfiguren ein Engel zu Boden gestürzt war. Um den schönen Ausblick auf Dogenpalast und Riva degli Schiavoni zu genießen, gehen wir am alten Zollamt bis zur Punta della Salute vor. Nun biegen wir auf das am Canale della Giudecca gelegene Ufer der ›Zattere‹ um, einst die Floßlände Venedigs. Man passiert dabei die SALONI, ein riesiges Gebäude, das früher der Republik als Salzlager diente und in dem jetzt wechselnde Ausstellungen, vor allem zur Zeit der Biennale, untergebracht sind. Weiter geht es, immer mit schönem Blick auf die Insel Giudecca, bis am Ufer die Kirche GESUATI mit wertvollen Bildern und Fresken lockt (s. S. 155 f., Abb. 58). Das Deckenfresko des G. B. Tiepolo wurde im Rahmen der UNESCO-Aktion zur Rettung Venedigs von der Bundesrepublik Deutschland restauriert. Vor dem Anlegeponton für die Linie 5 ›Circolare Sinistra‹ schlecken auch die Venezianer gern ein hausgemachtes Eis. Wir fahren hinüber zur Insel Giudecca und steigen bei der Kirche IL REDENTORE aus (s. S. 155, Abb. 91, 93). Die ebenso wie die Salute-Kirche nach einem Gelübde zur Befreiung von der Pest gebaute Kirche ist von Palladio ganz auf ihre Wirkung vom anderen Ufer aus berechnet worden. Man sollte sich die Sakristei mit ihren Gemälden nicht entgehen lassen.

Die gleiche Dampferlinie fährt das Giudecca-Ufer entlang – die nächste Haltestelle führt zur Jugendherberge von Venedig – und nach der INSEL SAN GIORGIO s. S. 233 f., Abb. 92). Der gewaltige harmonische Innenraum von S. Giorgio Maggiore beeindruckt ungleich mehr als derjenige der Redentore-Kirche (Abb. 90). Beim venezianischen Volk sehr beliebt sind die beiden großen Tintoretto-Gemälde ›Abendmahl‹ und ›Mannaregen‹. Dieses, so will es die Überlieferung, habe der mehr als 90jährige Meister als letztes Bild gemalt. Die Aussicht vom Turm, auf den man sowohl mit einem Aufzug als auch über eine bequeme Holztreppe gelangt, ist unvergeßlich (Farbtafel 2; Abb. 89).

Den monumentalen Baukomplex des Klosters San Giorgio und den Rest der Insel kann man nur mit besonderer Genehmigung der Fondazione Giorgio Cini besuchen. Zur Erinnerung an seinen Sohn, der im letzten Weltkrieg mit dem Flugzeug tödlich abstürzte, hat Graf Vittorio Cini 1951 diese Stiftung zur Förderung kultureller, handwerklicher und sozialer Ziele gegründet. Dabei wurde das vorher als Kaserne mißbrauchte und völlig heruntergekommene Kloster durch den Architekten Luigi Vietti vortrefflich restauriert. Die Institute funktionieren als autonome Zentren: Das Zentrum der Seeleute mit Kadettenschule, Segelschulschiff, Werft und Sportplätzen nimmt den Nordostteil der Insel ein. Das Zentrum ›Kunst und Handwerk‹ befindet sich in den ältesten Teilen des Klosters. Das Zentrum ›Kultur und Zivilisation‹ hat durch seine Kongresse, Studien und Publikationen internationale Bedeutung erlangt und wesentlich zur Wiederaufwertung Venedigs als Kulturstadt beigetragen. Im Rahmen dieses Zentrums sind besonders bemerkenswert die Schule San Giorgio für das Studium der venezianischen Kultur, die Institute für Kunstgeschichte, Sozial- und Staatsgeschichte, für Literatur, Musik, Theater sowie das Institut ›Venedig und der Orient‹. Zu den Einrichtungen gehören eine Fotothek, eine Bibliothek mit 50 000 Bänden, eine Musikbibliothek mit 40 000 libretti, eine Sammlung von 10 000 alten Zeichnungen, ein Kupferstichkabinett und eine Sammlung von Inkunabeln.

Mit der gleichen Linie, mit der wir gekommen sind, fahren wir weiter zur Endstation ›San Zaccaria‹ an der Riva degli Schiavoni.

4. Rundgang: Ca' Rezzonico – Campo S. Margherita – I Carmini – S. Sebastiano – S. Nicolò dei Mendicoli – S. Trovaso

Dieser Rundgang beginnt mit einem Besuch der CA' REZZONICO (Anlegestelle Ca' Rezzonico am Canal Grande, dann zum Palasteingang über den nahen Campo San Barnabà). Dort sehen wir, wie die Venezianer des 18. Jahrhunderts lebten (s. S. 159 f.). Anschließend wandern wir entlang dem Rio S. Barnabà und dann rechts durch den Rio Terra Canale (also die Gasse des zugeschütteten Kanals) zu dem stets belebten und vom Touristenstrom noch weitgehend verschonten CAMPO S. MARGHERITA. Am Südwestende dieses Platzes liegt die Kirche S. Maria del Carmelo (I CARMINI), die zusammen mit der gegenüberliegenden Scuola dei Carmine ein einziges großes, sehenswertes Gemäldemuseum darstellt. Die Decke des oberen Saales in der Scuola ist mit Gemäl-

den von Gianbattista Tiepolo geschmückt.
Wenn wir nun dem Rio dei Carmini nach
links und wieder links dem Rio San Sebastiano folgen, erblicken wir gegenüber
der zweiten Brücke die Fassade von S.
SEBASTIANO (s. S. 157). Die Kirche strahlt
mit ihren Gemälden und Fresken die
sprühende Lebenslust des Paolo Veronese
aus (Abb. 57). Die wenig entfernte Kirche
S. RAFFAELE ist wegen der fünf Bilder mit
Szenen der Tobiasgeschichte von Giovanni
Antonio Guardi über dem inneren Hauptportal interessant. Weiter geht es über
die Brücke und das andere Ufer des Rio
Angelo Raffaele sowie den Rio San Nicolò nach links entlang, bis an der äußersten Ecke des bebauten alten Venedigs die
›Bettlerkirche S. NICOLÒ DEI MENDICOLI
auftaucht. Der mächtige romanische Campanile deutet darauf hin, daß es sich um
eine der ältesten Kirchen Venedigs handelt. Im Rahmen der UNESCO-Hilfs-
aktion haben die Engländer diese Kirche
behutsam und vortrefflich restauriert und
die alte Form soweit es geht wieder sichtbar gemacht. Man läuft nun stadteinwärts
wieder zurück bis San Sebastiano, überquert den gleichnamigen Rio, biegt bei der
übernächsten Gasse links ein und folgt
dem Rio Ognissanti bis zum CAMPO SAN
TROVASO und der Kirche (s. S. 153). Hier
stehen die letzten Gondelbau- und Repa-
raturwerften. Über die nächste Brücke
nach rechts führen alle Gassen linkerhand
zur Akademiebrücke.

*5. Rundgang: S. Tomà – Scuola San
Rocco – I Frari – Scuola di Giovanni
Evangelista – S. Giacomo dell'Orio – S.
Stae – Ca' Pesaro*

Vom Pontile S. Tomà am Canal Grande
auf den CAMPO S. ROCCO mit der berühmten SCUOLA (s. S. 155, Abb. 54). Neben
der winzigen Kirche San Rocco erhebt
sich als riesiger Bruder die SANTA MARIA
GLORIOSA DEI FRARI (s. S. 154 f.; Abb.
41, 43), zu deren Haupteingang man um
die ganze Längsseite des Gotteshauses her-
umgehen muß. Eine kleine Brücke bringt
uns über den Rio dei Frari. Dann geht
es nach links über den Campo S. Stin
weiter zur SCUOLA DI S. GIOVANNI EVAN-
GELISTA, einer anderen bedeutenden Bruderschaft. Das in der Gotik geschaffene
Gebäude wurde in der Renaissance erneuert, wobei Pietro Lombardo das
schöne Marmorportal am Hofeingang
schuf. Eine Treppe von Mauro Codussi,
den wir schon von San Crisostomo als
vortrefflichen Architekten kennen, führt
zu einem Saal mit Deckengemälden der
Maler Domenico Tiepolo, Marieschi und
Guarani. Ein Meisterstück der venezianischen Goldschmiedekunst, das ›Reliquiar
des Heiligen Kreuzes‹, wird in dem kleinen Oratorium aufbewahrt. Nun geht es
zurück über den Campo S. Stin und in der
gleichen Richtung durch die Calle Donà
weiter zum Campo S. Agostin. Nach diesem Campo biegen wir links ab und erreichen bald Campo und Kirche S. GIA-
COMO DELL'ORIO. Das Innere der mit vielen Gemälden ausgestatteten Kirche läßt
trotz aller Um- und Zubauten noch die
Grundform der Basilika erkennen. Nach
Norden Richtung Canal Grande gehend,

gelangt man zum MUSEUM FÜR NATURGE-
SCHICHTE im Fondaco dei Turchi und weiter rechts zur leider nur sehr selten geöffneten Kirche S. STAE (venezianisch für
den Heiligen Eustachius). Rechts über die
Brücke erreichen wir mit der CA' PESARO
und ihren Sammlungen moderner und
orientalischer Kunst (s. S. 160) das Etap-
penziel.

6. Rundgang: Ca' d'Oro – Abbazia della Misericordia – Madonna dell'Orto – Ghetto Nuovo – S. Giobbe – Scalzi – Bahnhof

Dieser Spaziergang durch Venedig beginnt mit einem Besuch der CA' D'ORO und
der Galleria Franchetti (s. S. 159, Farbtafel 21). Ein Gäßchen führt auf die Strada Nuova, eine belebte Straße, die nach
links zum Bahnhof und nach rechts zum
Rialto geht und in der man gut einkaufen kann. Gleich nach der nächsten Brücke
über den Rio San Felice folgt man rechts
diesem Kanal, überquert am Ende den
Rio di Noale nach links und geht wieder
nach rechts genau auf die Fassade der
ABBAZIA DELLA MISERICORDIA zu. Links
von der Abtei die Scuola Vecchia della
Misericordia, ein Gebäude der venezianischen Gotik, das der Bruderschaft des
Bettelordens diente. Innen zwischen
Scuola und Abbazia ein hübscher Klosterhof. Wir folgen nun dem Rio della
Sensa weiter nach links. Nach dem Übergang über eine Holzbrücke wird der Weg
längs des Kanals von einigen Häusern
unterbrochen, doch erreicht man ihn linkerhand bald wieder. Hier, an der Fondamenta dei Mori, steht das kleine goti-

sche Gebäude mit der Hausnummer 3399,
das Jacopo Tintoretto als Wohnhaus von
seinem Schwiegervater Marco Vescovi
geschenkt erhielt und in dem er auch bis
zu seinem Tode wohnte (Abb. 45). Am
Eckhaus vor dem Campo dei Mori sind
seltsame Statuen eingemauert. Nach der
Tradition stellen sie levantinische Han-
delsleute dar, die einst in diesem Hause
wohnten. Nach rechts führt eine Brücke
über den Rio Madonna dell'Orto vor die
schöne Terrakottafassade der Kirche MA-
DONNA DELL'ORTO (s. S. 156 f.). Nach
Besichtigung der Kirche gehen wir über
den Campo dei Mori zurück, folgen nach
rechts der Fondamenta della Sensa bis zur
übernächsten Brücke, die den Weg nach
links über die Calle del Malvasia ermög-
licht. Beim nächsten Kanal noch einmal
rechts und dann gleich wieder über die
erste Brücke links ins GHETTO NUOVO.
Es ist eine von Kanälen umflossene Insel
mit drei Zugängen (Abb. 51), in deren
Mitte sich ein großer Platz befindet und
dessen Ränder von hohen Häusern begrenzt werden, denn Baugrund war hier
besonders knapp. Weitere Zonen dieses
ab 1516 für die Juden bestimmten Stadt-
teils schließen sich östlich und südlich an.
Sie waren ebenfalls durch heute zuge-
schüttete Kanäle vom übrigen Venedig
abgetrennt.

Das Wort Ghetto kommt von ›gettare‹
(gießen), denn ursprünglich standen hier
Metallgießereien, bis sie wegen der Feuers-
gefahr verlegt wurden. Der Begriff Ghetto
übertrug sich später auf die Judenviertel
in aller Welt. Zu Beginn des 16. Jh. ström-
ten Tausende von verfolgten Juden aus
Deutschland, Polen, Portugal und Spanien in das liberale Venedig. Heute woh-

nen im Ghetto nur noch ein paar Dutzend italienische Bürger jüdischer Abstammung. Von mehr als 800 Personen jüdischen Glaubens, die bis zum Kriege hier ihre Heimat hatten, wurden 600 von Gestapo und SS verschleppt und 200 umgebracht. Wenn wir von Norden auf den CAMPO DELL GHETTO NUOVO (Abb. 68) treten, liegt an der linken Platzseite das jüdische Museum. Im Obergeschoß des gleichen Hauses befindet sich die ›Schola Granda Tedesca‹, die ›Große Deutsche Schule‹. Diese 1528 gebaute Renaissance-Synagoge ist trotz ihres Namens eine der kleinsten, zugleich aber die schönste Venedigs. Auch ist sie heute die älteste Synagoge für die Juden deutscher Zunge, nachdem alle Synagogen auf dem Gebiet des früheren Deutschen Reiches in der ›Kristallnacht‹ zerstört wurden.

Geschickt nutzten die Erbauer des Gebets- und Lehrraumes den Umstand, daß der Grundriß des Hauses nicht rechtwinklig war. Der Raum erhielt mit der schräg gerichteten Kanzel eine besonders originelle Note. Um eine harmonische Raumeinheit zu schaffen, hat der Architekt außerdem unter der Decke ein großes, von oben in den Saal hineinragendes Oval geschaffen, das den Frauen als Zuschauerraum diente, da sie nicht mit den Männern zusammen am Gottesdienst teilnehmen durften. Deutsche Spenden ermöglichten die Rettung des baufälligen Hauses und der Synagoge vor dem Verfall und sorgen auch für die Restaurierung. Die ebenfalls deutsche ›Schola Canton‹ nebenan wird von den USA restauriert. Wenn man

den Campo del Ghetto Nuovo nach Südwesten über den Ponte Ghetto Vecchio verläßt, gelangt man auf den CAMPIELLO DELLE SCUOLE (kleinen Hof der Schulen oder besser Bruderschaften). Linkerhand liegt die ansehnliche, 1655 nach einem Plan von Baldassare Longhena errichtete Spanische Schola, auf der rechten Seite die Levantinische (Kustode, Trinkgeld). In beiden wird noch Gottesdienst gehalten, aber sie haben Restaurierungsarbeiten dringend nötig. Die Schola Levantina erhält amerikanische Hilfe.

Durch die Calle Ghetto Vecchio erreichen wir den Canale di Cannaregio. Wir laufen die gleichnamige Fondamenta nach rechts lang und benutzen die nächste Brücke – ›dei Tre Archi‹ (drei Bögen), die uns vor die Kirche San Giobbe führt.

Der Canale als zweitgrößter Wasserweg der Stadt ist immer malerisch belebt. Die Renaissancekirche SAN GIOBBE enthält zahlreiche Gemälde. Ihr Portal wird dem Guglielmo Bergamasco zugeschrieben, das elegante Presbyterium ist ein Werk von Pietro Lombardo. Die Florentiner Della Robbia haben die zweite Kapelle auf der linken Seite mit einer Majolikadecke ausgeschmückt, der einzigen Arbeit dieser Art in Venedig.

Nun geht es auf dem anderen Kanalufer wieder zurück, bis man rechterhand auf den Campo San Geremia mit dem Palazzo Labia (s. S. 223) und der Kirche SAN GEREMIA stößt (Abb. 59) und nach rechts über die Lista di Spagna und an der Scalzi-Kirche vorbei den Bahnhof erreicht.

7. Rundgang: Markusplatz – S. Zaccaria –
S. Giorgio dei Greci – S. Giorgio degli
Schiavoni – S. Francesco della Vigna – S.
Giovanni in Bragora – Torri dell'Arse-
nale – S. Pietro di Castello – Biennale

Dieser letzte Rundgang durch Venedig führt vom Markusplatz über die Piazzetta dei Leoncini und am Patriarchenpalast vorbei, überquert beim Palazzo Trevisan den Rio di Palazzo (schöner Blick nach rechts auf die Seufzerbrücke) und führt durch die von Eßlokalen dicht besetzte Salizzada San Provolo zur Kirche SAN ZACCARIA (s. S. 157, Abb. 63, 66). Unter einem Bogen laufen wir nun nach rechts auf die Fondamenta Osmarin, besuchen die sofort nach dem Rio dei Greci rechts liegende Kirche SAN GIORGIO DEI GRECI (Farbtafel 3) mit ihrem einsamen Hof und dem stimmungsvollen, für den byzantinischen Ritus hergerichteten Innenraum, vergessen auch das interessante Museum mit den Ikonen nicht (s. S. 275), gehen in der ursprünglichen Richtung weiter, folgen bei der nächsten Weggabelung halbrechts der Salizzada dei Greci und dann der Fondamenta dei Furlani nach links bis vor die SCUOLA DI SAN GIORGIO DEGLI SCHIAVONI. Die von der Bruderschaft der dalmatinischen Kaufleute (Schiavoni) in Venedig getragene Einrichtung (s. S. 274) beauftragte Vittore Carpaccio zu Beginn des 16. Jh., die Erdgeschoßhalle mit fünf Bildern auszumalen. Auf den Bildfolgen berichtet dieser venezianische Märchenerzähler vom Leben der drei dalmatinischen Schutzheiligen: Georg, Trifon und Hieronymus. Wie humoristisch ist die

Vittore Carpaccio, Skizze zu ›Der Hl. Hieronymus in seiner Zelle‹ (Malerei in der Scuola di San Giorgio degli Schiavoni). Federzeichnung. Britisches Museum, London

Szene, in der Hieronymus seinen zahmen Löwen durch eine Gruppe von Dominikanern führt, die schreiend und mit flatternden Kutten entfliehen! Immer wieder tauchen auf den Bildern Einzelheiten aus dem damaligen Venedig auf. Ein Abstecher bringt diejenigen, die gut zu Fuß sind, nun über die Calle dei Furlani und die Salizzada delle Gatte zur Kirche SAN FRANCESCO DELLA VIGNA, einer harmonischen Schöpfung Sansovinos mit einer Fassade von Palladio. Die Kirche enthält viele gute Kunstwerke wie ein Altarbild von Giovanni Bellini, die ›Sacra Conversazione‹ von Paolo Veronese, Fresken von Gianbattista Tiepolo und die ganz mit plastischem Schmuck versehene Kapelle Giustinian. Über die Salizzada San Antonin geht es nun südwärts zurück auf den malerischen Campo Bandiera e Moro. Diesem Platz gibt die gotische Fassade der Kirche SAN GIOVANNI IN BRAGORA einen besonderen Akzent. Die schöne Holzdecke, behäbige Pfeiler und Bögen und die sehr harmonische Verbindung zwischen Spätgotik und aufkommender Renaissance machen diese Kirche regelrecht behaglich. Hier wurde der italienische Geiger und Komponist Antonio Vivaldi getauft, woran eine Urkunde beim Taufstein links vom Eingang erinnert. Cima da Conegliano hinterließ ein sehr gutes Altarbild (›Die Taufe Jesu‹, 1492–94) und Alvise Vivarini malte die ›Auferstehung‹ im Presbyterium. Nun biegt man in die Gasse links von der Kirche ein und geht bei der Trattoria Gobbi wieder links in die Calle Pestrin und läuft an der von Australiern restaurierten Kirche San Martino vorbei auf die Torri dell' Arsenale zu. Das im 12. Jahrhundert gegründete ARSENAL war lange Zeit der Hauptarbeitgeber Venedigs. Von den vier Löwen vor dem Renaissance-Portal (Abb. 94) ist das mächtige Tier ganz links mit Runenzeichen aus dem 11. Jh. bedeckt. Sie verkünden Taten von Haakon und Ulf, Harald dem Hochgewachsenen und anderen Söldnern der byzantinischen Waräger-Garde. Natürlich hat Venedig alle diese Steintiere aus dem Orient entführt. Von den zwei kleinen Löwen rechts des Portals stammt der linke aus der Löwenstraße von Delos und ist somit ein Werk des 6. Jh. v. Chr. Der Kopf ist nachträglich erneuert worden. Das Arsenal ist heute nicht zugänglich.

Wir überqueren die Brücke und gehen den Arsenalkanal entlang bis zu dem Platz an der Riva San Biagio, wo sich das MARINE-MUSEUM befindet (Museo Storico Navale, s. S. 275). Über die nächste Brücke am Lagunenufer laufen wir nach links durch die lange und volkstümliche Via Garibaldi, bis wir ganz am Ende, dem rechten Ufer des Rio Sant'Anna entlang und über die große Holzbrücke die Insel SAN PIETRO DI CASTELLO erreichen. Der Name erinnert an die früheren Befestigungswerke. Der hohe, etwas schiefe Turm von San Pietro linkerhand dient uns als Orientierungsmarke für einen Besuch der dazugehörenden Kirche (S. 77). Im Innern zwischen dem 2. und 3. Altar rechts der sagenhafte Bischofsstuhl des Heiligen Petrus, in Wirklichkeit ein Marmorsitz aus Antiochien mit Inschriften aus dem Koran in kufischen Zeichen. Im linken Querschiff die barocke Kapelle Vendramin. Neben der Kirche, die bis 1807 Venedigs Kathedrale war, steht in völligem Verfall der Patriarchatspalast. Wir gehen zurück zur Via Garibaldi und in der Mitte dieser Straße nach links durch die städtischen Gartenanlagen zum Gelände der BIENNALE. Um den Park zu schaffen, ließ Napoleon mehrere Kirchen und Klöster niederreißen. Ein Teil der Grünanlagen wird nun von den Pavillons und dem Hauptgebäude der seit 1895 hier stattfindenden Internationalen Kunstausstellung, Biennale d'Arte (jedes gerade Jahr), eingenommen. Bis vor einigen Jahren die reichste Schau internationaler zeitgenössischer Kunst, ist die Biennale, weitgehend auch durch interne politische Richtungskämpfe, in eine Qualitäts- und Identitätskrise geraten. Von den Anlegestellen der Biennale kehrt man nach San Marco oder dem Lido zurück.

Rundfahrt durch die Lagune:

a) der nördliche Teil von den Fondamenta Nuove über San Michele – Murano – Burano – Torcello – San Francesco del Deserto

Von den Fondamenta Nuove an der nordöstlichen Eckseite Venedigs geht die Vaporettolinie 12 zur Rundfahrt durch die nördliche Lagune ab. Zunächst besuchen wir die Friedhofsinsel **San Michele**. Vom gleichnamigen Kloster sind nur noch der Kreuzgang aus dem 15. Jh. und die Renaissancekirche übriggeblieben. Dieser Bau ist eines der ersten Werke der Frührenaissance in Venedig (s. S. 237; Abb. 96).

Die nächste Anlegestelle ist **Murano**, das aus mehreren Inseln mit Kanälen und Brücken besteht und ähnlich wie Venedig aussieht. Murano hatte eine gewisse Autonomie, einen eigenen Adel und vor allem eine Glasindustrie, um die Venedig von ganz Europa beneidet wurde. Nach dem Besuch des Glasmuseums (Museo Vetrario), dessen größte Schätze die Renaissancegläser darstellen, sowie der Basilika SS. Maria e Donato (Abb. 97) und der Kirche San Pietro Martire (s. S. 237) finden wir bei einem Bummel auf der Fondamenta dei Vetrai noch einige der alten Osterien, in denen die Venezianer ab 11 Uhr im Stehen ihre ombretta trinken: ein Gläschen heimischen Weißwein, der den Aperitif vor dem Essen darstellt. Dazu angeln die Stammgäste mit Zahnstochern ihren chicchetto. Diese chicchetti sind kleine Happen von gekochtem Tintenfisch, gebackenen Zucchini, gesottenen Garnelen, Fleischklößchen, Peperoni und Melanzane, golden gebackenen Scampi. Jeder nimmt soviel er nur kriegen kann. ›Bever' un ombra‹ bedeutet auf venezianisch Einladung zu einem Plausch an der Bar und ist ein sicheres Zeichen der Vertraulichkeit.

Wer die Glasfabriken in Murano mit ihrer sehr unterschiedlichen Produktion besichtigt, kann dort auch Gläser kaufen. Für ihre moderne und elegante Formgebung ist die Firma Venini bekannt, die auch an der Piazzetta dei Leoncini neben dem Uhrturm des Markusplatzes eine Niederlassung hat.

Das nächste oder übernächste Vaporetto bringt uns zur noch kleineren und bunteren Insel **Burano** (s. S. 237 f., Farbtafel 37). In allen Farben leuchten hier die Häuser, so daß man in Venedig sagt, über diese Insel sei der Regenbogen hinweggegangen (Farbtafel 38).

Gegenüber der gemütlichen Idylle Buranos wirkt das nächste Ziel **Torcello** in seiner Weite und Einsamkeit gewaltig und erhaben (s. S. 238 f.). Ein gutes, wenn auch nicht billiges Inselrestaurant mit Hotel lockt zum Verweilen.

Letztes Inselziel auf der Rückfahrt nach Venedig ist das kleine **San Francesco del Deserto**, eine Klosterinsel mit hohen Zypressen, auf der nach einer Legende 1220 der Heilige Franz von Assisi gelandet sein soll (s. S. 236).

Die Südliche Lagune: San Lazzaro degli Armeni – Lido – Malamocco – Alberoni – S. Pietro in Volta – Pellestrina – Chioggia

Von der Riva degli Schiavoni gehen die Vaporetti der Linie 10 nach der kleinen Insel **San Lazzaro**, auf halbem Weg zum Lido gelegen. Im Sommer kann man zu dieser Insel auch die anschließend nach dem Lido weiterführenden Motoscafi (Motorboote) der Linie 20 benutzen. San Lazzaro diente ursprünglich, wie der Name sagt, als Aufenthaltsort und Hospital für die Aussätzigen. Dann brachte die Republik Venedig 1717 hier ihre armenische Kolonie unter, nachdem die Türken Venedig die Morea abgenommen und die Armenier verjagt hatten. Abt Mechitar (der Tröster), der in der Morea (Peloponnes) ein Benediktinerkloster gegründet hatte und die Armenier zu religiöser und geistiger Einheit zurückführen wollte, baute bis 1740 auf der Insel San Lazzaro ein neues Kloster auf. Heute ist dieser Konvent der Mechitariten mit angeschlossenem Seminar und Druckerei ein Zentrum armenischen Geisteslebens. Die freundlichen Mönche zeigen dem Interessierten gern Gemäldesammlung und Bibliothek. Letz-

tere umfaßt ca. 50 000 Bände und Handschriften von unermeßlichem Wert und großer Seltenheit. Ehrengäste werden mit Rosenmarmelade aus dem idyllischen Inselgarten verwöhnt.

Normalerweise werden die Linien 1 und 2 (accelerato und diretto) von Venedig nach dem **Lido** (Anlegestelle Santa Maria Elisabetta) benutzt. Von dort kann man mit der Linie 11 den sichelförmigen Dünenstreifen entlang nach Chioggia fahren. Auf dem Lido verkehren auch Busse. Die öffentlichen Badeplätze, darunter das städtische Freibad, befinden sich auf dem linken Strand, in der Nähe des Flugplatzes. Nahe der Hafeneinfahrt gibt es auch ein Stück freien Strand, ebenso wie am anderen Ende des Lido bei Malamocco und Alberoni.

Der **Lido** (s. S. 239 f.) war früher schon ein beliebter Ausflugsort für die Venezianer, die noch heute gern in den Dörfern **Malamocco** und **Alberoni** Muscheln essen. Der Porte Malamocco stellt die jetzt für Dampfer bis 60 000 t ausgebaggerte zweite Durchfahrt in die Lagune dar, die besonders dem Industriehafen Porto Marghera dient. Auf dem anschließenden Lido di Pellestrina liegen die verschlafenen Örtchen **San Pietro in Volta** und **Pellestrina**, in denen ebenso wie in Burano Spitzen geklöppelt werden. Sowohl im offenen Meer wie in der Lagune sieht man hier und da die Bragozzi, buntbesegelte Boote der Fischer von Chioggia. Der Dampfer hält übrigens auch an den kleinen Laguneninseln La Grazia (Krankenhaus für Infektionskrankheiten), San Clemente (Nervenheilanstalt), Santo Spirito (Militärstützpunkt) und Poveglia, das einst bedeutende und reiche Popilia, heute Altersheim. An den gewaltigen Murazzi vorbei, passiert der Dampfer den dritten und letzten Durchstich zwischen Meer und Lagune, den Porto di **Chioggia** (er dient vor allem der bedeutenden Fischereiflotte von Chioggia), und legt dann in dem volkreichen und malerischen Städtchen (s. S. 240) an der Piazzetta Vigo an. Eine Granitsäule auf dem Platz trägt auf einem byzantinischen Kapitell den sitzenden Löwen als Wache. Entlang dem breiten Corso del Popolo, den das Volk ganz einfach ›Piazza‹ nennt, kommt man zum Dom und der direkt danebenliegenden Kirche San Martino.

Ausflüge zum Festland

Über 3000 Villen auf der ›Terra Ferma‹, dem Festland, künden vom Wohlstand, dem Wunsch der Venezianer nach Zerstreuung, Repräsentation und Landluft – und auch von dem Erwerbstrieb dieser Inselkaufleute. Als sie nämlich merkten, daß ihnen der Welthandel nach der Entdeckung Amerikas allmählich aus den Fingern glitt, ließen sie die zu weiten Teilen versumpfte Ebene des Festlandes urbar machen und intensiv bewirtschaften. Das brachte ihnen reiche Ernten ein. Der venezianische Stadtadel begab sich daher zweimal im Jahr aufs Land: Einmal am 4. Juni, am Tag vor dem Fest des Heiligen Antonius, wenn die Madonnenlilie aufblühte und es zu heiß in Venedig wurde (man blieb bis Ende Juli auf den Landgütern) – und zum zweiten Mal Anfang Oktober, um die Ernte zu überwachen.

Große ›barchesse‹, mit Bogengängen verbundene Vorratshäuser, schlossen sich meist im rechten Winkel der Herrschaftsvilla an. Heute, nach ihrer Restaurierung, sind die barchesse als Repräsentations- und Wohnräume beliebt. Die teils aus Hilfsmitteln des Rettungswerks ›Ville Venete‹ wiederhergestellten Paläste haben heute eher Museumsfunktion. Mehrere hundert Villen sind in den letzten Jahren restauriert worden, und viele von ihnen kann man – zumeist nach Anfrage und zu bestimmten Zeiten – besichtigen. Palladio, der bei solchen Landhäusern der Vornehmen häufig Tempelfronten verwendete, wurde mit dem Tempel-Portikus und den symmetrischen, vielfach proportionierten, an der römischen Baukunst orientierten Grundrissen nicht nur in Venedig zum Vorbild bei der Planung von Landhäusern. Einige seiner schönsten Werke wie die VILLA BARBARO in Maser (Provinz Treviso) und die VILLA EMO CAPODILISTA in Fanzolo di Vedelago (Provinz Treviso) sollte man bei längerem Aufenthalt in Venedig besuchen. In der Villa Barbaro sind zudem vortreffliche Fresken von Paolo Veronese zu sehen.

Einen originellen Ausflug, der uns auf dem Wasser an einer Reihe solcher venezianischer Sonnenaufenthalte und Landsitze vorbeiführt, bildet die Fahrt mit dem Burchiello auf dem Brentakanal von Venedig nach Padua, wenn man es nicht vorzieht, auf der weitgehend parallel laufenden Staatsstraße Mestre–Mira–Dolo–Strà–Padua das eigene Auto zu benutzen, um damit völlig unabhängig bei der Besichtigung der Villen zu sein. Der Burchiello – heute ein modernes Motorboot mit Bar und Aussichtsdeck – war einst eine große, von mehreren Gondolieri vorwärtsbewegte Barke, die regelmäßig zwischen Venedig und Padua durch den Brentakanal verkehrte. Stiche aus dem 17. Jahrhundert zeigen, daß dieses mit einer damastbespannten Kabine ausgerüstete Boot recht bequem war. Auch Goethe fand die Fahrt »anständig und angenehm«, wenn auch ein venezianisches Sprichwort lautete, daß der Burchiello an dem Tag sinken werde, an dem weder ein Student noch ein Mönch oder eine Kurtisane mitführe. Heutzutage fährt der Burchiello zwischen Anfang Mai und Anfang Oktober jeweils dienstags, donnerstags und samstags am Morgen von den Giardinetti bei San Marco ab und legt nachmittags in Padua an. Ein Linienautobus bringt die Reisenden nach Venedig zurück. (Am Mittwoch, Freitag und Sonntag startet das Boot umgekehrt morgens vom Anlegepunkt Bassanello in Padua aus.) Unterwegs wird in einem Restaurant Mittag gegessen.

Nach Durchquerung des Giudecca-Kanals und der laguna morta – mit Blick auf die Industriezone von Porto Marghera – biegt das Boot bei Fusina in den Brentakanal ein. Bald zeigt sich links die fast hinter Bäumen versteckt von Andrea Palladio 1560 erbaute VILLA FOSCARI (Abb. 107). Das Haus mit dem rechteckigen Grundriß, dem aus der Mitte der Hauptfront herausragenden Portikus und den erst seitwärts und dann nach vorn führenden Freitreppen wurde immer wieder von Architekten kopiert. Es ist unter dem Namen ›Villa Malcontenta‹ (der Unzufriedenen) bekannt, wobei nicht ganz klar ist, ob sich die Unzufriedenheit auf eine angeblich zeitweise hierher ins Exil

verbannte Dame bezieht oder – weit weniger romantisch – auf Proteste der Einwohner von Padua, die mit dem Bau eines Abzugsgrabens von der Brenta unzufrieden waren und sich geschädigt fühlten. Die Malcontenta kann an einigen Wochentagen besichtigt werden. Auch die einige Kilometer weiter nach der flachen und langen Villa Mocenigo (heute Schule) auftauchende VILLA FOSSATI kann besucht werden. Im weiteren Verlauf wird der Kanal auf beiden Seiten von immer mehr Villen begleitet, während sich rechterhand hier und da die Staatsstraße zeigt. In Oriago hält der Burchiello zur Mittagspause. Nach der barocken Villa Widmann rechts neben der Straße folgt das idyllische Städtchen MIRA, das besonders in den letzten Jahrhunderten der Republik als Sommeraufenthalt venezianischer Patrizier recht beliebt war. Immer von Villen und Parks begleitet, leider immer mehr auch mit modernen und oft unharmonischen Gebäuden dazwischen, fährt man an dem Städtchen Dolo vorbei. Links vom Kanal zeigt sich der großzügige Barockbau der VILLA BARBARIGO. Kurz darauf vor Strà erscheint rechts die weiße Fassade der gewaltigen VILLA PISANI in einem großen Park (Abb. 108). Der Palazzo wurde 1736 bis 1756 nach Plänen von Girolamo Frigimelica erbaut, die jedoch von Francesco Maria Preti völlig umgearbeitet wurden. Mit dem Bau der Villa wurde die Erhebung von Alvise Pisani zum Dogen gefeiert. Die Villa, die viele berühmte Gäste sah, enthält endlose Zimmerfluchten und einen herrlichen Ballsaal mit Deckenfresken des Gianbattista Tiepolo. In dieser seiner letzten in Italien ausgeführten Arbeit verherrlicht er die Familie Pisani. Auch der

Park ist sehenswert, zumal er eines der am besten erhaltenen Beispiele für derartige venezianische Anlagen bildet, in denen sogar die Bäume ihren Part zur Erzeugung optischer Illusionen mitspielen müssen. Von Strà geht es weiter an Noventa Padovana mit der Villa Giovanelli (rechts) vorbei nach PADUA. Dort ist in der Arena die Scrovegni-Kapelle mit den Giotto-Fresken besonders sehenswert. Andernfalls kann man sich mit der Kirche des ›Santo‹, nämlich des heiligen Antonius von Padua trösten, vor der die Reiterstatue des Gattamelata von Donatello Wache hält. Eine Rast im Café Pedrocchi, einem klassizistischen Kaffeehaus mit großer Vergangenheit als Treffpunkt italienischer Patrioten, verschafft die notwendige Stärkung vor der Rückkehr nach Venedig.

EL SEQVENTE triúpho nó meno mirauegliofo ďl primo. Impo
che egli hauea le q̃tro uolubile rote tutte, & gli radii, & il meditullo defu
fco achate, di cádide uéule uagaméte uaricato. Ne tale certaṁte geftoe re
Pyrrho cũ le noue Mufe & Apolline ĩ medio pulfáte dalla natura ípffo.

Laxide & la forma del dicto q̃le el primo, ma le tabelle erão di cyaneo
Saphyro orientale, atomato de fcintillule doto, alla magica gratiffimo,
& longo acceptiffimo a cupidine nella finiftra mano.

Nella tabella dextra mirai exfcalpto una infigne Matróa che
dui oui hauea parturito, in uno cubile regio colloca
ta, di uno mirabile pallacio, Cum obftetrice ftu
pefacte, & multe altre matrone & aftante
Nymphe Degli quali ufciua de
uno una flammula, & delal-
tro ouo due fpectatiffi
me ftelle.

✳ ✳

✳

Der Triumph des Pyrrhus. Holzschnitt aus F. Colonnas ›Traum des Polyphilus‹, 1499 von
A. Manuzio in Venedig gedruckt

Was Sie am meisten interessiert

Es ist sinnlos, auch nur den Versuch zu machen, Venedigs Schönheiten, Sehenswürdigkeiten, Kostbarkeiten und Köstlichkeiten zu erschöpfen, ohne selbst erschöpft zu sein. Beschränken Sie sich darum auf das, was Sie selbst am meisten interessiert. Hier ein paar kleine Hinweise:

Wer sich für **bildende Kunst** interessiert, besuche die Schatzkammer von San Marco (in der Markuskirche), er bekommt dann auch die Pala d'Oro zu sehen. Der Kirchenschatz enthält über 300 Kostbarkeiten, vorwiegend aus Byzanz/Konstantinopel.

Wer sich für **antike Plastik** interessiert, besuche das Museo Archeologico auf der Piazza (Eingang auf der Piazzetta). Er wird unter anderen schönen und interessanten Dingen die Reste des Originals des vor dem Löwen knienden Dogen Francesco Foscari des Frührenaissancebildhauers Bregno sehen, das früher die Porta della Carta schmückte (heute ist dort eine Kopie), und ein Reiterrelief des Frührenaissancebildhauers Gambello, das dieser für sein eigenes Grab bestimmt hatte.

Wer sich für **zeitgenössische Malerei und Plastik** interessiert, besuche die alle zwei Jahre stattfindende ›Biennale‹ in den Ausstellungsgebäuden der Giardini Pubblici, die interessante Galleria d'Arte Moderna in der Ca'Pesaro und die Privatsammlung von Frau Peggy Guggenheim (nicht täglich geöffnet) im Palazzo Venier dei Leoni zwischen der Salute und der Accademia. (Abb. 85–87).

Wer sich über die Accademia hinaus für die **venezianische Malerei** zur Zeit der Republik interessiert, besuche die Galleria Franchetti in der Ca' d'Oro (eigene Haltestelle am Canal Grande), dem letzten gotischen Palast Venedigs, an dem Giovanni und Bartolomeo Bon mitgewirkt haben. Die Galerie enthält bedeutende Gemälde aus dem 15. und 16. Jahrhundert und auch Einrichtungsgegenstände aus jener Zeit (s. S. 120).

Ferner: das Museo Civico Correr auf der Piazza (Eingang in der Passage des Napoleonischen Flügels) mit venezianischen Bildern vom 12. bis 16 Jahrhundert (s. S. 158 f.).

Im Seminario Patriarcale, vom Schöpfer der Salute, Longhena, erbaut (am Campo Santa Maria della Salute) befinden sich Gemälde und Skulpturen aus dem 14. bis 18. Jahrhundert.

Im Dogenpalast sind Gemälde aus dem 15. bis 18. Jahrhundert zu besichtigen (s. S. 147 ff.).

Wer sich allgemein für **venezianische Kulturgeschichte** interessiert, besuche die Ca'-Rezzonico (eigene Haltestelle am Canal Grande). Die Räume sind im Stil des 18. Jahrhunderts eingerichtet und mit Bildern der Meister des 18. Jahrhunderts geschmückt (s. S. 159 f.).

In der Galleria Franchetti in der Ca' d'Oro findet der Interessierte, wie erwähnt, das gleiche für das 15. und 16. Jahrhundert.

Auch das Museo Civico Correr sollte besucht werden.

Ein Besuch der Scuola di San Rocco (an der Frari-Kirche) und Besuch der Scuola degli Schiavoni (S. Antonin, Fondamenta Furlani) darf nicht vergessen werden.

Wer sich für **Münzen** interessiert, besuche das Museo Civico Correr. Er findet dort eine hervorragende Sammlung von Münzen von der spätrömischen Zeit bis heute.

Wer sich besonders für **Bücher** interessiert, sollte es keinesfalls unterlassen, die Biblioteca Marciana, im Hause der Zecca, zu besuchen mit ihren 750 000 gedruckten Büchern, darunter 3 000 Inkunabeln, und ihren 13 000 Handschriften. Venedig ist nie eine literarische Stadt gewesen, aber sie wurde führend auf dem Gebiet des Buchdrucks. In der Mitte des 15. Jahrhunderts gründete Johannes Speyer die erste Druckerei in Venedig, die erste außerdeutsche Druckerei in Europa überhaupt. Ein Menschenalter später gab es bereits 50 Druckereien mit allen Lettern, auch Notendruck. In den wenigen Jahren zwischen 1470 und 1500 druckte Venedig 2 835 Werke.

Ein paar in Venedig gedruckte Erstausgaben und bibliophile Kostbarkeiten:

1516   erscheint das erste venezianisch-deutsche Wörterbuch
1520/23   der Babylonische Talmud
1523   der Palästinensische Talmud
1530   wird der Koran in Venedig gedruckt
1559   Marco Polos ›Il Milione‹ (Buch der Wunder)
1570   Palladios jahrhundertelang maßgebendes Werk über Architektur ›Quattro libri dell' architettura‹, herausgegeben von Scamozzi
1584   die Werke von Giordano Bruno ›Della Causa, principio et uno‹ und ›Del infinito universo e mondi‹
1590   die erste Kostümkunde von einem Verwandten Tizians, Cesare ›Degli abiti antichi e moderni‹
1619   Paolo Sarpis Hauptwerk ›Istoria del consiglio Tridentino‹
1667   ›Arcadia in Brenta‹, die Novellensammlung des Venezianers Giovanni Sagredo über das Leben auf dem Lande
1735   nach einer anderen Version 1783, die Werke Goldonis

1772 die Werke Carlo Gozzis
1775/78 die ›Ilias‹-Übersetzung von Casanova

Zu den Schätzen der Marciana gehören: ein Dante-Manuskript aus dem 14. Jahrhundert mit Illustrationen der Giotto-Schule; Teile eines griechischen Testaments aus dem 8. Jahrhundert; das Testament des Marco Polo aus dem Jahre 1323; das ›Breviarium Grimani‹, 15. Jh.; ein Stundenbuch mit kostbaren Miniaturen.
Die Marciana zeigt ständig wechselnde Ausstellungen von Büchern und Handschriften.

Dem an der **venezianische Geschichte** Interessierten bieten sich reiche Möglichkeiten.
1. Das Museo Storico Navale im Arsenal (Haltestelle S. Martino am Canale di San Marco). Das Arsenal selbst darf nicht besichtigt werden, doch kann man vieles von der einst größten Schiffsbauwerkstätte der Welt durch die Fenster erblicken. Im Marinemuseum findet man Modelle von Schiffen, eine Nachbildung und einen Rest des letzten Bucentoro, jenes Schiffs, von dem aus der Doge die jährliche Vermählung Venedigs mit dem Meer vornahm. Bemerkenswert ist Canovas Denkmal des Admirals Emo von 1795.
2. Man gehe in das Staatsarchiv (rechts neben der Kirche Santa Maria dei Frari, im ehemaligen Franziskanerkonvent). Es besitzt 15 Millionen Urkunden und Akten in 300 Räumen vom Jahre 883 an, z. B. die Gesandtschaftsberichte und die Akten des Rates der Zehn (außer denen, die die Klöster betrafen; sie sind verbrannt worden; ich erinnere aber an die Korrespondenz des Staates mit einem Mönch über das Angebot, Kaiser Maximilian I. zu vergiften, s. S. 20), Briefe von Cromwell, Kaiser Karl V., Andrea Doria, Gustav Adolf, Verträge der Republik mit den Türken, Verhandlungen mit den orientalischen Juden usw.
Das Staatsarchiv macht Ausstellungen in seinen Räumen.
3. Man gehe in das Museo Civico Correr und betrachte die Darstellungen von Seeschlachten, die Sammlungen von Statuen, Dogenbildnissen usw. Das – dem Museo Civico Correr angeschlossene – Museo del Risorgimento ist für denjenigen interessant, der sich für den Kampf Italiens (19. Jh.) um seine Freiheit und Souveränität interessiert.

Wer sich für **griechische Ikonen** interessiert, besuche den Palazzo Flangini neben der Kirche S. Giorgio dei Greci. Die Sammlung enthält Ikonen vorwiegend aus dem 15. bis 18. Jahrhundert (Anfrage zum Besuch an der Pforte).

Namenverzeichnis

Kursive Ziffern bedeuten ausführliche Erwähnungen

Orts- und Sachregister

Kursive Ziffern bedeuten ausführliche Erwähnungen

Fotonachweis

Die Italienische Renaissance

Von Herbert Alexander Stützer.

286 Seiten mit 19 farbigen und 168 einfarbigen Abbildungen, 10 Zeichnungen, Literaturverzeichnis, synchroner Zeittafel und Stammbäume bedeutender Herrscherfamilien, Personenregister (DuMont-Dokumente)

»Insgesamt gehört dieser Band zu den imponierendsten, da er auf relativ engem Raum einen guten Überblick über das Ganze gibt, ohne aphoristisch zu werden. Stützer führt ein und vertieft, beschreibt und erklärt, und so entsteht eine Darstellung der italienischen Renaissance, die man jedem nur empfehlen kann.« *Süddeutscher Rundfunk*

Baukunst des Barock

Form, Funktion, Sinngestalt

Von Wilfried Hansmann. 339 Seiten mit 36 farbigen und 191 einfarbigen Abbildungen, Stichen, Plänen, Aufrissen, Register (DuMont Dokumente)

»Funktion und Aufgaben der Baukunst im Barock sind das zentrale Thema dieses Buches. Charakteristische Beispiele zeigen die Vielfalt der architektonischen Lösungen und geben so einen tieferen Einblick in den Ideenreichtum und die Geisteshaltung der barocken Baukunst, als ihn eine nur entwicklungsgeschichtliche Darstellung zu geben vermag.«   Neue Osnabrücker Zeitung

DuMont Kunst-Reiseführer

»Kunst- und kulturgeschichtlich Interessierten sind die DuMont Kunst-Reiseführer unentbehrliche Reisebegleiter geworden. Denn sie vermitteln, Text und Bild meist trefflich kombiniert, fundierte Einführungen in Geschichte und Kultur der jeweiligen Länder oder Städte, und sie erweisen sich gleichzeitig als praktische Führer.« *Süddeutsche Zeitung*

Alle Titel in dieser Reihe:

- Ägypten
- Äthiopien
- Algerien
- Arabien
- Reisen in Arabia Deserta
- Entdeckungsreisen in Südarabien
- Belgien
- Bundesrepublik Deutschland
- Das Bergische Land
- Bodensee und Oberschwaben
- Franken
- Hessen
- Köln
- München
- Zwischen Neckar und Donau
- Der Niederrhein
- Oberbayern
- Oberpfalz, Bayerischer Wald, Niederbayern
- Die Pfalz
- Schleswig-Holstein
- Sylt, Helgoland, Amrum, Föhr
- Der Westerwald
- DDR
- Dänemark

- Frankreich
- Auvergne und Zentralmassiv
- Die Bretagne
- Burgund
- Das Elsaß
- Frankreich für Pferdefreunde
- Frankreichs gotische Kathedralen
- Languedoc-Roussillon
- Das Tal der Loire
- Die Normandie
- Paris und die Ile de France
- Périgord und Atlantikküste
- Die Provence
- Licht der Provence
- Savoyen
- Südwest-Frankreich
- Griechenland
- Athen
- Die griechischen Inseln
- Alte Kirchen und Klöster Griechenlands
- Tempel und Stätten der Götter Griechenlands
- Kreta

- Großbritannien
- Schottland
- Süd-England
- Guatemala
- Holland
- Indien
- Ladakh und Zanskar
- Indonesien
- Iran
- Irland
- Italien
- Apulien
- Elba
- Das etruskische Italien
- Florenz
- Ober-Italien
- Von Pavia nach Rom
- Rom
- Das antike Rom
- Sardinien
- Sizilien
- Südtirol
- Toscana
- Venedig
- Japan
- Nippon
- Der Jemen
- Jugoslawien
- Kenya
- Marokko

- Mexiko
- In den Städten der Maya
- Nepal
- Österreich
- Kärnten und die Steiermark
- Salzburg, Salzkammergut, Oberösterreich
- Tirol
- Wien und Umgebung
- Portugal
- Rumänien
- Rußland
- Die Schweiz
- Skandinavien
- Spanien
- Die Kanarischen Inseln
- Katalonien
- Mallorca – Menorca
- Zentral-Spanien
- Südamerika
- Thailand und Burma
- Tunesien
- Türkei
- USA – Der Südwesten

»Diese Einführungen in Kunst, Kultur, Geschichte und Landschaft eines Landes gehören zum Besten, was man heute zur Vorbereitung einer Reise in die Hand nehmen kann. Der Informationswert liegt sehr hoch, die vielen Abbildungen geben Anregung und Erinnerung. Selbst auf einen Teil mit mehr praktischen Hinweisen wurde nicht verzichtet.« *Literaturreport*

Alle Bände mit vielen, zum Teil farbigen Abbildungen; dazu Zeichnungen, Karten, Grundrisse, praktische Reisehinweise.

»Richtig reisen«

»Richtig reisen«: Algerische Sahara
Reise-Handbuch
Von Ursula und Wolfgang Eckert. Etwa 350 Seiten mit etwa 40 farbigen und etwa 80 einfarbigen Abbildungen (Erscheint Herbst '81)

»Richtig reisen«: Amsterdam
Von Eddy und Henriette Posthuma de Boer. 203 Seiten mit 50 farbigen und 130 einfarbigen Abbildungen

»Richtig reisen«: Ferner Osten
Von Charlotte Peter und Margrit Sprecher. 302 Seiten mit 14 farbigen und 120 einfarbigen Abbildungen

»Richtig reisen«: Florida
Von Manfred Ph. Obst. Fotos von Werner Lengemann. Etwa 300 Seiten mit etwa 60 farbigen und etwa 150 einfarbigen Abbildungen (Erscheint Herbst '81)

»Richtig reisen«: Griechenland
Delphi, Athen, Peloponnes und Inseln
Von Evi Melas. 344 Seiten mit 45 farbigen und 124 einfarbigen Abbildungen

»Richtig reisen«: Griechische Inseln
Reise-Handbuch
Von Dana Facaros. 344 Seiten mit 50 farbigen und 142 einfarbigen Abbildungen

»Richtig reisen«: Großbritannien
England, Wales, Schottland
Von Rolf Breitenstein. 284 Seiten mit 58 farbigen und 140 einfarbigen Abbildungen

»Richtig reisen«: Ibiza/Formentera
Von Ursula von Kardorff und Helga Sittl. 248 Seiten mit 52 farbigen und 153 einfarbigen Abbildungen

»Richtig reisen«: Istanbul
Von Klaus und Lissi Barisch. 257 Seiten mit 28 farbigen und 173 einfarbigen Abbildungen

»Richtig reisen«: Kanada und Alaska
Von Ferdi Wenger. 325 Seiten mit 39 farbigen und 118 einfarbigen Abbildungen

»Richtig reisen«: Kopenhagen
Von Karl-Richard Könnecke. 200 Seiten mit 32 farbigen und 118 einfarbigen Abbildungen

»Richtig reisen«: London
Von Klaus Barisch und Peter Sahla. 251 Seiten mit 18 farbigen und 189 einfarbigen Abbildungen

»Richtig reisen«: Los Angeles
Hollywood, Venice, Santa Monica
Von Priscilla und Matthew Breindel. 344 Seiten mit 75 farbigen und 256 einfarbigen Abbildungen

»Richtig reisen«: Malediven
Reise-Handbuch
Von Norbert Schmidt. Etwa 180 Seiten mit etwa 50 farbigen und zahlreichen einfarbigen Abbildungen (Erscheint Herbst '81)

»Richtig reisen«: Marokko
Reise-Handbuch
Von Michael Köhler. 387 Seiten mit 38 farbigen und 84 einfarbigen Abbildungen

»Richtig reisen«: Mexiko und Zentralamerika
Von Thomas Binder. 330 Seiten mit 32 farbigen und 119 einfarbigen Abbildungen

»Richtig reisen«: Moskau
Von Wolfgang Kuballa. 268 Seiten mit 36 farbigen und 150 einfarbigen Abbildungen

»Richtig reisen«: München
Von Hannelore Schütz-Doinet und Brigitte Zander. 365 Seiten mit 63 farbigen und 272 einfarbigen Abbildungen

»Richtig reisen«: Nepal
Kathmandu: Tor zum Nepal-Trekking
Von Dieter Bedenig. 288 Seiten mit 37 farbigen und 97 einfarbigen Abbildungen

»Richtig reisen«: New Mexico
Santa Fe – Rio Grande – Taos
Von Gudrun Wasmuth u. a. 320 Seiten mit 65 farbigen und 200 einfarbigen Abbildungen

»Richtig reisen«: New York
Von Gabriele von Arnim und Bruni Mayor. 312 Seiten mit 61 farbigen und 178 einfarbigen Abbildungen

»Richtig reisen«: Nord-Indien
Von Henriette Rouillard. 332 Seiten mit 36 farbigen und 121 einfarbigen Abbildungen

»Richtig reisen«: Paris
Von Ursula von Kardorff und Helga Sittl. 277 Seiten mit 34 farbigen und 178 einfarbigen Abbildungen

»Richtig reisen«: Peking und Shanghai
Von Uli Franz. 334 Seiten mit 46 farbigen und 138 einfarbigen Abbildungen.

»Richtig reisen«: San Francisco
Von Hartmut Gerdes. 248 Seiten mit 33 farbigen und 155 einfarbigen Abbildungen

»Richtig reisen«: Südamerika 1
Kolumbien, Ekuador, Peru, Bolivien
Von Thomas Binder. 252 Seiten mit 35 farbigen und 121 einfarbigen Abbildungen

»Richtig reisen«: Südamerika 2
Argentinien, Chile, Uruguay, Paraguay
Von Thomas Binder. 330 Seiten mit 37 farbigen und 110 einfarbigen Abbildungen

»Richtig reisen«: Südamerika 3
Brasilien, Venezuela, die Guayanas
Von Thomas Binder. 332 Seiten mit 38 farbigen und 117 einfarbigen Abbildungen

»Richtig reisen«: Tokio
Von Frank und Ceci Whitford. 270 Seiten mit 49 farbigen und 120 einfarbigen Abbildungen

»Richtig reisen«: Wien
Wachau, Wienerwald, Burgenland
Von Wolfgang Kuballa und Arno Mayer. 320 Seiten mit 66 farbigen und 172 einfarbigen Abbildungen